Gerd Ulrich
Hobby-Winzer

Gerd Ulrich

Hobby-Winzer

2., überarbeitete Auflage

27 Farbfotos
96 Zeichnungen
30 Tabellen

VERLAG
EUGEN
ULMER

Foto Seite 2: Starkenburg bei Heppenheim an der Bergstraße.

Bibliografische Information Der Deutschen Bibliothek
Die Deutsche Bibliothek verzeichnet diese Publikation in der Deutschen Nationalbibliografie; detaillierte bibliografische Daten sind im Internet über http://dnb.ddb.de abrufbar.

ISBN 3-8001-3898-0

Wollgrasweg 41, 70599 Stuttgart (Hohenheim)
E-Mail: info@ulmer.de
Internet: www.ulmer.de
Printed in Germany
Lektorat: Dr. Angelika Eckhard
Herstellung: Silke Reuter
Satz: Typomedia, Scharnhausen
Repro: BRK, Stuttgart
Druck und Bindung: Friedrich Pustet, Regensburg

Vorwort

Zur zweiten, überarbeiteten Auflage

Als 1995 die erste Auflage erschien, war nicht abzusehen, dass einem Ratgeberbuch für den Hobby-Winzer Erfolg beschieden sein könnte. Das Buch wendete und wendet sich an den Winzer, der seine Rebstöcke aus Liebhaberei pflegt. Diese Spanne der Liebhaberei reicht von wenigen Reben im Garten oder an der Hauswand bis zur weinbergsmäßigen Kultur, um mit eigenen Trauben und Wein, ob als „Selbstvermarkter" oder als Mitglied einer Winzergenossenschaft, sich, die Familie und Freunde zu versorgen. Wenn dann die Erlöse durch den Traubenverkauf die aufgewendeten Kosten decken, wird kein Hobby-Winzer etwas dagegen haben.

So wendet sich das Buch an den Arbeiter, Angestellten, Arzt und Intellektuellen, der sich in seiner Freizeit dem Rebenbau widmet. Aus diesem Grund wurde so viel als möglich auf „Fachchinesisch" verzichtet und Wert auf Anschaulichkeit gelegt. In der fast unübersehbaren Fachliteratur besetzt das Buch eine Nische, denn es gibt in allen Bundesländern, nicht etwa nur in den Weinbaugebieten, Liebhaber der Rebe und natürlich des alten Kulturgutes, des Weines.

Da Reblandschaften von Menschen geschaffene Kulturlandschaften sind, erfüllt der Hobby-Winzer gerade in kleingliedrigen Weinbaugebieten ohne ausgeräumte „Rebensteppen" eine wichtige landespflegerische Aufgabe. Könnten diese kleinen Weingärten nicht erhalten bleiben, ginge ein Stück kultureller Identität verloren.

Im Kapitel „Sortenwahl" wurde besonderer Wert auf die mehltautoleranten Sorten gelegt, weil diese durch den Wegfall der meisten Rebschutzarbeiten dem Hobby-Winzer seine Tätigkeit in Garten und Landschaft erleichtern.

Allen, die am Zustandekommen des Buches mitgewirkt haben, sei ebenso wie dem Verlag an dieser Stelle herzlich gedankt.

Seußlitz in Sachsen, Sommer 2002
Gerd Ulrich

Inhaltsverzeichnis

Kulturgeschichte und Gesetze

Die deutschen Winzer betreiben ihren Weinbau an der klimatischen Anbaugrenze. Der erwerbsmäßige Weinbau erreicht in Deutschland den 51. Breitengrad. In manchen Jahren genügen jedoch die klimatischen Bedingungen nicht zur Vollreife. Daher müssen Traubenliebhaber außerhalb der Anbaugebiete ganz besonders auf die günstigsten Standorte achten und sollten nur früh reifende Sorten pflanzen.

Rebflächen sind wichtige Rückzugsgebiete für südliche Pflanzen und Tiere, die erhalten werden sollen. Der Biotop Weinberg muss mit der Landschaft vernetzt bleiben. Bei keiner anderen Nutzpflanze gibt es diese harmonische Symbiose von Landschaft, Architektur und Kulturpflanze. Ihre Erhaltung besitzt hohen landeskulturellen und Erholungswert. Für die kleinen Anbaugebiete mit nicht geschlossenem Rebareal sind Nebenerwerbs- und Hobby-Winzer vermutlich die wichtigsten Kräfte, die diese Gebiete auch in Zukunft erhalten. Sie bewahren alte Sorten und Anbaumethoden. Darin liegt zwar einerseits eine Gefahr, andererseits aber auch eine Chance, denn alte Sorten sind wichtige Genreserven.

Hobby-Winzer können aber auch mit der Rebflurbereinigung konfrontiert werden. Diese gemeinschaftliche Maßnahme wird zum großen Teil vom Staat und zum kleineren Teil vom Winzer finanziert.

Für den nebenerwerblichen Hobby-Winzer in terrassierten Steillagen ist der Erhalt der landschaftsprägenden Trockenmauern eine wichtige Voraussetzung für sein Hobby. Trockenmauerbau wurde früher vom Winzer in arbeitsarmer Zeit als Facharbeit geleistet. Beim Eigenbau sind bestimmte Regeln einzuhalten. Der sorgfältigen Ausführung der Treppen kommt auch aus Arbeitsschutzgründen große Bedeutung zu. Mit dieser Arbeit leistet der Winzer einen hohen landeskulturellen Beitrag, der mitunter sogar vom Land gefördert wird.

Die Probleme der Landeskultur berühren prinzipiell auch den Spalierweinbauer. Man denke an die in bestimmten Fällen vorgeschriebene Gestaltung von Vorgärten oder an Traubenspaliere, welche die Sicht zum Nachbarn behindern.

Die Bürokratie hat jedoch auch vor dem Weinbau nicht halt gemacht. Die gesetzlichen Regelungen werden innerhalb der EG durch die großen Weinbauländer stark geprägt. Deutschland besitzt das umfangreichste und strengste Weingesetz.

Winzer und Landeskultur

Deutschland liegt an der Anbaugrenze

In Deutschland erreicht der Weinbau seine Anbaugrenze, denn an Ahr, Elbe, Saale und Unstrut wird der 51. Breitengrad bereits überschritten. In diesen Gebieten profitiert der Weinbau wahrscheinlich von der vermuteten Erderwärmung, sodass auch hier noch akzeptable Weinqualitäten heranreifen.

Die römische Kolonisation vor 2000 Jahren brachte den Germanen die Rebe. Wein war in römischer Zeit und im Mittelalter wichtiges Handelsgut und Volksgetränk.

Die Klimaanforderungen Wärme, Strahlung, Niederschläge, Sonnenschein- und Vegetationsdauer geboten den Anbau auf den klimabevorzugten Süd-, Südwest- und Südosthängen. Dies führte zu umfangreichen Waldrodungen vor allem durch die Klöster. In extremen Steillagen wurden Terrassen notwendig. Auf diese Weise entstanden im Mittelalter die landschaftlich reizvollen Weinbaulandschaften an Rhein, Mosel, Main, Neckar, Elbe und anderswo.

Terrassenweinberge sind Nutz- und Kulturlandschaft zugleich. Durch die Verwendung anstehenden Gesteines entstanden harmonische Kulturlandschaften. Granit, Kalkstein, Schiefer, Porphyr und andere Gesteine haben dabei besondere Bedeutung. Trockenmauerwerk ist auch heute noch das statisch, klimatisch, wasserbautechnisch und architektonisch beste Verfahren – allerdings auch das komplizierteste und teuerste. Um den hohen ästhetischen Wert mit modernen Technologien zu verknüpfen, werden zunehmend mit Kränen Trockenmauern aus Drahtsteinkörben (Gabionen) gesetzt.

Trockenmauern

Durch Schlusssteine mit eingemeißelten Jahreszahlen ist bekannt, dass Trockensteinmauern bei richtiger Bauweise Jahrhunderte überdauern. Manche Mauer steht bereits seit dem 17. oder 18. Jahrhundert.

Trockenmauern beweisen das Können unserer Vorfahren und sind als Volksarchitektur schützenswerte und -pflichtige Baudenkmäler. Das gilt auch für die zweihäuptig in Trockenmauerwerk gesetzten Begrenzungs- und Umfassungsmauern um die Weinberge.

In Steillagenweinbaugebieten gehört das Setzen von Trockenmauern zu den Facharbeiten des Winzers. Trockenmauern sind Schwergewichtsmauern. Sie nehmen durch ihr Eigengewicht die Schubkräfte des Hanges auf. Sie werden nur einhäuptig gesetzt. Das heißt, nur die Schauseite wird regelgerecht mit Läufern, Bindern und Zwickern optisch „glatt" versetzt. Die Innenseite wird mit Packlager gepackt (nicht geschüttet), um über Jahrzehnte, ja Jahrhunderte das Eintragen der Feinerde zu verringern. Völlig verhindern lässt es sich allerdings nicht.

Da wir die Trockenmauern von unseren Vorvätern geerbt haben, wird der Hobby-Winzer häufig mit eingestürzten Mauern konfrontiert. Dabei ist zwischen Kronen- und Grundbruch zu unterscheiden. Ersterer ist seltener und mit weniger Aufwand zu reparieren. Beim Grundbruch sind durch jahrzehntelange Bearbeitung und Erosion die Fundamente freigelegt worden, sodass sie keine Schubkräfte aufnehmen können. Eingetragene Erde, Wasser und Eis sowie Verwitterung der Steine (beginnend bei den Zwickern) lockern außerdem das Gefüge. Dieser Jahrzehnte andauernde Prozess führt schließlich zum Einsturz. Starkniederschläge mit Auflösung des inneren Gefüges der dahinterliegenden Erdmassen führen unter Umständen zu dramatischen Ereignissen.

Alle Bodenbearbeitungsmaßnahmen, die die Erosion fördern, sind daher weitgehend zu unterbinden. Am gefährlichsten ist offener, frisch bearbeiteter Boden im Hochsommer. Die im modernen Weinbau vorherrschende Dauer- oder Teilzeitbegrünung dient damit indirekt auch der Stabilisierung der Trockenmauern.

Was aber tun, wenn es doch zum Einsturz gekommen ist? Da jeder Boden seinen natürlichen Schüttwinkel besitzt, rutschen Erde und Steine ständig nach. Deshalb sollte ein Einbruch so schnell als möglich behoben werden. Am besten ist

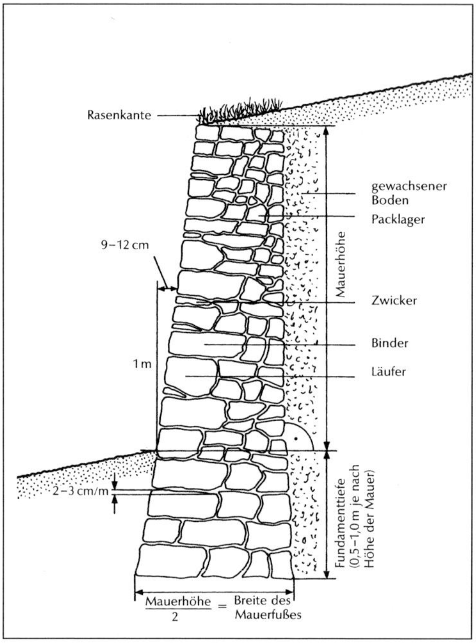

Konstruktionsprinzipien einer Trockenmauer.

dafür natürlich die vegetationslose Zeit geeignet. Da für die Bruchberäumung Platz benötigt wird, kann in dieser Zeit die Unterstützung beseitigt und die Rebstöcke können bei Bedarf umgelegt und abgedeckt werden.

Bei der Bruchberäumung ist auf nachrutschende Steine und Erde zu achten. Man sortiere die Steine nach der Größe und der Art (Binder und Läufer sowie Packlager) und trenne das Erdreich. Da sich bei den Bruchrändern das Mauergefüge gelockert hat, müssen die Ränder vorsichtig abgebrochen werden. Achtung: Ein Einbruch wird immer größer als er war! Das Ausheben des Fundamentes erfordert besondere Sorgfalt. Am vorteilhaftesten steht eine Trockenmauer auf gewachsenem Fels. Das lässt sich aber selten realisieren. Der Fels oder der gewachsene Boden muss in Hangrichtung 2 % Gefälle aufweisen und der Fundamentboden eine natürliche Packung besitzen. Ein Fundament darf nicht in frisch aufgeschüttetem Boden gebaut werden. Die Folge wären Setzungen, die zum neuerlichen Einsturz führen können.

Jeder, der sich einmal an einer Trockenmauer versucht hat, weiß, dass die verbliebenen Steine nur zu etwa 2/3 für den Neuaufbau reichen. Man beschaffe sich also rechtzeitig genügend Ersatz.

Eine Höhe von 3 m sollte bei Trockenmauern nur ausnahmsweise überschritten werden. Wenn die Standortverhältnisse es gebieten, sind zusätzliche trocken gesetzte, sich nach oben verjüngende Pfeiler (bis in 2/3 der Mauerhöhe reichende Stützen) erforderlich.

Die Fundamenttiefe ergibt sich aus den Standortverhältnissen. Bei Mauern mit mehr als 1,50 m Höhe muss sie mindestens 0,50 m betragen. Die Mauern erhalten gegen den Berg einen „Anlauf“ von 9 bis 12 cm pro Meter Höhe.

Da die Stabilität der Mauer auf der Reibung der Steine untereinander beruht, müssen die Steine mindestens drei Auflagepunkte besitzen. Das gilt für alle Steine in der Mauer.

Selbst der schwer spaltbare Granit besitzt ein „Gesicht“, wie der Winzer sagt. Das „Gesicht“ wird für die Schauseite der Mauer verwendet. Notfalls wird es mit zwei richtig gehärteten Fäusteln und der Kimme geschlagen. Den Könner beim Mauerbau erkennt man allerdings an der seltenen Verwendung der Fäustel. Er sieht im Steinhaufen, welcher Stein wohin passt. Die Auflagepunkte können notfalls auch mit „Zwickern“, das sind kleine Steinkeile, geschaffen werden.

Läufer und Binder müssen sich in der Mauer regelmäßig abwechseln. Binder stellen die Verbindung zum Packlager her. Auch die gepackten Steine müssen drei Auflagepunkte erhalten. Packlager darf nicht mit Erde verfüllt werden, weil es durch Wasser und Eistrieb einstürzen könnte.

Terrassentreppen sind sehr sorgfältig anzulegen. Meistens werden sie parallel zur Mauer ausgeführt, was die Statik zusätzlich erhöht. Bei höheren Mauern ist ein Handlauf vorzusehen. Die Stufenbildung ergibt sich aus der Schrittlänge. Auftritt plus Steigung soll etwa 64 cm betragen. Wird das eingehalten, beeinträchtigen Unterschiede die Bequemlichkeit und Sicherheit beim Begehen der Treppe nicht. Die günstigste Stufenhöhe beträgt 17 bis 19 cm. Die Breite der Treppen sollte 70 cm nicht unterschreiten. Weinbergstreppen bleiben jedoch „Einbahntreppen".

Im rechten Winkel in den Berg verlaufende Treppen sollten so ausgeführt werden, dass sie als Wasserstaffel das Wasser von Starkniederschlägen gefahrlos aufnehmen können. Die Mauerecken müssen durch besonders lange Binder und Läufer besonders sorgfältig verzahnt werden, da sie statisch sehr empfindlich sind.

Die Mauerkronen sind ausbruchgefährdet und werden begrünt. Zwischen Krone und Abdeckerde fügt man eine Lage wasserdurchlässigen Vlies, der in jedem Gartencenter erhältlich ist, ein, um das allmähliche Einwandern der Erde von oben zu verhindern. Mit der Zeit bildet sich ein regelrechter Trockenmauerbiotop mit Mauerpfeffer, Donnerwurz und anderen trockenheitsverträglichen Pflanzen. Das Aufbringen von Ortbeton als Abschluss ist ebenfalls möglich, aber unschön.

Die Begrünung ist regelmäßig zu mulchen. Sie sichert die Begehbarkeit der Terrasse. Aus arbeitsschutztechnischen Gründen beträgt der Abstand zwischen Mauerkante und der ersten Reihe mindestens 1 m.

Geländer wären vorteilhaft, sind aber unüblich und wirken unschön. Selbst in den steilsten Weinbergslagen kommt man ohne sie aus.

Das Setzen von Trockenmauern gehört zu den anspruchsvollen Arbeiten des Winzers.

Rebflächen als Rückzugsgebiete seltener Pflanzen und Tiere

Viele Pflanzen und Tiere finden auf den weinbaulich genutzten Südhängen ihre nördlichste Verbreitung. Trockenmauern bilden sogar einen eigenen Biotop. Da der Hobby-Winzer meist nicht flurbereinigte Flächen bewirtschaftet, trägt er für den Artenschutz besondere Verantwortung, denn die flurbereinigten, ausgeräumten Rebflächen bieten vielen Arten keinen Lebensraum mehr. Gerade die Vernetzung der Biotope Rebland, Trockenmauer, Hecke, Gebüsch und eventuell angrenzender Wald schafft landschaftliche Vielfalt und sichert gefährdeten Arten das Überleben.

Weinberge sind Lebensräume von Tieren, wie Smaragdeidechse, Zippammer, Apollofalter, Schwalbenschwanz, Ödlandschnecke und Spanischer Fliege, und ebenso von Pflanzen, wie Weinbergstulpe, Milchstern, Mauerpfeffer, Purpurknabenkraut, Bocksriemenzunge und Graslilie. Sie können sogar vom Winzer wieder angesiedelt werden. Damit hat er arterhaltende Verantwortung und sollte diese mit Freude tragen.

Wärmeliebende südeuropäische Pflanzen und Tiere begleiten die Rebe in nördliche Gefilde auf die Terrassen.

Landschaft, Architektur und Weinbau

Wohl bei keiner Kulturpflanze hat der Mensch eine so glückliche Symbiose zwischen Landschaft, Architektur und Kulturpflanze geschaffen wie bei den Reben. Die Ursache liegt in der Stellung des Weines in der Religion, seiner Bedeutung für die Wirtschaft und den Handel im Mittelalter und in der damit verbundenen gesellschaftlichen Stellung der Weinbergsbesitzer.

Die künstlich aufgeschütteten, verglasten Weinbergsterrassen des Preußenkönigs Friedrich der Große im Potsdamer Sommerschloss Sanssouci sind beredtes Zeugnis für die gesellschaftliche Stellung der Rebe in Verbindung mit der Architektur. Sie wird häufig selbst Architektur und wirkt landschaftsgestaltend.

Es darf allerdings nicht verschwiegen werden, dass repräsentative Wohnhäuser im Weinberg, Kelterhäuser oder schlichte Weinbergsgerätehäuser Besitztum des reichen Bürgers waren. Selten haben sich schlichte Gerätehäuser des Weinbauern erhalten. Zumeist handelte es sich dabei um in den Berg gegrabene Unterstellmöglichkeiten für Unwetter fernab der eigenen Behausung. Sie müssen aber genauso sorgsam gehütet werden.

Ebenso schützenswert sind die zweihäuptigen trocken gesetzten Einfriedungsmauern, die „Vermachungen“, wie sie früher genannt wurden. Sie prägen besonders in kleingliedrigen Anbaugebieten das Landschaftsbild.

Im Barock diente die mit Reben bepflanzte Terrasse als Bindeglied zwischen der ungestalteten Natur – meist Wald – und der barock gestalteten Natur – dem Park. In solchen Fällen wurden Reben aus gestalterischen Gründen sogar auf den Nordhang gepflanzt. Das Barockensemble Schloss – Kirche – Park – Weinberg in Dresden-Pillnitz ist dafür ein markantes Zeugnis. Auf dem Süd- und Nordhang können zusätzliche Lusthäuschen die Weinberge bekrönen. Sie binden beispielsweise das Ensemble in Seußlitz (bei Meißen) förmlich in die Elblandschaft ein.

Noch repräsentativer zeigt sich das „Weinbergschlösschen“ Hoflößnitz (zwischen Dresden und Meißen gelegen), welches in der Mitte des 17. Jahrhunderts entstand. Es befindet sich unterhalb des „Goldenen Wagen“ inmitten und am Fuße der nach „Moselart“ steil aufgetürmten Weinbergsterrassen an der Elbe. Dieser Hoflößnitzer „Goldene Wagen“ ist noch heute die repräsentativste Weinbergslage Sachsens. Weitere Beispiele ließen sich aus allen deutschen Anbaugebieten in großer Zahl anführen.

Landschaft, Architektur, Trockenmauer und Rebe bilden die Symbiose eines gesunden Lebensraumes.

Nutzung kleinflächiger Landschaftsformen

Gerade die Hobby-Winzer sind in der Lage, Rebflächen zu bewirtschaften, die geringen Umfang haben und für Erwerbsweinbaubetriebe unrentabel sind. Sie sind nicht so extrem dem ökonomischen Druck der Rationalisierung unterworfen. Extreme Flächen, die der Flurbereinigung widerstehen, entweder durch ihre geringe Größe oder große Steilheit und/oder Terrassierung, können das Feld der Hobby-Winzer sein, die damit eine wichtige landeskulturelle Aufgabe zur Bewahrung der Weinbaulandschaften erfüllen.

Im Anbaugebiet Mittelrhein, einer der schönsten Weinbaulandschaften Deutschlands, werden die Steillagen und Terrassen

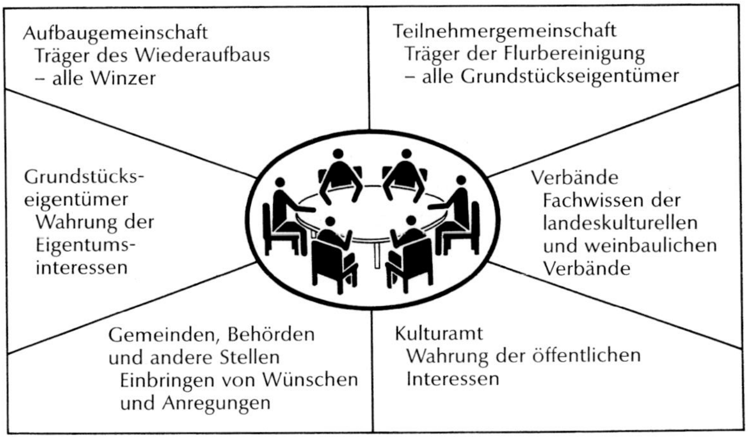

Beteiligte an der Rebflurbereinigung.

leider in großem Umfang aufgelassen. Es sollte eine attraktive Aufgabe für Hobby-Winzer sein, solche Flächen zu bewirtschaften. Auch wenn es hierbei einer kräftigen Unterstützung durch den Staat bedarf, sollte nicht verschwiegen werden, dass zusätzlich ein großes Stück Idealismus dazugehört.

Für die kleinen Anbaugebiete, wie Mittelrhein, Hessische Bergstraße, Saale-Unstrut und Sachsen, die kein geschlossenes Rebareal bilden, wird das auf lange Sicht sogar der einzige Weg sein, sie zu erhalten.

Zersplitterte Flächen werden vom Hobby-Winzer bewirtschaftet. Es ist ein wichtiger Beitrag zur Erhaltung der Schönheit der Weinbaulandschaft.

Bewahrung alter Sorten und Anbaumethoden

Moderner Weinbau erfordert kurze Umtriebszeiten von maximal 30 Jahren.

Sehr alte, mitunter über 100-jährige Weinberge gibt es nur noch selten. Da sich solche Weinberge besonders in steilen, nicht erschlossenen Arealen befinden, be-

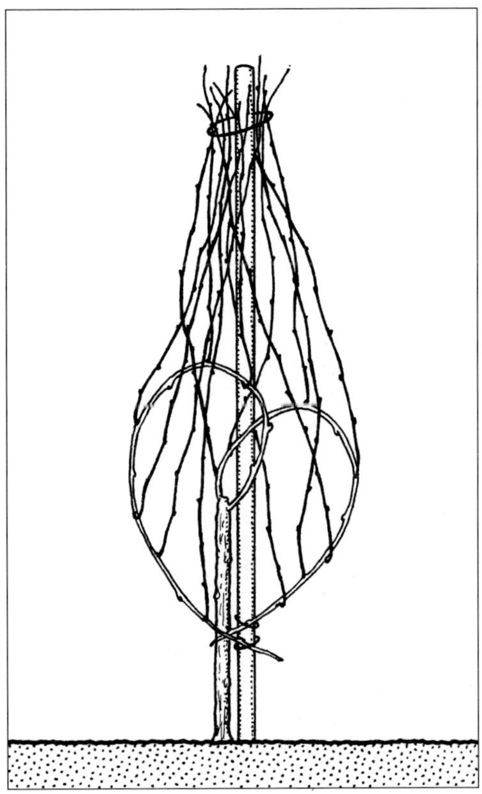

Alte Pfahlerziehung.

steht jedoch die Chance, alte Sorten und Anbaumethoden zu erhalten.

Wer kennt noch Sorten, wie 'Früher Gelber Ortlieber', 'Weißer Heunisch', 'Weißer Räuschling', 'Weißer Traminer'? In der Schweiz wird 'Weißer Räuschling' wieder erhaltungszüchterisch bearbeitet!

Wer kennt noch die Bockerziehung, die offene Kammerterziehung der Pfalz oder gar gesenkte Weinberge?

Das alles zu erhalten, ist zwar keine sehr lohnende Aufgabe, aber sie ist ebenso eine wichtige kulturelle Aufgabe wie die museale Sammlung alten Weinbaugerätes. Es könnte beispielsweise das Feld eines Vereines sein!

Mediterrane Traubenfülle.

'Roter und Weißer Elbling', einst die gemeine Sorte im gemischten Satz in allen Gebieten, ist dank moderner Anbaumethoden und der Anreicherungsmöglichkeit des Mostes zu einer echten Spezialität geworden. Wer sagt uns, dass etwa der 'Frühe Rote Malvasier' nicht ebenso eine Renaissance erleben könnte? So, wie das sich möglicherweise mit dem 'Blauen Hängling' unter dem Namen 'Tauberschwarz' in Baden-Württemberg gegenwärtig andeutet!

Der alte gesenkte Weinbau vermehrte fast immer die stark wachsenden, schlecht tragenden „Pranger", was zu negativen Ergebnissen bei bestimmten Sorten führte. Dadurch geriet beispielsweise der 'Ruländer' fast in Vergessenheit. Heute steht er dank der Erhaltungszüchtung unter den weißen Sorten im deutschen Anbau wieder an sechster Stelle. Solche alten Weinberge beherbergen noch manche Sortenüberraschung. Sie sind wichtige Genreserven. Gleiches gilt auch für alte Hausstöcke.

Hobby-Winzer hegen und pflegen alte Anbaumethoden und alte Sorten, die eine wichtige Genreserve darstellen.

Flurbereinigung

So mancher Hobby-Winzer, der in großen Weinbergsgemarkungen seine Parzelle bewirtschaftet, wird mit der Flurbereinigung konfrontiert.

Diese Maßnahmen fördert das jeweilige Bundesland mit erheblichen öffentlichen Mitteln. Der Eigentümer hat nur einen kleinen Teil zu tragen, der zudem noch kreditiert werden kann. In manchen Bundesländern werden 92 % der Ausführungskosten übernommen.

Weinberg bei Freyburg (Saale-Unstrut).

Vor- und Nachteile der Flurbereinigung (Anonym 1991; verändert)	
Flächen vor der Flurbereinigung	**Flächen nach der Flurbereinigung**
zersplittert	große Flächen
ungünstig geformt	günstig geformt
nicht erschlossen	erschlossen
kaum mechanisierbar	maschinell bewirtschaftbar
landschaftlich interessant	landschaftlich reizlos

Flächenzusammenlegungen und -tausch beseitigen Wirtschaftserschwernisse und es ist möglich, dass der Hobby-Winzer eine gleichwertige Parzelle an anderer Stelle erhält.

Flurbereinigungen sind immer Gemeinschaftsaktionen zwischen dem Staat und den Winzern. Eine vertrauensvolle Zusammenarbeit zwischen Grundstückseigentümern, der Teilnehmergemeinschaft der Weinbauverbände, Kommunen, Kulturämtern, der unteren Naturschutzbehörde und anderen Stellen sichert den Erfolg. Das größte Konfliktpotential ergibt sich aus den teilweise gegensätzlichen Interessen von Winzern und Naturschutz.

Wichtige Gesetze

Kleingärtner mit wenigen Rebstöcken zum Eigenverbrauch müssen sich nicht nach den strengen Weingesetzen richten. Dagegen dürfen innerhalb von Weinbaugebieten Reben, deren Trauben oder Weine nicht dem Eigenverbrauch dienen, nur auf genehmigten Rebflächen gepflanzt werden, die alle in einem Rebflächenkataster erfasst sind. Auskünfte erteilen die Weinbauverbände der Länder oder die Ämter für Landwirtschaft, Abteilung Weinbau. Es dürfen nur zugelassene Rebsorten gepflanzt werden. Tafeltrauben unterliegen dieser Zulassung nicht. Zu beachten ist, dass eine Reihe von Keltersorten auch als Tafeltrauben Verwendung finden, beispielsweise 'Gutedel' und 'Portugieser'.

Im frühen 19. Jahrhundert wurde die Reblaus aus Nordamerika eingeschleppt. Hauptsächlich als Wurzelschädling wirkend, drohte sie den europäischen Weinbau zu vernichten. Das war die Geburtsstunde der Unterlagenzüchtung, denn die amerikanischen Rebarten sind gegen die Reblaus tolerant bis resistent. Die Winzer waren also die ersten Landwirte mit biologischer Schädlingsbekämpfung. Der moderne Weinbau verwendet daher nur noch die gleichzeitig wüchsigeren und ertragreicheren Pfropfreben, die auch der Hobby-Winzer, selbst außerhalb der Anbaugebiete, anbauen sollte. Rebschulen und Gartencenter bieten ohnehin nur Pfropfreben an. Beim Kauf ist die Rebschule nach Möglichkeit dem Gartencenter vorzuziehen.

Die Regelungen zur Reblausbekämpfung werden in den Bundesländern für die Anxbaugebiete unterschiedlich gehandhabt. Eine generelle gesetzliche Pflicht zur Pfropfrebenpflanzung besteht nicht. Sie gilt aber in Gebieten, die reblausverseucht sind.

Aber auch der Hobby-Winzer (in und außerhalb eines Anbaugebietes) ist gut beraten, wegen der Vorteile, wie stärkere Wüchsigkeit, höhere Erträge und Reblaussicherheit, Pfropfreben zu pflanzen. Bei „Urlaubsmitbringseln" kann zur wurzelechten Vermehrung gegriffen werden, ohne sogleich mit den Behörden in Konflikt zu geraten.

Auch der Hobby-Winzer sollte wissen, dass durch die gemeinsame Marktorganisation für Wein in der Europäischen Gemeinschaft Teile des nationalen Weinrechts an Brüssel übergegangen sind. Daraus entstand das „Gesetz zur Reform des Weinrechts" vom 8. Juli 1994, welches in der 2. Änderung vom 17.5.2000 gilt.

Gesetz zur Reform des Weinrechts vom 8. Juli 1994

Das Gesetz regelt, dass Reben zur Weinherstellung nur an bestimmten Standorten angebaut werden dürfen, wo die Leitsorten eine bestimmte Qualität erreichen. Das Mostgewicht der Leitsorten legen die Weinbau betreibenden Länder fest.

In den bestimmten Anbaugebieten sind Neupflanzungen von mehr als 100 m² auch dann genehmigungspflichtig, wenn sie nicht in unmittelbarem Zusammenhang mit Weinbergsflächen stehen. Zuständig sind die Weinbaubehörden der Länder.

Das Weingesetz regelt die Rodung, Wiederbepflanzung und Neupflanzung. Rodungen sind anzuzeigen. Damit ergibt sich das Recht, diese Fläche binnen acht Jahren wieder zu bepflanzen. Erfolgt das nicht, muss eine Neupflanzung beantragt werden, bei der die untere Naturschutzbehörde eine Mitentscheidung trifft. Das birgt Konfliktpotential! Rodungen, Wiederbepflanzung und Neupflanzungen sind binnen 14 Tagen nach der Durchführung anzuzeigen. Das Wiederbepflanzungsrecht kann von einer auf eine andere Fläche übertragen werden.

Neupflanzungen sind grundsätzlich genehmigungspflichtig! Sie werden gestattet, wenn ein unmittelbarer räumlicher Zusammenhang zu genehmigten Flächen des Rebflächenkatasters besteht.

Nicht genehmigungspflichtig sind Neupflanzungen unter 100 m² und wenn sie nicht in unmittelbarem Zusammenhang

Ausgangssorten der Weinarten (nach Blau und Nickenig 1996; verändert)	
Weinart	**Wird gewonnen aus:**
Weißwein	Weißweinsorten
Rotwein	blautraubigen Sorten in Maischegärung oder anderen Verfahren zur Farbstoffgewinnung
Roséwein oder Weißherbst	hell gekelterten blautraubigen Sorten
Rotling oder Schillerwein (in Sachsen Schieler)	einem Verschnitt von Weißwein- und Rotweinsorten, auch aus ihren Maischen

Sinnesprüfung nach der Punkteskala (nach Blau und Nickenig 1996)		
Punkte	**von – bis**	**Qualitätsbeschreibung**
5	4,50 bis 5,00	hervorragend
4	3,50 bis 4,49	sehr gut
3	2,50 bis 3,49	gut
2	1,50 bis 2,49	zufriedenstellend
1	0,50 bis 1,49	nicht zufriedenstellend
0		keine Bewertung, Ausschluss des Weines

mit Weinbergsflächen stehen. Gesetzeswidrige Pflanzungen sind grundsätzlich zu roden.

Das Gesetz gilt für den Hobby-Winzer und Hausweinbereiter erst, wenn seine Pflanzung eine genehmigungspflichtige Größe hat, er Mitglied einer Genossenschaft ist oder seinen Wein vermarkten will.

Im Weingesetz werden die Höchsterträge bei bestimmten Qualitätsstufen, die Mindestmostgewichte, geeignete Rebsorten und die Abgrenzung der Anbaugebiete geregelt. Außerdem sind für verschiedene Mostqualitäten Anreicherungsgrenzen (Zuckerzusatz zum Most), erlaubte Zusätze und Behandlungsstoffe festgelegt.

Ein wesentlicher Inhalt des Gesetzes sind die Qualitätsstufen, die bei jedem deutschen Wein auf dem Flaschenetikett ausgewiesen sein müssen.

Das Weingesetz regelt die Weinarten. Tafel- und Landwein muss aus zugelassenen Sorten im Inland geerntet worden sein und mindestens 44 Grad Oechsle (5 Vol.-% Alkohol) sowie mindestens einen Alkoholgehalt von 8,5 Vol.-% aus dem Most und der Anreicherung ausweisen.

Die Länder haben für Qualitätswein und Qualitätswein b.A. (bestimmter Anbaugebiete) Mindestoechslegrade festzulegen. Prädikatsweine ab Kabinett dürfen nicht angereichert werden. Für Spätlesen bis zum Eiswein gelten weitere Festlegungen.

Alle Weine für den Markt (außer Tafel- und Landwein) unterliegen einer analytischen und einer Sinnenprüfung. Die Prüfmerkmale werden gleichrangig bewertet. Das arithmetische Mittel muss mindestens 1,5 betragen, sonst wird der Wein vom Markt ausgeschlossen.

Das Weinrecht regelt viele Fragen, an denen sich der Hobby-Winzer orientieren sollte.

Weinetikett mit allen erforderlichen Angaben.

Das Etikett ist der Personalausweis des Weines. Es enthält vorgeschriebene und zulässige Angaben. Die Schriftzeichen müssen ausreichend groß, leserlich und unverwischbar sein. Die Reihenfolge bleibt freigestellt.

Zulässige Angaben können auf dem gleichen oder einem Zusatzetikett getroffen werden. Dazu gehören: engere Herkunftsangaben, Rebsorten (maximal zwei), Geschmacksangaben, Empfehlungen an den Verbraucher, Geschichte des Weines und Auszeichnungen.

Bei den Sortenangaben muss beachtet werden, dass bei einigen Sorten Synonyme zulässig sind, zum Beispiel bei der Rebsorte 'Weißer Riesling'; auf dem Etikett erscheint nur 'Riesling'. In Baden ist auch die Bezeichnung 'Klingelberger' gestattet.

Für die Geschmacksangaben gelten:

- **trocken** ist ein Wein bis 4 g/l Restzucker oder mit dem Säuregehalt + 2 bis zur Höchstgrenze von 9 g/l,
- **halbtrocken** ist ein Wein, wenn er höchstens 12 g/l Restzucker oder nach der Formel Gesamtsäure + 10 bis zur Höchstgrenze von 18 g/l enthält,
- **lieblich** ist ein Wein, der zwischen 18 und 45 g/l Restzucker enthält,
- **süß** ist ein Wein, der mehr als 45 g/l Restzucker enthält.

Saatgutgesetz

Das Saatgutgesetz dient dem Schutz des Verbrauchers und der Versorgung des Winzers mit leistungsfähigem Pflanzgut nicht geschützter Rebsorten. Das Gesetz regelt auch, dass nur Sorten vertrieben werden dürfen, die in der Bundessortenliste eingetragen sind. Für den Hobby-Winzer enthält es keine einschränkenden Bestimmungen, allerdings nur, wenn seine Trauben und Weine für den Eigenbedarf bestimmt sind.

Naturschutzgesetz

Da Rebstandorte auch Standorte seltener, wärmeliebender südeuropäischer Pflanzen und Tiere sind, kann es bei Nichtbeachtung zu Konflikten mit der unteren Naturschutzbehörde kommen. Je intensiver der Weinberg bewirtschaftet wird, desto seltener sind geschützte Pflanzen und Tiere. Am größten ist die Wahrscheinlichkeit der Wiederansiedlung nach bis zu achtjähriger Brache. Deshalb sei dem Hobby-Winzer geraten, sich vorher zu informieren. Naturschutzsünden können sehr teuer werden.

Standortansprüche der Rebe

Die Heimat der Wildreben ist der kaukasisch-vorderasiatisch-mediterrane Raum. Damit werden die Klimaansprüche deutlich: im Sommer heiß und trocken, im Winter mild und feucht. Der Wein ist eines der ältesten Kulturgetränke der Menschheit. Durch das unentwickelte Transportwesen musste Wein dort produziert werden, wo er gebraucht wurde. Mit den Klöstern kam auch die Rebe nach Mitteleuropa. Die Reben wurden und werden auf der nördlichen Halbkugel zwischen dem 30. und 50. Breitengrad erwerbsmäßig kultiviert. Als nördliche Grenze gilt in Europa die 9°-Isotherme der Jahresmitteltemperatur.

In den Flusstälern – Mosel, Ahr, Saale, Unstrut und Elbe – gelangt die Rebe zungenförmig über den 51. Breitengrad hinaus. Die nördlichsten Weinbauorte Deutschlands befinden sich in Jessen an der Schwarzen Elster (51° 45'), in Werder an der Havel und Höhnstedt am Süßen See bei Eisleben (51° 28'). Diese Enklaven gehören zu den Anbaugebieten Sachsen bzw. Saale-Unstrut.

Von großer Bedeutung für erfolgreichen Weinbau sind Temperaturextreme und die Nutzung der Geländegestaltung.

Reben können auch außerhalb der Anbaugebiete an Spalieren, Pergolen, an Hauswänden oder anderen geschützten Orten erfolgreich kultiviert werden.

Allgemein gilt, dass Standorte mit regelmäßigen Winterextremen unter –20 °C für den Anbau ungeeignet sind. Regelmäßige Spät- oder Frühfröste im Mai beziehungsweise September/Oktober engen den Anbauraum weiter ein. Regelmäßige Sommerniederschläge sind vorteilhaft, sind aber bei entsprechenden hohen Winterniederschlägen nicht Voraussetzung.

Reben benötigen keine speziellen Bodenverhältnisse. Sie wachsen selbst auf Bauschutt weiter, wenn ihnen zunächst eine Pflanzgrube mit kräftiger und humoser Erde geboten wurde. Nur grundwassernahe und Moorböden scheiden aus.

Klimaansprüche

Eine Jahresmitteltemperatur von 9 °C wird als untere Grenze für unsere *Vitis-vinifera*-Sorten angesehen. Das Wachstum der Rebe beginnt bei etwa 10 °C und hat sein Optimum bei 25 bis 30 °C.

Die Winternächte sollten selten kälter als –15 °C sein. Strenge Fröste unter –20 °C überstehen selbst frosthärtere Sorten kaum schadlos. Die meisten Sorten weisen zunächst Augen- und dann Holzerfrierungen auf.

Bei Reben an Hauswänden entsteht durch die Abstrahlung der Wand ein günstigeres Kleinklima und die Temperaturen sinken um 1 bis 2 °C weniger. An diesen Wänden können jedoch durch die Sonneneinstrahlung im Winter Stammschäden auftreten (tags auftauen, nachts gefrieren). Diesen Schäden kann durch Stammkalkung oder Einpacken vorgebeugt werden.

Die Rebe benötigt 185 bis 195 Vegetationstage vom Austrieb bis zum Blattfall. Unter den klimatischen Verhältnissen Deutschlands beginnt der Austrieb Anfang Mai. Unverholzte Rebteile erfrieren bei Temperaturen unter 0 °C. Deshalb ist es

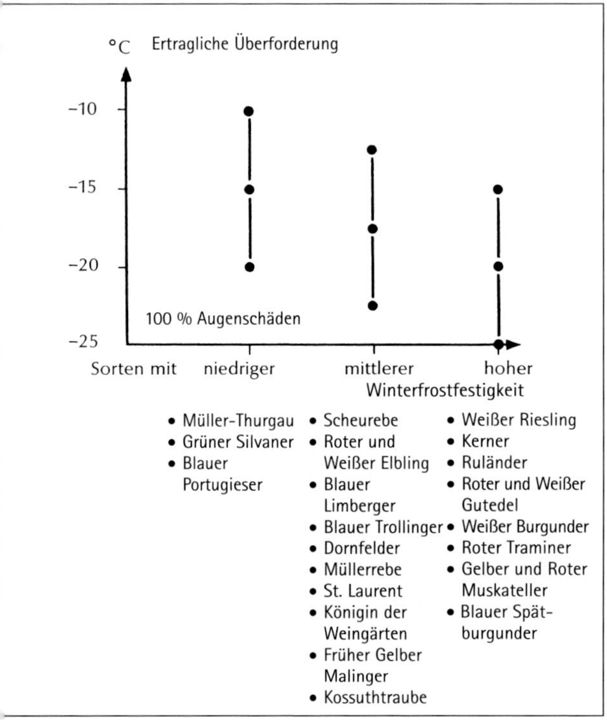

Winterfrostfestigkeit wichtiger Sorten.

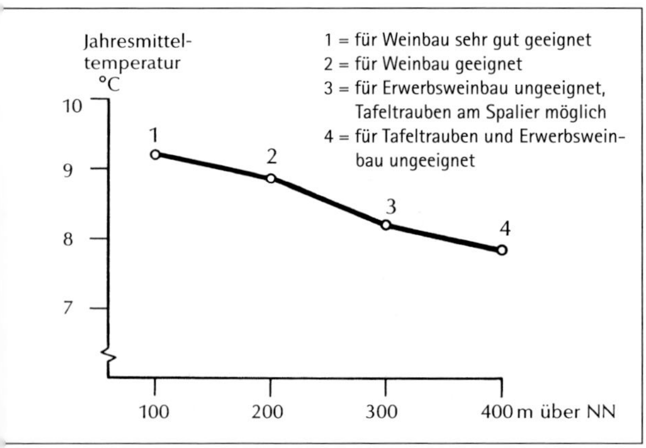

Abhängigkeit der Jahresmitteltemperatur von der Höhenlage und Eignung der Höhe für den Weinbau in Deutschland.

für gleichmäßige Erträge besonders wichtig, dass Spätfröste möglichst selten auftreten. Da Kaltluft schwerer als Warmluft ist, fließt sie am Hang ab und sammelt sich in Senken, hinter Mauern, Hecken und Gebäuden. Besonders gefährdet ist auch das Ende des Talgrundes in langen, engen Tälern. In Mauern und Hecken müssen Durchlässe geschaffen werden, weil sie sonst als „Staumauer“ wirken und den Frost verschärfen.

Gleiches gilt für die Frühfrostgefährdung. Zeitiger Frosteinbruch kann die Vollreife durch Vernichtung des Laubes verhindern. Vor Ende Oktober sollten deshalb in Weinbaulagen keine Frühfröste auftreten.

Reben benötigen 185 bis 195 Vegetationstage im Jahr.

Auch die **Höhenlage** spielt für die Temperatur eine Rolle. Je 100 m Meereshöhe nimmt die Jahresmitteltemperatur um 0,5 bis 0,6 °C ab. Damit ist in Deutschland der erwerbsmäßige Weinbau nur bis 400 m ü. NN möglich. Für Tafeltrauben an Südspalieren ist die Pflanzung noch bei 450 m, am Bodensee sogar bis 500 m möglich. Für die spät reifenden Sorten endet die Pflanzung bei 250 m. In Abhängigkeit vom Großklima ist durch die verschiedenen Ansprüche einzelner Sorten die Höhengrenze variabel.

In der Blütezeit beeinflussen die Witterungsverhältnisse Ertragshöhe und Ertragsstabilität wesentlich.

Die Temperatur- und Feuchtigkeitsverhältnisse in der zweiten Junihälfte bestimmen die Rieselrate (Verhältnis von Blütenzahl zur Beerenzahl/Geschein). Die optimale Temperatur für die Pollenkeimung beträgt 25 °C. Eine langfristige Unterschreitung mit Temperaturen um 15 °C bei

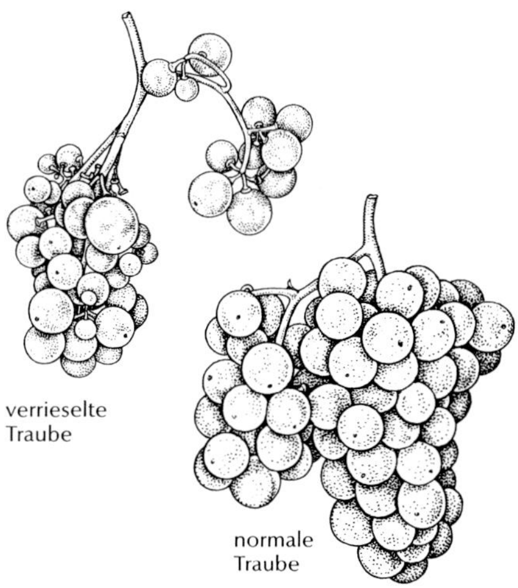

Verrieselung von Trauben tritt durch Schlechtwetterperioden auf.

Relative Lichtverhältnisse an einem Septembertag (aus Possner et al. 1991; geändert)

Witterung und Bewölkung	Lichtintensität
wolkenloser Himmel	100 %
viele helle Wolken, Sonne nicht verdeckt	115 %
helle Bewölkung, keine Sonne	40 %
dunkle Bewölkung, keine Sonne	30 %
tiefe graue Wolken, Sprühregen	10 %

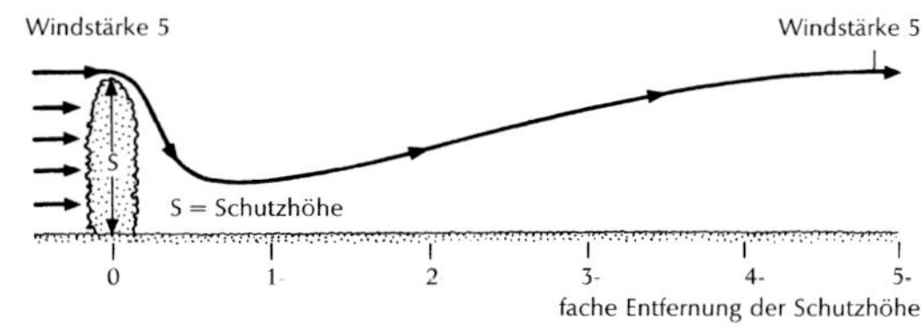

Wirkung von Windschutz.

gleichzeitigem Regen führt zum gefürchteten „Verrieseln" – dem Überschreiten der sortentypischen Rieselrate durch Schlechtwetter. Dabei werden die Käppchen nicht abgeworfen.

Im mitteleuropäischen Klima kommt es in der zweiten Junihälfte häufig zu einem Kälterückfall, der so genannten Schafskälte, die zu extremen Ertragsausfällen führt.

Eng mit der Temperatur gekoppelt sind Strahlung und Licht, die von der Sonnenscheindauer abhängig sind. Die Reflexion großer Wasserflächen und heller Böden erhöht den Lichtgenuss der Reben.

Einen wesentlichen Einfluss auf die Temperatur übt der Wind aus. Windoffene Lagen besitzen ein deutlich schlechteres Bestandsklima, da die bodennahe Warmluft ausgeblasen wird. In Deutschland ist die Hauptwindrichtung NW, sodass die S- und SO-Lagen bevorzugt sind. Gegen den Nordwestwind gerichtete Wälder und Hecken wirken daher temperaturerhöhend.

Bei richtiger Verteilung kommt die Rebe mit einer jährlichen Niederschlagsmenge von 450 bis 500 mm, also 450 bis 500 l/m^2 aus. Eine gleichmäßige Verteilung wäre am günstigsten. Hohe Niederschläge bei hohen Temperaturen, verbunden mit hoher Luftfeuchtigkeit, erhöhen die Gefahr der Pilzerkrankungen. Diese Gefahr ist an der Küste von Nord- und Ostsee naturgemäß am größten.

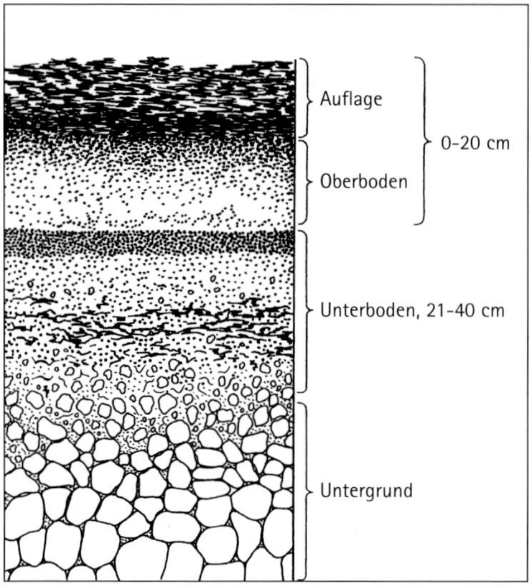

Idealisiertes Bodenprofil.

Bodenansprüche

Die Rebe stellt keine hohen Ansprüche an den Boden. Sie gedeiht noch auf den ärmsten und flachgründigsten Gesteinsverwitterungsböden. Auf diesem Boden wachsen beispielsweise die rassigsten Rieslinge, die Erträge fallen allerdings geringer aus. Leichte Kies- und Sandböden sind ebenfalls gut geeignet, wobei auf die ausreichende Wasserversorgung durch wasserschonende Bodenpflege zu achten ist. Weine von diesen Standorten haben eine leichte und blumige Note.

Viele tausend Hektar Weinreben stehen in Deutschland auf Kalk-, Kreide-, Mergel- und Keuperböden, die ihren gemeinsamen Ursprung im Kalkgestein haben. Diese Bö-

Tagessummen der Sonnenstrahlung in Potsdam in cal/cm² (nach GEIGER 1950 aus HEYER 1979; ergänzt)

Strahlungssumme Lage zur Himmelsrichtung	Jan.	Febr.	März	April	Mai	Juni	Juli	Aug.	Sept.	Okt.	Nov.	Dez.
Horizontalfläche	20	44	102	196	276	319	269	223	165	81	25	15
Südhang, 30° (58 %)	54	91	161	248	303	326	283	263	235	149	63	45
Osthang, 30°	18	42	96	182	251	289	240	204	153	76	24	14
Westhang, 30°	19	42	92	175	245	281	239	198	149	76	25	15
Nordhang, 30°	–	–	15	91	176	228	183	124	50	–	–	–
Südwand	74	106	146	158	136	120	113	143	184	157	82	65
Ostwand	13	29	61	106	133	148	122	112	91	49	17	10
Westwand	14	29	56	99	126	139	121	106	88	49	18	12
Nordwand	–	–	–	1	11	23	14	4	0	–	–	–
Wachstumsrhythmus der Rebe (vereinfacht)	**erzwungene Ruhe**		**Wachstum vor dem Austrieb**		**Vegetationsperiode**						**innere Ruhe**	

den sind leicht bis schwer, tätig, zuweilen hitzig und häufig flachgründig. Ihre Weine sind etwas säurebetont, rassig und haltbar. 'Silvaner' fühlt sich auf diesen Böden besonders wohl.

Löß- und Lehmböden sind durch ihre Mineralzusammensetzung, günstiges Porenvolumen und Tiefgründigkeit besonders fruchtbar. Es sind warme tätige Böden. Die Weine sind breit und schwer, häufig fehlt ihnen Säure und damit Rasse. Ertragreiche Sorten wie 'Müller-Thurgau' fühlen sich besonders wohl. Reine Ton- und Moorböden oder staunasse Standorte kommen für den Anbau von Reben nicht in Frage.

Aus jahrhundertelang genutzten Weinbergsböden entstanden durch Tiefpflügen, Rigolen und Düngung im Laufe der Zeit Kulturböden. Ihre Bodenprofile sind meist nur noch in Resten erhalten.

Reben stellen geringe Ansprüche an den Boden, nur Ton- und Moorböden sowie staunasse Standorte sind ungeeignet.

Lage des Weinbergs

Der Weinkenner versteht unter der Lage allgemein den konkreten Ort einer Gemeinde, wo der Wein gewachsen ist.

Diese häufig jahrhundertealten, wohlklingenden Bezeichnungen entstanden in einer Zeit, als es noch kein Kataster mit Flurstücksnummern gab. Sie dienten der Abgrenzung des Besitzes beziehungsweise des Arbeitsortes.

Die Lage hat nicht nur historischen, sondern auch winzerlichen Inhalt. Der Winzer versteht darunter die Lage zur Himmelsrichtung (Exposition) und die Lage zur Waagerechten (Inklination). Exposition und Inklination beeinflussen alle rebenrelevanten meteorologischen Ereignisse.

Die Erde erhält von der Sonne eine relativ konstante Menge an Strahlungsenergie. Diese Strahlungsmenge wird auf einer waagerechten Fläche bei senkrechtem Sonnenstand gemessen.

In Deutschland steht selbst im Hochsommer die Sonne nicht senkrecht. Daher erhalten bestimmte geneigte Flächen im Frühjahr und im Herbst höhere Strahlungsmengen – man spricht vom Hangklima. Deshalb sind auf der nördlichen Halbkugel S-, SW- und SO-Hänge klimatisch bevorzugt und für den Anbau von Reben am besten geeignet. Je nördlicher ein Rebenliebhaber wohnt, desto mehr sollte er seine Pflanzungen auf den Südhang oder die Südwand beschränken.

Lage zur Himmelsrichtung (Exposition)

Der Strahlungsgenuss nimmt in der Reihenfolge Süd, Ebene, Ost und West ab. Die Rebe benötigt mindestens 185 bis 195 Vegetationstage und ist deshalb besonders auf den höheren Strahlungsgenuss der bevorzugten Lagen im Frühjahr und Herbst angewiesen. Insgesamt benötigt die Rebe

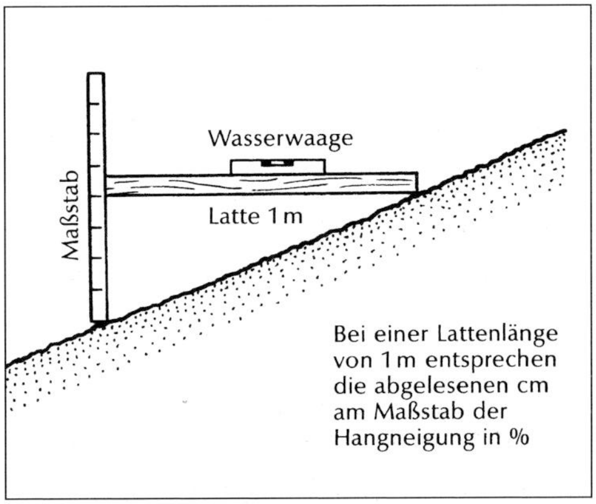

Messung der Hangneigung.

Relativer Strahlungsgenuss von April bis Oktober für verschiedene Hanglagen (bei 50° n.Br.) (nach MORGEN aus POSSNER et al. 1991; verändert)

Hangneigung in %	Hangrichtung N	NO/NW	O/W	SO/SW	S
20	92	94	101	107	110
40	80	83	98	109	114
60	63	72	95	108	115

etwa 1500 Sonnenstunden, um später aus den Trauben einen Qualitätswein herstellen zu können. Besonders während der Blüte in der zweiten Junihälfte sind mindestens 15 °C erforderlich; die Nachttemperaturen sollten in dieser Zeit nicht unter 12 °C sinken.

In den Monaten März/April sowie September/Oktober besitzen Südhänge eindeutig Vorteile und eignen sich deshalb in den nördlichen Anbaugebieten besonders für den Weinbau. Im Sommer reicht auch in unseren Breiten in der Ebene der Strahlungsgenuss aus. Begrenzend sind also das Frühjahr und der Herbst.

Da die Lage sich nicht verändern lässt, kann der Hobby-Winzer lediglich den Strahlungsgenuss mit den Ansprüchen der Sorte in Übereinstimmung bringen. Die richtige Sortenwahl ist daher das entscheidende Fundament für den Erfolg.

Bei der Pflanzung der Sorten spielen Tradition, zugelassene Rebsorten und gewünschte Qualitäten – Tafelwein, Landwein, Qualitätswein mit und ohne Prädikat bis hin bis zur seltenen Trockenbeerenauslese – eine wichtige Rolle.

Lage zur Waagerechten (Inklination)

Neben der Lage zur Himmelsrichtung besitzt die Hangneigung erheblichen Einfluss auf die Strahlungsintensität. In der gemäßigten Klimazone erhält ein nach Süden exponierter Hang mit 30° Neigung (ca. 60 %) die höchste Strahlung. Terrassen am Steilhang verringern Neigung und Strahlungsgenuss, nicht aber den Wärmegenuss.

Bei SO- und SW-Hängen liegt die höchste Strahlungsintensität bei einer Neigung von 20° (ca. 40 %) und bei O- und W-Hängen bei 10°. Achtung: O- und W-Hänge der genannten Neigung erhalten nur dieselbe Strahlungsmenge wie die Ebene. Man beachte dabei die jahreszeitlichen Verschiebungen. Beistehende Tabellen sind für den Hobby-Winzer eine wertvolle Hilfe.

Es lässt sich schlussfolgern, dass zur Reife einer bestimmten Sorte die Hangneigung von großer Bedeutung ist. Je später eine Sorte reift, desto steiler sollte der Hang sein.

Die Temperaturverhältnisse zwischen Hangfuß, Hangmitte, Hangkopf und dem Plateau sind unterschiedlich. Sie werden beispielsweise durch Hangneigung, Hangrichtung, Hangform, Talform und -größe, Windverhältnisse sowie Vegetation variiert. Allgemein gilt, dass die obere Hangmitte am wärmsten, der Hangfuß am kältesten ist. Deshalb pflanzt man die spät reifenden Sorten in die Hangmitte, die früh reifenden auf den Hangfuß und die mittelfrüh reifenden auf den Hangkopf.

Aber Tradition, zugelassene Sorten, ökonomische und andere Faktoren, wie gewünschte Weinqualitäten, beeinflussen die Entscheidung für den Pflanzort ebenfalls.

Abschätzung der Eignung von Flächen für den Weinbau

Schon immer hat die Weinbauwissenschaft versucht, alle die Reben beeinflussenden meteorologischen Ereignisse in ein überschaubares Bewertungssystem zu pressen. Alle Modelle haben Vor- und Nachteile. Für den Winzer und Hobby-Winzer eignet sich die nachstehend beschriebene Methode, die von den vorher geschilderten Faktoren ausgeht.

Die Bewertungskriterien sind Hangrichtung, Hangneigung, Höhe über dem Meeresspiegel und Bodenart. Erfahrene Weinbauwissenschaftler haben diese Kriterien in ein Punkteschema umgewandelt. Die Kriterien werden mit 1 bis 3 Punkten bewertet. Diese Methode unterstellt, dass die zu bewertende Fläche in einem Weinbaugebiet liegt und ein für den Weinbau geeignetes „Grundklima" existiert. Deshalb ist die Methode nur anwendbar, wenn die Jahresmitteltemperatur zumindest 8,5 bis 8,7 °C beträgt.

In Deutschland erreichen auch außerhalb der eigentlichen Anbaugebiete viele Gegenden diese Jahresmitteltemperatur. Deshalb kann das Schema auch dort angewendet werden.

Die vermutete Erwärmung der Erde erweitert darüber hinaus die Anbaumöglichkeit der Rebe, sodass die alten Rebflächen des Mittelalters wieder in den Blickpunkt geraten.

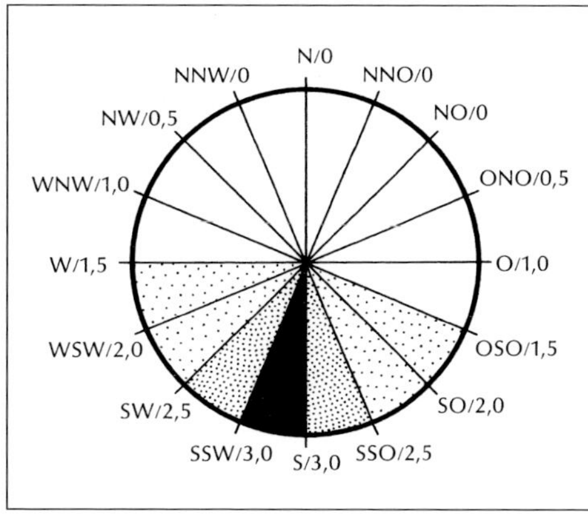

Schätzrahmen für die Hangrichtung (Hangrichtung/Punkte).

Hangrichtung

Lagen in westlicher Richtung werden besser beurteilt als Lagen in östlicher. Das ist scheinbar ein Widerspruch zu den Tagessummen der Strahlung. Tatsächlich erreichen jedoch Westlagen nachmittags eine bessere Wärmeentwicklung und Lichtintensität als Ostlagen. Am vorteilhaftesten sind Süd- und Südwestlagen. In Deutschland wird aus den genannten Gründen in Nord-, Nordost- und Nordwestlagen kein Weinbau betrieben.

Hangneigung

Rebflächen mit mehr als 18 % Hangneigung sind als gute Lagen einzuschätzen. Die besten Lagen sind diejenigen mit einer Hangneigung von mehr als 30 %. Sie werden als Steilhang bezeichnet. Bei Terrassen im Steilhang haben die weniger steile Terrassenfläche und die Mauerfläche als Wand Einfluss auf den Energiegewinn. Unter den Verhältnissen in Deutschland nimmt bei mehr als 100 % (45°) Hangnei-

Proschwitzer Katzensprung (Sachsen) mit Weinberggerätehaus.

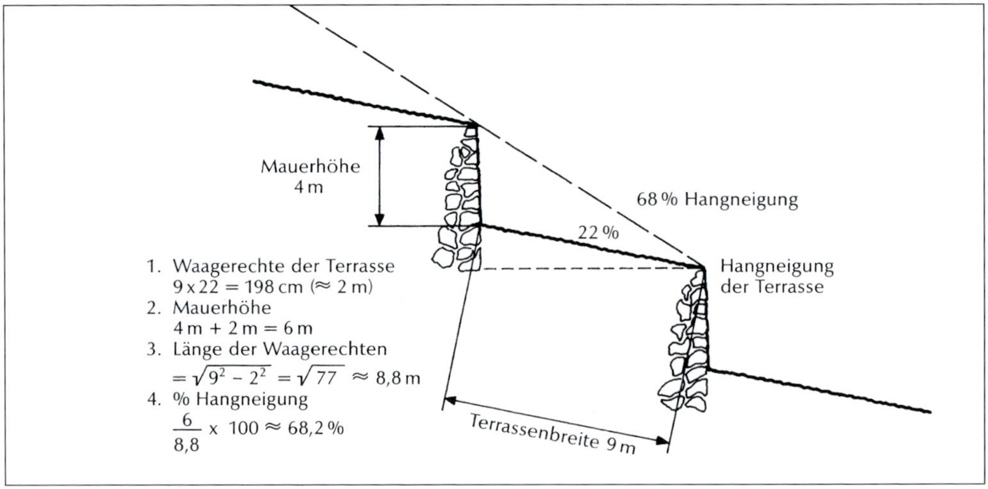

Berechnung der Hangneigung auf einem terrassierten Hang.

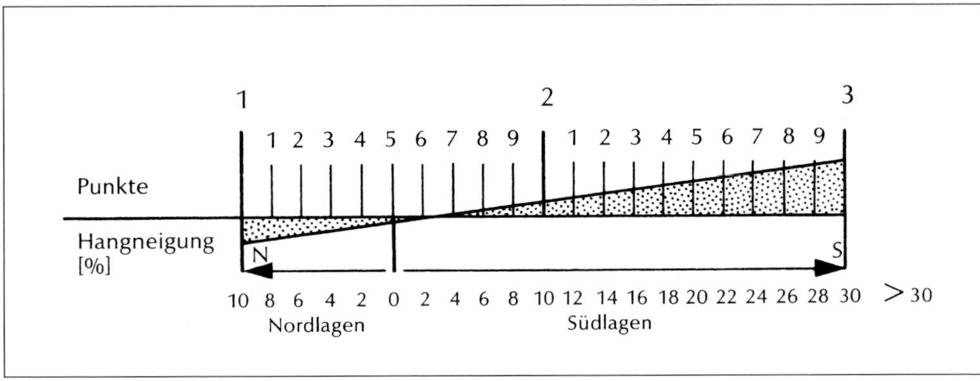

Schätzrahmen für die Hangneigung.

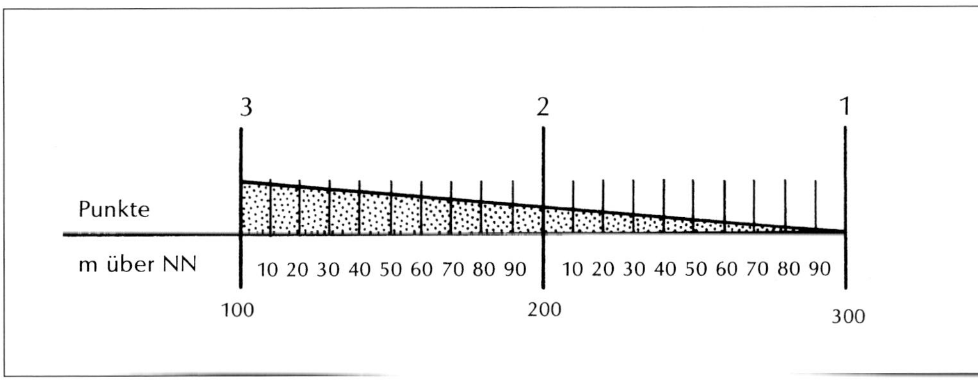

Schätzrahmen für die Höhe über dem Meeresspiegel.

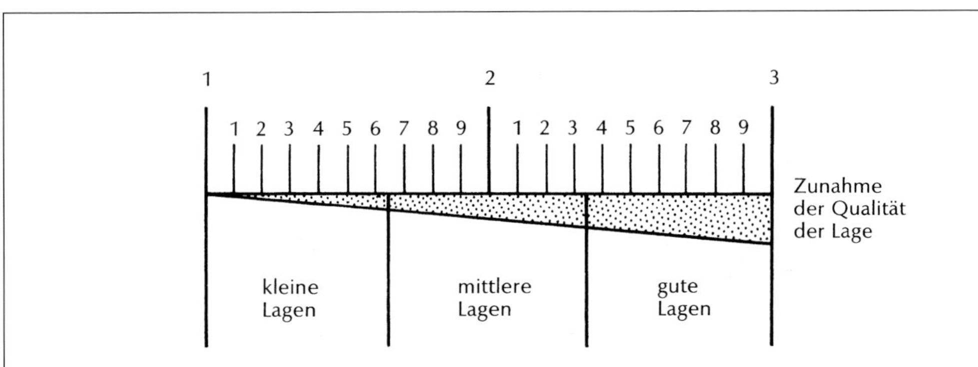

Gesamtbeurteilung der Lage.

gung die Anbaueignung aufgrund des Sonnenstandes wieder ab.

Höhe über dem Meeresspiegel

Da pro 100 m Höhe die Jahresmitteltemperatur um 0,5 bis 0,6 °C abnimmt, sind in Deutschland nur Flächen bis 500 m weinbaulich geeignet. Die guten Lagen reichen bis 160 m ü. NN, die mittleren von 161 bis 230 m ü. NN und alles, was über 231 m ü. NN liegt, muss als kleine Lage bezeichnet werden. Wie sehr das Kleinklima solche Einschätzungen beeinflusst, beweist der Weinbau am Bodensee, der in 400 m ü. NN hervorragende Weine hervorbringt.

Die Skala gilt nur für Deutschland. Im Süden Europas erweitert sich die Eignung zugunsten der Höhe. Europas höchstgelegener Weinberg liegt in der Schweiz in Visperterminen in über 1000 m Höhe.

Bodenart

Für die Rebe haben Erwärmbarkeit, Wasserhaltekraft und bodeneigener Nährstoffgehalt Bedeutung. Leichte Böden (Sand, Gesteinsböden) erwärmen sich schnell bei geringer Wasserhaltekraft. Schwere Böden (Lehm-, Löß- und Tonböden) erwärmen sich langsam und besitzen eine hohe Wasserhaltekraft. Das gilt auch für Kalk- und Mergelböden. Moorböden sind ungeeignet.

Für Flachgründigkeit (unter 30 cm Boden über dem Gestein) und für Staunässe gibt es Abzüge (1,0 Punkte im Schätzrahmen für Bodenart).

Schätzrahmen für die Bodenart (nach Hillebrand und Schulze 1990; verändert)

Bodenart	Punkte
Sand, Gesteinsboden	2,0
Lehmiger Sand	2,1
Sandiger Lehm	2,4
Lehm, Löß	2,5
Toniger Lehm	2,2
Lehmiger Ton	1,9
Ton	1,5

Gesamtbeurteilung

Für geographische Besonderheiten gibt es Zu- und Abschläge:

- Nähe zu großen Wasserflächen erhöht die Reflexion und wirkt frostmildernd – Zuschlag 0,5 bis 1,0 Punkte;
- Spät- und frühfrostgefährdete sowie windoffene Lagen – Abschlag 0,5 bis 1,0 Punkte.

Die Güte der Lage hat auf die Ertragshöhe und auf die Weinqualität entscheidenden Einfluss. Daher ist die Gesamtbeurteilung wichtig. Das beschriebene einfache, handhabbare System ist für die Praxis ausreichend genau.

Beispiel:
Ein Winzer bewirtschaftet eine SO-Lage (2,5 Punkte) mit 35 % Hangneigung (3,0 Punkte) bei 160 m ü. NN (2,4 Punkte) und lehmigem Gesteinsboden (2,1 Punkte). Das ergibt 10,0 : 4 = 2,5 Punkte. Es liegt somit eine gute Lage vor.

Erfahrene Winzer, Weinbauberater und die Wetterämter geben bereitwillig Auskunft.

Vom Roden bis zum Pflanzen

Eine Neuanlage, groß oder klein, muss wohlbedacht sein. Fehler wirken über Jahrzehnte und sind bei der langjährigen Rebkultur nicht zu korrigieren. Unter mitteleuropäischen Klimaverhältnissen lässt sich beispielsweise die falsche Sorte nicht durch Umveredeln wechseln.

Es ist außerdem nicht gleichgültig, ob Reben auf Böden gepflanzt werden, die noch nie Reben trugen, oder ob jahrhundertealtes Rebland vorliegt. Altes Rebland ist durch die Rebenmüdigkeit beeinträchtigt, deren Ursachen noch nicht völlig geklärt sind.

Auf jungfräulichem Boden wachsen Reben deshalb immer besser. Die Rebenmüdigkeit kann man durch eine möglichst lange Brachezeit mildern, die mindestens drei Jahre betragen sollte.

Aus diesem Grund müssen auch bei der Rodung möglichst alle sichtbaren Wurzelreste entfernt werden. Tiefe Bodenbearbeitung – Holländern, Tiefpflügen sind heute üblich. Die Bearbeitungstiefe beträgt 40 bis 50 cm. Das Rigolen unserer Großväter bis zu 1 m Tiefe wird auch aus bodenbiologischen Gründen nicht mehr gehandhabt. Warum soll der Winzer den aktiven Oberboden in 1 m Tiefe versenken?

Zuvor erfolgt die Vorratsdüngung auf der Basis der Bodenuntersuchung. Bei der Bodenverbesserung mit Kompost kann getrost nach dem Motto verfahren werden: Viel hilft viel. Während der Brache lässt sich der Boden durch jährliche Gründüngung, die eingearbeitet wird, verbessern.

Überlegungen zur Reihenrichtung, zu Standweiten usw. haben die Ortsverhältnisse zu berücksichtigen. Ausmessen und Auszeilen müssen gewissenhaft erfolgen, auf größeren Flächen machen sich durch Addition Messfehler besonders bemerkbar und behindern die maschinelle Bearbeitung. Auf kleinen, unregelmäßigen Flächen können Reihen- und Stockabstände etwas interpoliert werden.

Auf jungfräulichem Boden sind schwächer wachsende Unterlagen zu wählen. Auf altem Rebland eignen sich stark wachsende Unterlagen besser. Auf rebmüden Standorten sind schwach wachsende Rebsorten und Pfropfkombinationen zu vermeiden. Ein Wechsel der Sorte und der Unterlage kann dann angeraten sein.

Umtriebszeiten

Wurzelechte Weinberge vergangener Zeiten waren praktisch unendlich alt, da sie durch Senken (siehe Seite 40) ständig verjüngt wurden. Bei den heute im Weinbau verwendeten Pfropfreben gelten bestimmte Umtriebszeiten. Jüngere Anlagen bringen höhere Erträge, ältere die besseren Weine.

Markterfordernisse bewirken mitunter eine frühere Rodung. Man denke an die Rotweinwelle!

Im Pfropfrebenbau wird mit 30 Jahren Umtriebszeit gerechnet. 10 % der Anbaufläche sollen Brachland, 7 % Junganlagen und 83 % Ertragsflächen sein.

Abweichungen von der Theorie können durch verschiedene Faktoren bedingt sein:

- Verlängerung aufgrund noch guten Ertrages,
- Verkürzung aufgrund geringen Ertrages,
- Verkürzung aufgrund Sortenumstellung,

- Verkürzung aufgrund der Betriebsgröße,
- Verkürzung wegen zu hoher Kosten bei zu geringem Ertrag und aus anderen Gründen.

Junge Anlagen bringen höhere Erträge, ältere Weinberge die besseren Weine.

Rodung

Als günstigste Zeit für die Rodung empfehlen sich die vegetationslosen und arbeitsärmeren Wintermonate. Bei gefrorenem Boden kann nicht gerodet werden.

Feste Spaliere bleiben stehen. Bei Einzelpfahlunterstützung werden die Pfähle gezogen und bodenfrei eingelagert, sofern sie wieder verwendet werden können. Imprägnierte Pfähle sind als Sondermüll zu entsorgen. Andere Pfähle können als Brennholz verwendet werden. Die Rebstöcke werden beseitigt.

Schwieriger ist das Beräumen der Drahtrahmenerziehung. Es lässt sich nicht vermeiden, die verrankten Reben aus dem Draht zu schneiden, denn aus Umweltgründen verbietet es sich, nur den Stamm frei zu schneiden und die Reben samt Draht zu verbrennen. Der Draht muss anschließend entsorgt werden. Das Schreddern der verholzten Pflanzenteile mit anschließender Kompostierung ist die bodenbiologisch beste Lösung.

Die Säulen, unabhängig davon, ob sie aus Holz, Beton oder verzinkten Stahlprofilen oder -rohren bestehen, sind zu ziehen und, sofern nicht wieder verwendbar, zu entsorgen.

Stamm, Wurzelstange und Wurzeln müssen so vollständig wie möglich gerodet werden. Das ist bei den Wurzeln der Rebstöcke ein schwieriges Unterfangen! Bei geringer Pflanzenzahl werden die Rebstöcke ausgegraben. Auf größeren Flächen erfolgt die Rodung maschinell. Mittels Traktor oder Seilwinde und mit einem gänsefußähnlichen selbst gebauten Gerät können die Rebstöcke bei genügend feuchtem Boden gezogen werden. Bei sorgfältiger Arbeit lassen sich auf diese Weise Stamm, Wurzelstange und Hauptwurzeln ohne Abbrechen und Abreißen ziehen.

Alte Rebstämme ergeben hervorragendes Kaminholz!

Bodenuntersuchung

Sie ist vor der Neuanlage ein unbedingtes Muss! Zu untersuchen sind sowohl der Oberboden (0 bis 20 cm Tiefe) als auch der Unterboden (21 bis 40 cm Tiefe). Je einheitlicher der Boden ist, desto größer können die Bezugsflächen sein, von denen eine Mischprobe hergestellt wird. Dadurch lassen sich auch Kosten sparen, denn eine Probe kostet je Nährstoff etwa 10 Euro. In Terrassenlagen lässt man je Terrasse eine Probe untersuchen. Der Boden wird mit einem Spezialbohrstock oder mit dem Spaten entnommen. Jede Probe muss mindestens 500 g erdfeuchten Boden beinhalten und nummeriert sein. Die Proben werden in Kästchen oder Plastikbeuteln zu den Untersuchungslabors geschickt, die bei den Ämtern für Landwirtschaft zu erfragen sind. Für die Vorratsdüngungsempfehlungen ist in den Nichtweinbaugebieten der Hinweis auf den Anbau von Reben nötig.

Für eilige Hobby-Winzer reicht die Genauigkeit der Schnelltests völlig aus. Der Fachhandel bietet folgende Tests an:

- Kalitest,
- Nitrattest,
- Calciumtest,
- Phosphattest,
- pH-Wert-Bestimmung.

Bei der langlebigen Rebkultur bietet die Bodenuntersuchung die Möglichkeit, Unterversorgungen zu erkennen und vor der Neuanlage dagegen durch die Vorratsdüngung gezielt vorzugehen.

- Pro Bodenprobe werden 500 g erdfeuchter Boden entnommen.

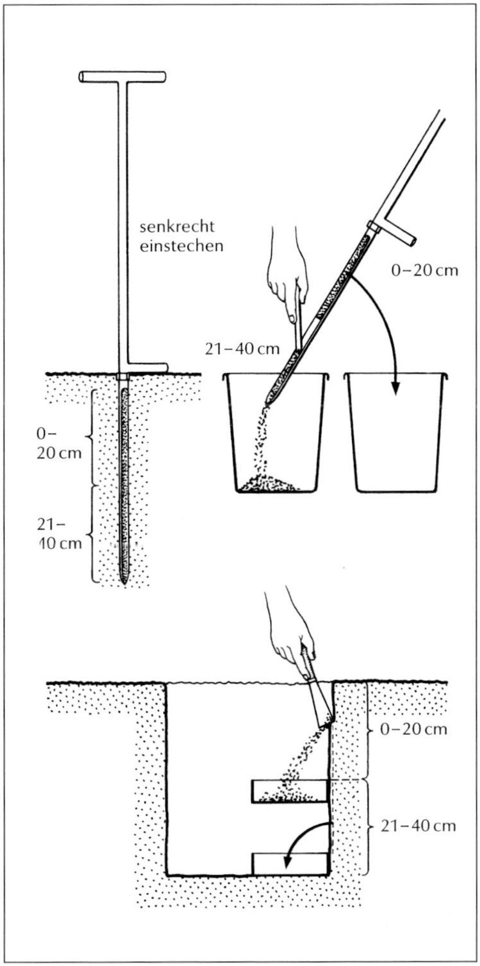

Entnahme von Bodenproben mit Lanze oder Spaten und Spachtel.

Vorratsdüngung

Die Höhe der Nährstoffgaben wird von der Bodenuntersuchung bestimmt. Eine Vorratsdüngung entfällt, wenn die benötigten Nährstoffgehalte im Boden vorhanden sind.

Phosphor wird im Boden festgelegt und ist dann schwer beweglich. Deshalb ist für ihn die Vorratsdüngung besonders wichtig. Vor der Neu- bzw. Wiederbepflanzung werden 300 bis 500 g/m² Phosphor breitwürfig verteilt. Eine Vorratsdüngung mit Kalium empfiehlt sich vor allem bei schweren Böden. Es werden 100 bis 200 g/m² 50er Kaliumsulfat ausgebracht. Günstig sind magnesiumhaltige Kalidünger. Inzwischen befinden sich Kombinationsdünger beider Nährstoffe im Handel. Auf leichten Böden ist Kalium jährlich zu verabreichen. Der Magnesiumbedarf kann über die genannten magnesiumhaltigen Kalidünger gleichzeitig mit abgedeckt werden. Bei starkem Magnesiummangel kann mit jährlich 1 bis 3 kg/a Bittersalz (Magnesiumsulfat) gedüngt werden.

Alle Vorratsdünger können miteinander gemischt und vor der tiefen Bodenlockerung breitwürfig ausgebracht werden. Die

Anzustrebende Nährstoffgehalte

Nährstoff	mg Gehalt/ 100 g Boden*)
Phosphat (P_2O_5)	15,0 bis 28,0
Kalium (K_2O)	15,0 bis 35,0
Magnesium (MgO)	13,0 bis 25,0
Bor (B)	0,8 bis 1,2

*) nach den Empfehlungen des Verbandes Deutscher Landwirtschaftlicher Untersuchungs- und Forschungsanstalten

Richtwerte für die Aufkalkung saurer Böden*)

pH-Wert des Bodens	kg kohlensaurer Kalk/a bei leichten Böden	kg Branntkalk/a für mittlere Böden	schwere Böden
4,0	20	40	60 bis 70
4,5	7	20 bis 30	40 bis 50
5,0	2	15 bis 20	30
5,5	–	10 bis 15	10
6,0	–	–	5
		Gaben über 40 kg/a sind auf 2 bis 3 Jahre zu verteilen	

*) in Anlehnung an die Empfehlungen des Verbandes Deutscher Landwirtschaftlicher Untersuchungs- und Forschungsanstalten

vegetationslose Zeit eignet sich hierfür am besten.

In Abhängigkeit von der Bodenart ist der pH-Wert differenziert zu betrachten. Die Rebe liebt Boden im leicht sauren Bereich um pH 6,5. Je schwerer der Boden, desto eher kann er auch im neutralen bis leicht alkalischen Bereich liegen; also um pH 7,0 bis 7,5. Bei starker Versauerung vor allem bei leichten Böden muss dieser in zwei bis drei Jahresetappen aufgekalkt werden. Leichte Böden vertragen starke Reaktionsstöße nicht.

Bodenverbesserung

Den optimalen Boden gibt es nicht! Deshalb müssen bestimmte Eigenschaften verbessert werden. Bei leichten Böden ist es das Wasserhaltevermögen; bei schweren Böden die Durchlüftung.

Angerottete oder verrottete organische Materialien eignen sich am besten zur Bodenverbesserung. Sie wirken sich günstig auf die Krümelstruktur und die Mineraldüngerwirkung aus. Die Bestimmung des Humusgehaltes kann mit der Bodenuntersuchung erfolgen. Weinbergsböden sollten überwiegend 1 bis 3 % Humus enthalten. Der jährliche Humusabbau kann nur durch regelmäßige Zufuhr organischer Substanz ersetzt werden.

Besonders vor der Neuanlage lassen sich größere Mengen Humus günstig in tiefere Schichten einbringen. Zu diesem Zweck stehen verschiedene Materialien zur Verfügung. Sie sollten in folgenden Mengen eingebracht werden: wirtschaftseigener oder zugekaufter Kompost mit 3 m^3/a, Torfmull mit 1 bis 2 m^3/a, gut verrotteter Stallmist mit 6 bis 8 dt/a, Müllkompost beziehungsweise Klärschlamm mit 3 bzw. 1 m^3/a. Bei Müllkomposten und Klärschlämmen müssen die regional unterschiedlichen Schwermetallgehalte und gesundheitsgefährdenden Keimzahlen beachtet werden, dazu sind die entsprechenden örtlichen Festlegungen zu erfragen. Angerottete Rindenkomposte sind nur zur Bodenbedeckung geeignet. Ihre hohen Gerbstoffgehalte wirken herbizid.

Regionale Reserven wie Teichschlämme bieten sich ebenfalls zur Nutzung an. Stehen größere Mengen Lehm oder Löß von Baustellen zur Verfügung, können diese Sand- oder Gesteinsböden nachhaltig verbessern. Sie müssen vor dem Holländern breitwürfig ausgebracht werden.

Synthetische Bodenverbesserer befinden sich ebenfalls im Handel, sie sind ob des Preises nicht unbedingt zu empfehlen.

Der jährliche Humusabbau muss durch organisches Material ersetzt werden.

Bodenlockerung

Die gründliche Bodenlockerung zu Beginn der Brachezeit ist jener am Ende vorzuziehen, da der Boden sich wieder setzen kann. Zu Beginn des Pfropfrebenbaus hat man bis in 1 m Tiefe rigolt. Aus bodenbiologischen Gründen wird der Boden heute nur noch bis 40 cm Tiefe gelockert. Um die bestehende und typische Schichtung zu erhalten, ist das Lockern dem Wenden vorzuziehen.

Zum Bearbeiten größerer Flächen stehen Wippschar- oder Hubschwenklockerer zur Verfügung. Allerdings eignen sie sich nur für die Ebene und den Flachhang.

Soll am Hang oder Steilhang maschinell geackert werden, kommt nur die Seilwinde am Traktor zum Einsatz. Die Pflüge müssen besonders lange Streichbleche besitzen, um den Boden bergauf zu wenden. Die lästige Leertalfahrt muss in Kauf genommen werden.

Auf großen Terrassen kann auch in Schichtlinie geackert werden. Der Boden muss dabei nach oben gewendet werden.

Auf die Möglichkeit, am Steilhang den Boden mit Spezialschreitbaggern umzusetzen, sei hingewiesen. Das teure Verfahren kommt jedoch für den Hobby-Winzer nicht in Frage.

Für Steillagen, Terrassen und Gartenflächen bietet sich nur das Holländern von Hand an. Die Arbeitstiefe beträgt 40 cm. Vorzuziehen ist das Holländern vom Hangkopf zum Hangfuß. Der Boden wird dabei

Humusgehalt der Weinbergsböden (nach HILLEBRAND und SCHULZE 1990)

Humusgehalt	Einschätzung
unter 1,0 %	humusarm
1,0 bis 2,0 %	schwach humos
2,1 bis 3,0 %	ausreichend humos
über 3,0 %	stark humos

Humusabbau pro Jahr (nach HILLEBRAND und SCHULZE 1990)

Bodenart	Organische Substanz in kg/a
mittlere bis leichte Böden	30 bis 40
leichte Böden	40 bis 60
Gesteinsböden	60 bis 80

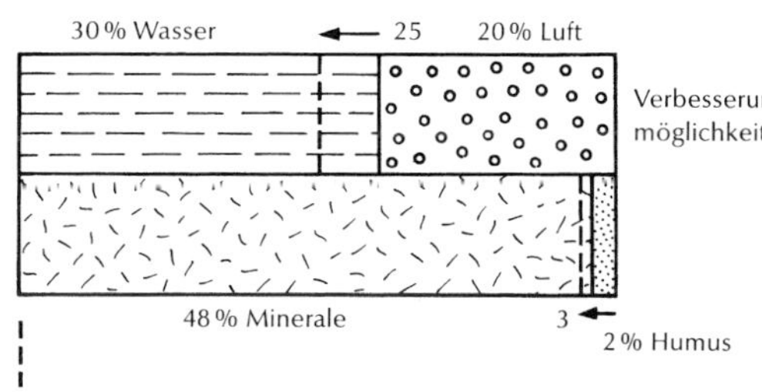

Durchschnittlicher Anteil der Bestandteile des Bodens.

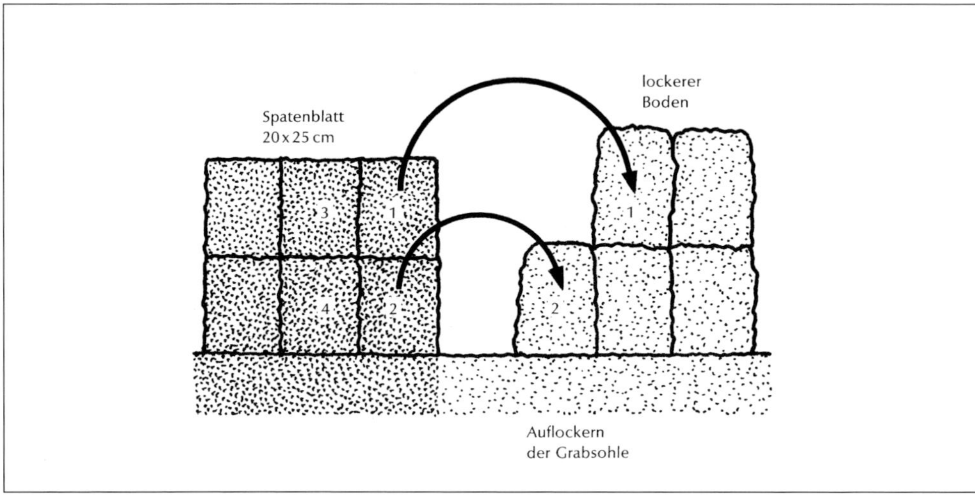

Prinzip des Holländerns.

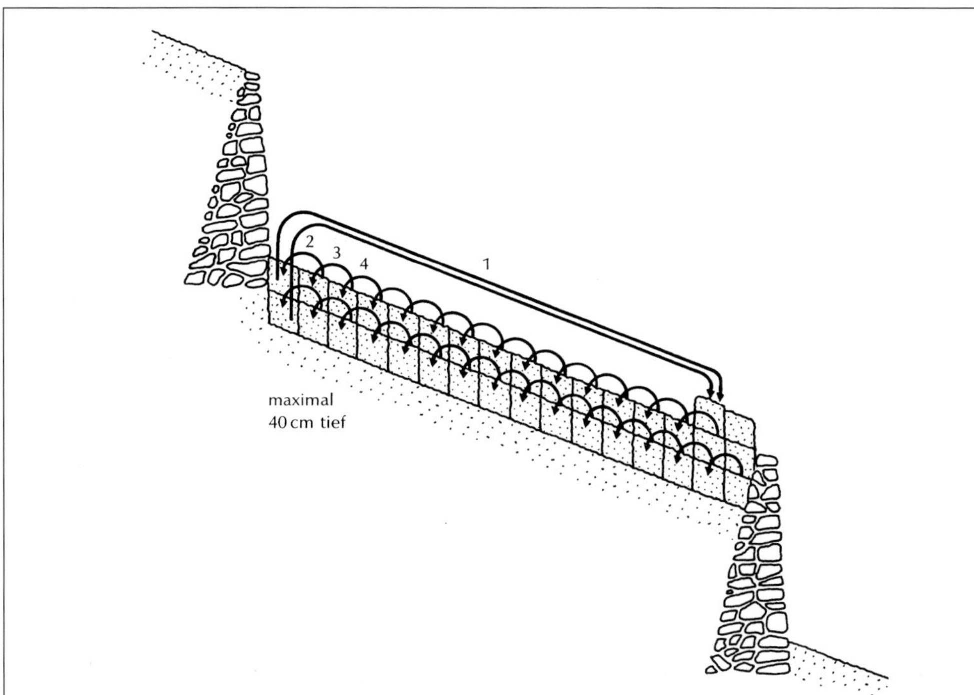

Holländern am Hang in Schichtlinie.

nach oben „getrieben". Damit lässt sich die natürliche Erosion der letzten Umtriebsperiode ausgleichen. Zuerst wird ein Graben oben angelegt. Der Aushub wird am Ende zum Füllen des letzten Grabens abgelegt. Die Grabensohle wird mit dem Karst aufgelockert.

Die beste Zeit für jegliches Tieflockern beginnt im Herbst und endet im zeitigen Frühjahr. Spätherbst bis Vorwinter sind vorzuziehen, um bis zur Pflanzung eine ausreichende Setzung des Bodens zu erreichen, die Aufnahme der Winterfeuchtigkeit zu unterstützen und die Frostgare zu nutzen.

Der Boden eignet sich zum Tieflockern am besten im erdfeuchten Zustand. Dann krümelt er bei der Handprobe und lässt sich nicht zu Klumpen formen. Nasse Böden verhindern das Auflockern ebenso wie ausgetrocknete. Bei gefrorenem Boden oder hoher Schneedecke darf nicht tiefgelockert werden. Eingearbeitete gefrorene Erdschollen oder Schnee bleiben durch die isolierende Luft im Boden liegen, verhindern die Bodenerwärmung und zügiges Wachstum. Nach dem Tieflockern bleibt der Boden bis zum Frühjahr unbearbeitet liegen.

Wird im Frühjahr die Bodenoberfläche grau, kann der Boden für die Brachfeldnutzung oder die Pflanzung vorbereitet werden.

Aus bodenbiologischen Gründen wird der Boden nur noch 40 cm tief gelockert. Die beste Zeit ist hierfür der Spätherbst bis Frühwinter.

Nutzung der Brachezeit

Eine ausreichende Brachezeit von zwei bis vier Jahren ist umso notwendiger, je länger die Reben als Monokultur auf der Fläche standen.

Damit sich der Boden vom Rebenanbau erholen und regenerieren kann, müssen Gründüngungspflanzen angesät werden. Am vorteilhaftesten lässt sich Luzerne verwenden, da sie als mehrjährige Kultur die gesamte Brachezeit nutzbar ist und als Tiefwurzler den Boden aufschließt und gesundet. Das Schnittgut von zwei Schnitten kann verbleiben, aber auch verfüttert werden.

Ebenso vorteilhaft kann Bokharaklee (Weißer Steinklee, *Melilotus albus*) für eine zweijährige Brache eingesetzt werden. Die Aussaatmengen liegen bei 0,25 bis 0,30 kg/a. Mähgut bleibt beim Bokharaklee liegen. Der Klee samt aus und mit der Zeit bilden sich dichte Bestände. Andere Gründüngungspflanzen, wie sie im Ertragsweinbau üblich sind, können natürlich auch eingesetzt werden, müssen aber jährlich erneut eingesät werden.

Auf ebenem oder flachhängigem Gelände lässt sich der Boden auch landwirtschaftlich nutzen. Starke Zehrer, wie Rüben und Kohlarten, sollten jedoch vermieden werden. Für Hobby-Winzer mit kleinen Bracheflächen sind Erdbeeren oder schwach zehrende Gemüse zu empfehlen.

Besondere Bedeutung besitzt die Brache zur Bekämpfung von wurzelsaugenden Bodenälchen (Nematoden). Als Überträger von Viren können sie Abbaukrankheiten der Rebe und Bodenmüdigkeit verursachen. Durch den Wegfall der Wirtspflanze über mehrere Jahre „verdünnt" sich die Population allmählich. Nach drei bis fünf Brachejahren ist der Boden „entseucht". Der Hobby-Winzer sei außerdem auf eine Bekämpfungsmöglichkeit hingewiesen, die nur bei kleinen Flächen möglich ist. Den Studentenblumen (*Tagetes*) werden älchenvernichtende Eigenschaften nachgesagt. Ihre Ansaat ist zwar etwas teuer, aber lohnend.

Im Herbst des Jahres vor der Pflanzung wird die Brache mit der Gründüngung gepflügt bzw. gegraben und bleibt grobschollig liegen. Im März/April des Pflanzjahres, sobald die Bodenoberfläche grau wird, muss der Boden mit Grubber oder schwerer Egge beziehungsweise mit Karst und Harke eingeebnet und damit zur Pflanzung vorbereitet werden.

Zu frühe Bearbeitung führt zu unnötigen Bodenverdichtungen. Je schwerer der Boden, desto später ist er zu bearbeiten.

Während der Brache müssen Gründüngungspflanzen angesät werden. Sie entgiften und verbessern den Boden. Am vorteilhaftesten ist Luzerne. Langjährige Brache befreit den Boden von schädlichen Älchen.

Pflanzabstände

Bei der Wahl der Pflanzabstände sind folgende Gesichtspunkte zu berücksichtigen:

- **Standort**.
  Dazu gehören Bodenverhältnisse, Flächenformen, Hangneigung, Terrassierung.
- **Weinbauliche Verhältnisse**.
  Das sind Wüchsigkeit der Sorten-Unterlagen-Kombination, Krankheitsanfälligkeit, Wuchstyp, Art der Unterstützung, Nebennutzungen (Sichtschutz, Pergolen).
- **Ökonomische Bedingungen**.
  Dazu gehören gewünschter Ertrag und Qualität, ökologische Anbaumethoden. Sie sind im Erwerbs- und Nebenerwerbsweinbau von Bedeutung.
  Außerdem müssen verfügbare Arbeitskräfte, Maschinen und Geräte sowie betriebliche Strukturen berücksichtigt werden. Im Hobby-Weinbau spielen solche Überlegungen keine Rolle, da kaum Maschinen eingesetzt werden. Hier werden die Pflanzabstände wesentlich von der zu wählenden Erziehungsart bestimmt. Bei größeren, mit der Maschine zu bearbeitenden Flächen muss die Bearbeitungsbreite des Motorgerätes berücksichtigt werden.

Grundlage zur Berechnung des Materialbedarfs ist die Bestandsfläche. Je ungünstiger die Flächenform, desto geringer ist der Anteil der Bestandsfläche (Nettofläche). Selbst die kleinste Fläche kann nicht zu 100 % bepflanzt werden.

Neben dem nötigen Vorgewende für eventuell einzusetzende Maschinen gehören zu den Verkehrsflächen Wege um die Gesamtanlage, Durchgänge, Treppen und Wasserstaffeln, die von der zu bepflanzenden Fläche abzuziehen sind.

Bei der Planung von größeren Rebanlagen sind in Abständen von 45 bis 60 m Durchgänge vorzusehen, um den Querverkehr nicht allzu sehr zu behindern. Sie sollten wenigstens doppelt so breit wie der Pflanzabstand in der Reihe sein. Durchschnittlich gehen durch Verkehrsflächen 15 bis 20 % der Anbaufläche verloren.

Auf Terrassen mit Trockenmauern wird mit dem nötigen „Hinterlüftungsabstand“ eine Reihe direkt an die Mauer gepflanzt. Im Terrassenweinbau kann der unproduktive Flächenanteil bis 40 % anwachsen.

Auszeilen

Es lässt sich am besten auszeilen, wenn die Bodenoberfläche feinkrümelig und eben ist. Mulden und Buckel beeinträchtigen die Messgenauigkeit und verursachen bei der späteren Bodenbearbeitung, dass die Veredlungsstellen zu hoch oder zu tief stehen. Man lege immer Wert auf die genaue Aus-

Verhältnis von Brutto- zu Nettofläche in Abhängigkeit von der Flächengröße			
Größe der Bruttofläche	**5 ha**	**1 ha**	**0,1 ha**
Kantenlänge bei quadratischer Fläche	223 m	100 m	32 m
Vorgewende 10 m	4460 m^2	2000 m^2	640 m^2
Vorgewende %	8,9	20,0	64,0
Durchgänge	2	1	0
Durchgangsfläche	487 m^2	96 m^2	0
Durchgangsfläche %	1,0	1,0	0
Größe Nettofläche (Bestandsfläche)	40993 m^2	6304 m^2	360 m^2
Bestandsfläche %	82	63	36
unproduktive Fläche	9007 m^2	3696 m^2	640 m^2
unproduktive Fläche %	18	37	64

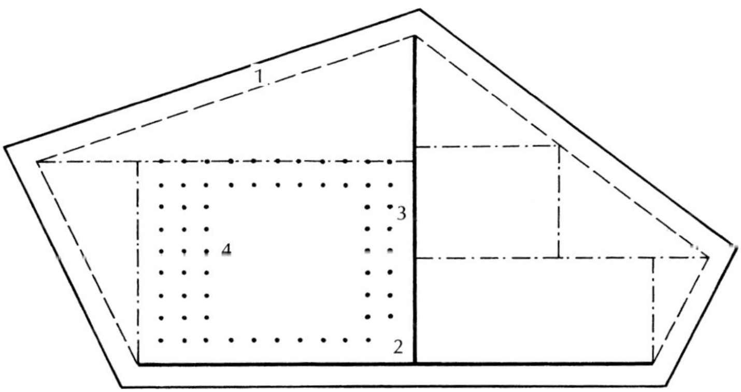

1 Vorgewende
2 Abszisse
3 Ordinate
4 Füllen des Rahmens von außen nach innen

Vermessen der Rebfläche.

zeilung, sie erleichtert maschinelle Arbeit. Bei kleinen Terrassen ist es mitunter günstig, die Reihenabstände unterschiedlich zu gestalten, um nicht allzu große Flächenverluste zu haben.

Die wesentlichste Entscheidung ist das Festlegen der Reihenrichtung. Obwohl unter unseren klimatischen Verhältnissen die Reihen meist in Nord-Süd-Richtung angelegt werden, gibt es einige wichtige Grün-

Pfropfreben-, Pflanzpfahl- und Rebmanschettenbedarf je Ar Bestandsfläche

Reihenabstand × Stockabstand	Erziehungssystem	Pfropfreben-bedarf (105 %)	Pflanzpfahl, Manschettenbedarf (102 %)
1,2 × 1,2 m	Einzelpfahlerziehung	73	71
1,4 × 1,2 m	Drahtrahmenerziehung	63	61
1,6 × 1,2 m	auf Terrasse,	55	53
1,8 × 1,0 m	Steilhang im Seilzug	59	57
1,8 × 1,2 m	und Direktzug	49	47
1,8 × 1,4 m		42	41
2,0 × 1,0 m	Drahtrahmenerziehung	53	51
2,0 × 1,2 m	am Hang und Flachhang	44	43
2,0 × 1,4 m	im Direktzug	38	37
2,2 × 1,0 m		48	47
2,2 × 1,2 m		40	39
2,2 × 1,4 m		34	33
2,4 × 1,0 m		44	43
2,4 × 1,2 m		37	36
2,4 × 1,4 m		32	31

de, in bestimmten Fällen davon abzuweichen:

- Lange, schmale nach S, SW oder SO geneigte Terrassen sind im Querbau günstiger zu bewirtschaften. Deshalb werden die Reihen von W nach O bzw. von SW nach NO ausgerichtet.
- Zur Sicherung seitenhangfreier mechanischer Bewirtschaftung muss die hauptsächliche Falllinie gewählt werden.
- Wechselt ein Weinberg die Hangrichtung, so ist die Reihenrichtung ebenfalls zu wechseln. Es entsteht ein so genannter „Zwickel".

Häufig sind die Flächen unregelmäßig. Die Falllinie wird dann als Ordinate und die Abszisse an der breitesten Stelle senkrecht mit dem Winkelspiegel gewählt. Anschließend wird die gesamte Fläche in Quadrate und Rechtecke des Vielfachen der Reihen- und Stockentfernung zerlegt.

Steht kein Winkelspiegel zur Verfügung, so behilft man sich mit einer dehnungsfreien Schnur von 12 m, die mittels Knoten in 3, 4 und 5 m lange Teilstücke zerlegt wird, denn nach dem Satz des Pythagoras ergibt im rechtwinkligen Dreieck $3^2 + 4^2 = 5^2$. Beim Herstellen ist genau zu arbeiten und die Knotenlänge zu berücksichtigen!

Weiterhin werden ein Stahlmaßband, ein Satz rot-weißer Fluchtstangen, die sich auch durch gerade Pflanzpfähle ersetzen lassen, und eine weitere dehnungsfreie Schnur benötigt. Messlatten mit Kerbungen der Reihen- und Stockabstände arbeiten genauer, da sie kleine Bodenunebenheiten ausgleichen. Dünne Well- oder Polyesterstäbe sind als Fluchtstäbe ungeeignet.

Bei unregelmäßigen Flächenformen fertigt man den Rahmen in beschriebener Weise und füllt die Teilstücke immer von außen nach innen.

Genauer wird markiert, wenn über die Senkrechten und Diagonalen gefluchtet wird. Die Rahmen können auch mit dem Reihenzieher gefüllt werden. Messfehler sind bei kleinen Flächen tolerierbar. Bei großflächigen Neupflanzungen summieren sich diese zu erheblichen Fehlern, sodass sie nicht zu tolerieren sind. Bei schmalen Terrassen im Querbau müssen Reihenabstandsdifferenzen in Kauf genommen werden, um den unproduktiven Flächenanteil zu minimieren. 10 cm Unterschied sind akzeptabel, zumal meist Handarbeit vorherrscht. Bei großen Flächen mit mechanischer Bearbeitung hüte man sich jedoch vor solchen Differenzen!

Zu beachten sind außerdem die Grenzabstände, die geregelt sind. Sie betragen bei benachbarten Parzellen den halben Reihenabstand, bei Reihenabständen bis 2,00 m jedoch mindestens 0,75 m, über 2,00 m Reihenabstand 1,40 m. Damit die Rebstöcke ausreichend belichtet und besonnt werden, ist zum Wald ein Abstand von 10 m einzuhalten. Gegen Wege und andere Grenzen ist ein Mindestabstand von 1 m vorgeschrieben. Bei kaltluftstauenden Hindernissen müssen größere Abstände gewählt werden, um aus dem Kaltluftbereich herauszukommen.

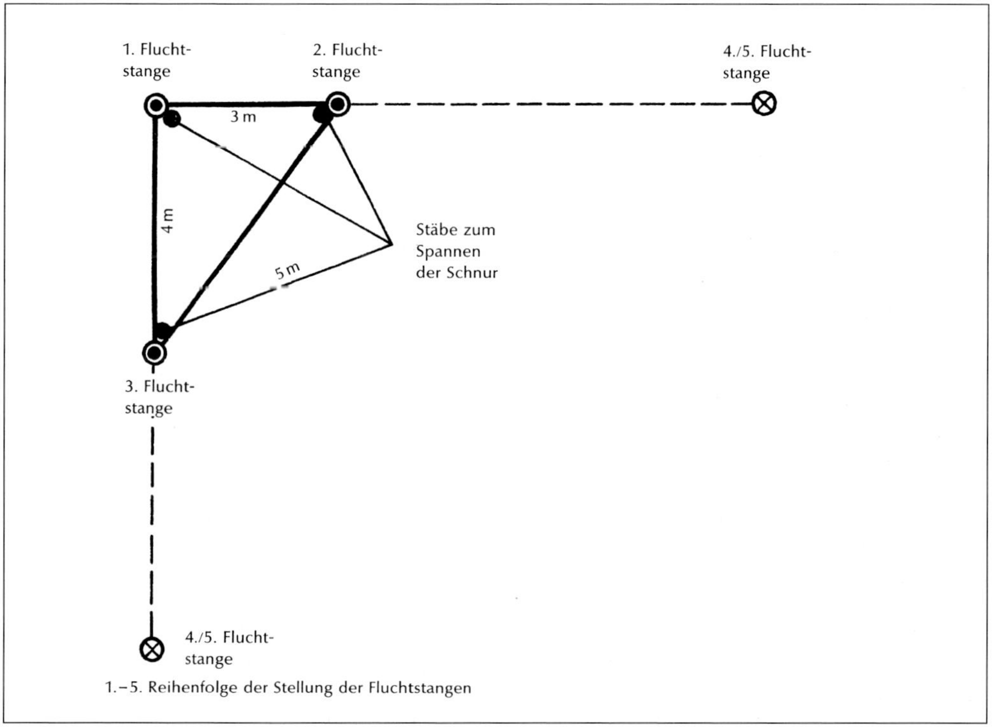

Konstruktion eines rechten Winkels.

Sorten- und Unterlagenwahl

Die Sorten- und Unterlagenwahl ist die einzige Erfolgsvoraussetzung, die der Winzer direkt beeinflussen kann. Auf Klima und Boden hat er keinen entscheidenden Einfluss. Die Sorte und die Unterlage muss sich deshalb nach den Standortbedingungen richten. Während bei der Sorte vor allem die Klimaansprüche die Hauptrolle spielen, sind bei der Unterlage die Bodenansprüche vorrangig. Die Unterlage beeinflusst die Holzreife und damit die Winterfrostfestigkeit sowie den Austriebszeitpunkt und damit die Spätfrostgefährdung. Die Weinqualität hängt jedoch auch von anderen Einflussfaktoren, wie den Bodenverhältnissen, ab. Rassiger 'Riesling' wächst vor allem auf Gesteinsverwitterungsböden. Auf Löß wird er breit und mitunter plump. Andere Sorten, wie 'Bacchus', sind „Wasserfresser" und deshalb nicht auf Sandböden anzubauen. Wenn sich mit der Unterlage auch einiges ausgleichen lässt, die Ansprüche der Edelsorte dürfen nicht unbeachtet bleiben.

In der „Beschreibenden Sortenliste" des Bundessortenamtes sind alle in Deutschland für die Weinbaugebiete zur kommerziellen Weinproduktion zugelassenen Rebsorten und Unterlagen beschrieben. Der „Sortenmarkt" wurde in der Europäischen Gemeinschaft liberalisiert, sodass in der Sortenliste, Stand 1.4.2000, nicht weniger als 91 Rebsorten zugelassen sind. Darunter befinden sich 70 Weiß- und 21 Rotweinsorten. Inzwischen gehören auch 18 mehltautolerante Sorten dazu, die aus verschiedenen *Vitis*-Arten in mehreren Schritten entstanden sind. Eine Zulassung für Tafeltrauben gibt es nicht. Einige Keltersorten, wie 'Dornfelder', sind jedoch als Tafeltraube bestens geeignet. Der Hobby-Winzer kann sich Tafeltrauben nach eigenem Ermessen auswählen. Eine Prüfung und Zulassung wäre jedoch wünschenswert. Von den Unterlagen sind für den deutschen Weinbau 11 Sorten zugelassen.

Bei der Sortenwahl spielen mehr und mehr gewünschte Qualitäten, Tradition, und Marktchancen eine Rolle, erinnert sei hierbei an die Renaissance der Sorte 'Weißer Elbling' oder an die sächsische Spezialsorte 'Goldriesling'.

Bei Tafeltrauben für den Eigenverzehr spielt das keine Rolle. Man kann hierbei seinen Neigungen nachgehen. Das gilt auch für Keltersorten, solange der Wein für den Eigenverzehr bestimmt bleibt.

Pfropfrebe oder Wurzelrebe?

Die Rebe kann ohne Schwierigkeiten durch Steckholz oder Ableger vermehrt werden. Der alte europäische Weinbau beruhte auf dem Senken (Winzerbegriff für das Verfahren). An eine Fehlstelle wurde im Frühjahr eine Rebe eingelegt und nach der Bewurzelung im Folgejahr meist von dem Mutterstock abgetrennt.

Durch den Import amerikanischer Reben wurden alle wichtigen modernen Krankheiten und Schädlinge eingeschleppt – der Falsche und Echte Mehltau und die Reblaus. Mit ihrem komplizierten Lebensrhythmus ist die Reblaus der bedeutendste Schädling. Im Zuge der Evolution haben die amerikanischen Rebarten Resistenzen entwickelt, die den europäischen und asiatischen fehlen. Das wäre fast der Untergang des europäischen Weinbaus gewesen, denn die Wurzellaus vernichtete binnen kurzer Zeit Millionen Hektar.

In den Resistenzen der amerikanischen Arten lag wiederum der Schlüssel zur Bekämpfung.

So wurden in der zweiten Hälfte des 19. Jahrhunderts vor allem von französischen und ungarischen Züchtern auf der Basis der amerikanischen und auch europäischer Sorten Unterlagensorten geschaffen, die noch heute Bestand haben. Auf diese Unterlagensorten, die tolerant bis resistent gegen die Wurzellaus sind, veredelte man die europäischen Kultursorten. Diese Veredlung ist allerdings nicht ganz unproblematisch. Die wärmebedürftige Rebe kann in Mitteleuropa nicht wie ein Obstbaum im Freiland veredelt werden. Das gelingt nur im Treibhaus und als so genannte „Tischveredlung“ mittels englischer Kopulation, die heute mit Maschinen durch einen Omegaschnitt ausgeführt wird.

Im Ergebnis dieser Entwicklung stellte sich heraus, dass, wie im Obstbau, Veredlungen früher und reicher tragen. Neben dem Schutz gegen die Reblaus bringt die Pfropfrebe also auch wesentliche weinbauliche Vorteile. Deshalb sollte der Hobby-Winzer nur Pfropfreben pflanzen.

Nur bei schwer beschaffbaren Sorten und wenn sich in der Nähe keine Rebschule befindet, kann der Sortenliebhaber auf die wurzelechte Vermehrung mittels Einaugensteckhölzer im Treibhaus oder Frühbeet oder Mehraugensteckhölzer auch im Freiland zurückgreifen. Der Hobby-Winzer in den Weinbaugebieten muss dabei unbedingt die einschlägigen Landesbestimmungen zur Pfropfrebenverwendung beachten. Diese sind bei den Ämtern für Garten- und Weinbau zu erfragen.

Da Pfropfreben leistungsfähiger als wurzelechte Reben sind, sollten nur im Ausnahmefall Wurzelreben gepflanzt werden.

Auswahl der Unterlage

Unterlagen sind Kreuzungen amerikanischer und neuerdings auch asiatischer Wildarten (*Vitis rupestris, V. riparia, V. berlandieri, V. cinerea* und *V. amurensis*) mit sich selbst oder mit europäischen Kultursorten mit dem Ziel der Wurzelreblausunanfälligkeit. Zusätzliches Ergebnis dieser Züchtungen sind unterschiedliche Wuchsstärken und Kalkverträglichkeiten, die es dem Winzer erlauben, die Unterlagen entsprechend der unterschiedlichen Bodenbedingungen und Erziehungsarten einzusetzen.

Im Lebenszyklus der Reblaus gibt es sowohl Formen, die nur die Wurzeln, als auch solche, die nur die Blätter befallen. Die Unterlagen sind tolerant bis resistent gegen die Wurzelläuse; die europäischen

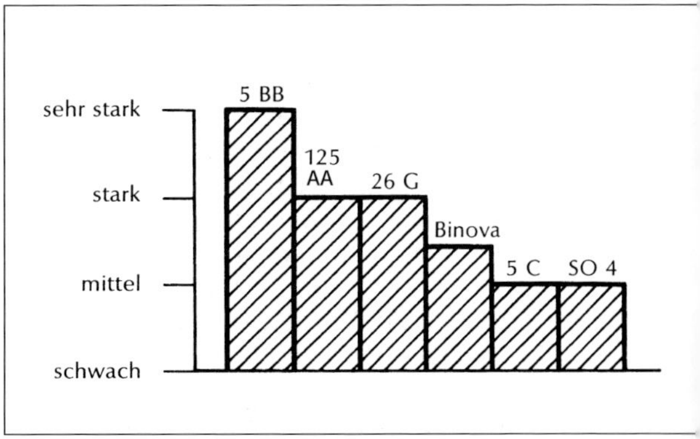

Relative Wuchsstärke der Pfropfkombination auf der Unterlage.

Kultursorten weitgehend resistent gegen die Blattläuse. Daraus ergibt sich, dass die Pfropfrebe der Reblaus jegliche Lebensgrundlage entzieht. Die europäischen Winzer waren damit die ersten Landwirte, die einen Schädling biologisch bekämpften!

Von den Unterlagensorten befinden sich, ebenso wie bei den Kultursorten, Klone im Angebot. Unterlagensorten bringen minderwertige Trauben; teilweise sind sie unfruchtbar.

Grundsätzlich wählt man die für den Standort günstigste Unterlage. Fehlgriffe müssen mit Ertragseinbußen bezahlt werden.

In Deutschland sind 11 Unterlagen zugelassen, die wichtigsten sind: 5 BB Kober, 125 AA Kober, 5 C Geisenheim und SO 4. Zunehmend an Bedeutung gewinnen Binova und Börner. Die wichtigsten Eigenschaften der Unterlagen sind Reblaustoleranz oder -festigkeit, Wüchsigkeit und Kalkverträglichkeit, wobei 5 BB Kober die wüchsigste und Börner die reblausfesteste Unterlage ist.

Achtung: Durch die natürliche Erosion am Hang wird im Laufe der Jahre die Pfropfrebe „wurzelecht", sie macht sich „frei". In Reblausgebieten kann das gefährlich werden.

Auswahl der Rebsorte

Botanisch gehört die Rebe zur Gattung *Vitis* L., Untergattung *Euvitis* Planch., Echte Reben. Die Art gliedert sich in drei Unterarten:
Vitis vinifera L. ssp. *caucasica* Vavilov,
V. vinifera ssp. *sativa* De Candolle,
V. vinifera ssp. *silvestris* Gmelin.

Die Unterart *V. vinifera* ssp. *silvestris* stellt die Wildrebe dar. Aus den beiden ersten Unterarten entstanden im Laufe der Evolution die Kultivare – unsere Sorten – und aus diesen die Klone. Obstbaulich zählt die Rebe zum Beerenobst.

Die Rebsortenkunde (Ampelographie) beschäftigt sich mit den Unterscheidungsmerkmalen der Sorten. Die wichtigsten ampelographischen Merkmale sind: Traube und Beere, Blatt, Triebspitze und das einjährige Holz. Die genetische Analyse, als modernste ampelographische Methode, dient heute der Sortenidentifikation.

Für den Winzer sind die weinbaulichen Eigenschaften wichtiger.
Diese sind:
- Austriebszeitpunkt,
- Blühzeitpunkt,
- Reifezeitpunkt,
- Krankheitsanfälligkeit,
- Schädlingsanfälligkeit,
- Holzreife und Winterfrostfestigkeit,
- Wuchstyp und -stärke,
- Standortansprüche an Klima und Boden,
- Ertragsleistung nach Menge und Güte (Zucker- und Säuregehalt, Weintyp).

Manche Rebsorten sind schon sehr alt, und meist sind Ursprungsort und heutiges Verbreitungsgebiet nicht identisch. Daher gibt es für viele Sorten Synonyme (sinnverwandte Namen). Erschwerend kommt hinzu, dass gleiche Synonyme für verschiedene Sorten verwendet werden. Zum Glück haben sich die Hauptsortennamen seit dem späten 19. Jahrhundert fast vollständig durchgesetzt. In der „Beschreibenden Sortenliste" werden neben dem Hauptnamen auch die zugelassenen Synonyme angeführt.

Mehltautolerante Sorten

Diese Sorten, die in der Vergangenheit häufig unter dem Begriff „interspezifische" Sorten zusammengefasst wurden, werden heute richtiger als mehltautolerante Sorten umschrieben, da der Begriff „interspezifisch“ aus einer Zeit stammt, als solche Sorten minderwertige Weine ergaben. Heute leisten sie einen bedeutenden Beitrag zur Verringerung der Umweltbelastung mit Spritzmitteln.

Genetisch bedingt sind die amerikanischen Arten (und die daraus entstandenen Sorten) mehr oder weniger resistent gegen die Wurzelreblaus und hochanfällig für die Blattreblaus. Bei den Sorten der Art *Vitis vinifera* L. verhält es sich genau umgekehrt. Deshalb versuchte die Rebenzüchtung im 19. Jahrhundert diese Merkmale zu kombinieren. Das Ergebnis waren „Hybriden“ mit mangelhafter Weinqualität und Resistenz. Solche Sorten waren und sind in Deutschland nicht zugelassen.

Außerdem wurde versucht, Sorten zu züchten, die resistent oder tolerant gegen Falschen und Echten Mehltau sind. Die Kombination Reblaus- und Mehltautoleranz mit europäischer Weinqualität wurde jedoch als Nahziel aufgegeben, da mit der Pfropfrebe eine ökonomisch vertretbare Lösung vorliegt. Diese Sorten aus der zweiten bis vierten Züchtungsgeneration zunächst mit amerikanischen, später auch asiatischen Wildarten mit europäischen Kultursorten ergeben mehltautolerante Sorten.

Jahrzehnte hatten solche Sorten gegen den schlechten Ruf ihrer Urgroßeltern zu

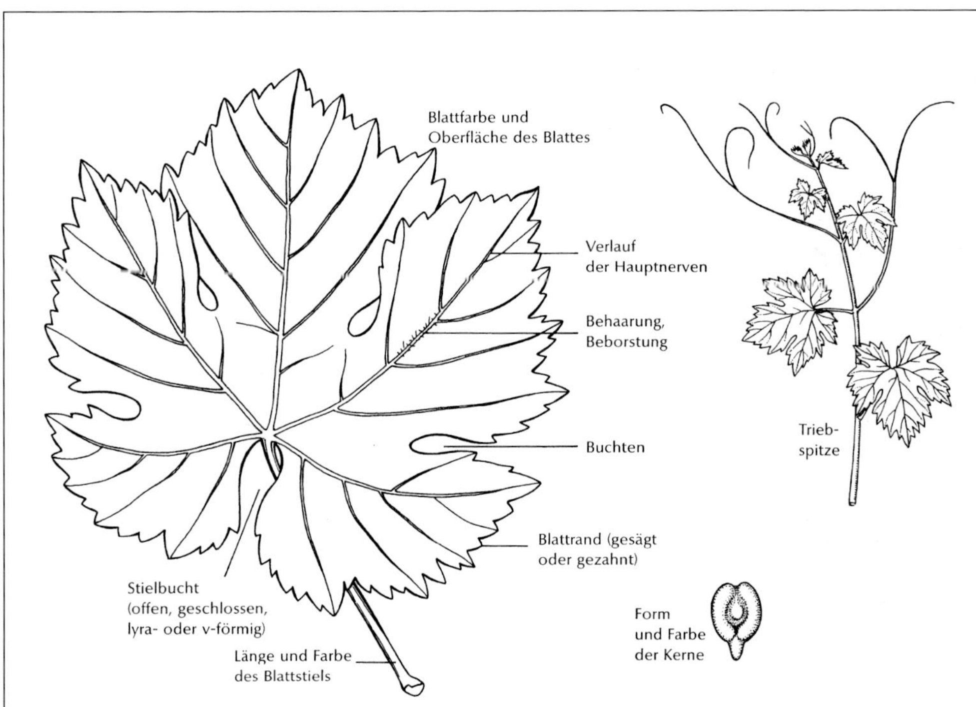

Wichtige ampelographische Merkmale einer Sorte (außer Trauben und Beeren).

kämpfen. Die neuen Sorten dieser Züchtungsrichtung sind in der Weinqualität von den alten europäischen Sorten nicht mehr zu unterscheiden und sie sind mehltautolerant! Die Mehltautoleranz geht meist mit einer gewissen, nicht zu unterschätzenden Toleranz gegen den gefürchteten Grauschimmelpilz einher. Die Weinbaulobby und mit ihnen die Zulassungsbehörden konnten diesen Umstand nicht mehr ignorieren. Seit wenigen Jahren sind solche Sorten zur Qualitätsweinbereitung in den Weinbaugebieten zugelassen.

Alle mehltautoleranten Sorten sind bezüglich der Reblaus wie europäische Kultursorten zu behandeln, sie müssen veredelt werden.

Sehr kalte Winter, wie 1986/87, erinnern uns sehr schmerzlich an die relativ hohe Winterfrostempfindlichkeit der *Vitis-vinifera*-Sorten. Die Rebe hat ihre Heimat schließlich im subtropischen vorderasiatischen Mittelmeerraum! Bei den in Mitteleuropa gar nicht so selten auftretenden Temperaturen von –20 °C erleiden diese Sorten erhebliche Augenfrostschäden, die den Ertrag stark schmälern. Auch westliche Anbaugebiete kennen Augenschäden. Nicht umsonst wurden in der Vergangenheit die Reben im Winter mit Erde gedeckt, um diese Schäden zu vermeiden. Die Einkreuzung der amerikanischen Arten, vor allem aber der asiatischem *Vitis amurensis*, die bis –40 °C verträgt, erhöht die Winterfrostfestigkeit der daraus entstandenen Sorten. Die älteste Sorte mit dieser Eigenschaft ist die in der ehemaligen DDR als Tafeltraube zugelassene 'Mitschurinski' aus dem Institut für Genetik Mitschurinsk nahe Moskau. Sie eignet sich sogar für Mittelgebirgsgegenden. Nahe verwandt ist die Geisenheimer Züchtung 'Rondo', die ihren Ausgangspunkt wie Erstgenannte in 'Saperavi Severnyi', einer russischen Kreuzung aus 'Früher Gelber Malinger' × *Vitis amurensis*, hat.

Mit diesen Sorten stehen dem Hobby-Winzer Sorten zur Verfügung, die mit einem Minimum an Rebschutz auskommen. Nur in extremen Befallsjahren bedürfen sie vor Beginn der Reife einer Behandlung, meist sogar nur gegen den Echten Mehltau. Tierische Schädlinge, wie Traubenwickler und Milben, müssen wie bei den alten Kultursorten behandelt werden.

'Phoenix'

Eltern: 'Bacchus' × 'Seyve Villard 12-375'
Synonym: 'Colorato' (als Tafeltraube in der Schweiz)
Traube: ähnlich 'Müller-Thurgau', groß
Beere: rund, mit dezentem Muskatgeschmack, gelbgrün, platzt nach Regen leicht
Reife: kurz vor 'Müller-Thurgau'
Wuchs: mittelstark
Holzreife: sehr gut
Anfälligkeit: sehr hohe Pilzresistenz, daher selten Bekämpfung nötig
Standortansprüche: für tiefgründige Böden in mittelguter Lage
Ertragsleistung: hohe Mengenleistung bei mittlerer Güte, Weine im 'Müller-Thurgau'-Typ bei höherer Säure
Empfehlung: trotz der Schwäche des Beerenaufplatzens könnte sie den 'Müller-Thurgau' ersetzen, für Steillagen bei tiefgründigem Boden interessant

'Merzling'

Eltern: 'Seyve Villard 5-276' × ('Riesling' × 'Ruländer')
Traube: groß, ähnlich 'Müller-Thurgau', geschultert, kräftiges Stielgerüst
Beere: rund, groß, gelbgrün
Reife: wie 'Müller-Thurgau'
Wuchs: aufrecht, kräftig, Laub verträgt wenige Minusgrade

Holzreife: sehr gut
Anfälligkeit: hohe Festigkeit gegen Falschen Mehltau, in den meisten Jahren ist keine Bekämpfung nötig
Standortansprüche: gering
Ertragsleistung: wie 'Müller-Thurgau', Beiaugen fruchtbar, Weine im 'Riesling'-Typ
Empfehlung: zukunftsträchtige Sorte, wobei der Name hinderlich sein kann

'Hibernal'
Eltern: 'Seibel 7053' × 'Riesling', Klon 239 Gm F_2
Traube: ähnlich 'Riesling'
Beere: gelbgrün
Reife: mittelspät
Wuchs: stark, aufrecht, geringe Geiztriebbildung, blühfest
Holzreife: hoch, wie 'Riesling', auch bei der Winterfrostfestigkeit (Name!)
Anfälligkeit: resistent gegen Falschen Mehltau, geringe Anfälligkeit gegen Echten Mehltau und Grauschimmel
Standortansprüche: für die Lage hoch, an den Boden gering
Ertragsleistung: wie 'Riesling' bei höherem Mostgewicht und geringerer Säure, feinfruchtiger rassiger Wein, an die 'Scheurebe' erinnernd
Empfehlung: für eine abschließende Beurteilung liegen noch zu wenig Erfahrungen vor

'Regent'
Eltern: 'Diana' ('Silvaner' × 'Müller-Thurgau') × 'Chambourcin'
Traube: mittelgroß, etwas lockerbeerig
Beere: rund, mittelgroß, blau, Saft leicht gefärbt
Reife: früh
Wuchs: früher Austrieb, mittelstark, etwas hängend, neigt zur Verrieselung
Holzreife: hoch und früh, hohe Winterfrostfestigkeit

'Phoenix'.

'Merzling'.

'Regent'.

Anfälligkeit: gegen Falschen und Echten Mehltau und Grauschimmel gering
Standortansprüche: für warme, geschützte Lagen mit tiefgründigem Boden
Ertragsleistung: ähnlich 'Spätburgunder', höhere Oechslegrade, Wein tiefrot, gerbstoffbetont, im mediterranen Typ
Empfehlung: wird auf lange Sicht den 'Dornfelder' verdrängen, sehr zu empfehlen

'Rondo'
Eltern: 'Saperavi Severnyi' ('Früher Gelber Malinger' × *Vitis amurensis*) × 'St. Laurent'. Ausgangssorte in der damaligen Sowjetunion gezüchtet; Sorte entstand in der ehemaligen Tschechoslowakei und wurde in Geisenheim zur Praxisreife geführt
Traube: mittelgroß, geschultert
Beere: rund, mittelgroß, blau, beduftet
Reife: früh
Wuchs: mittelstark, etwas hängend, rieselfest
Holzreife: sehr gut, früh, Winterfrostfestigkeit hoch
Anfälligkeit: resistent gegen Falschen Mehltau, gegen Echten Mehltau und Grauschimmel gering
Standortansprüche: gering, gute Wasserversorgung wichtig, sonst an Boden gering
Ertragsleistung: geringer als 'Spätburgunder', bei höherem Mostgewicht und geringerer Säure, Weine tiefrot, gehaltvoll
Empfehlung: vielleicht noch über 'Regent' zu stellen, weil nicht so gerbstoffbetont, Sorte mit Zukunft

Allein die Tatsache, dass in den letzten Jahren 19 pilztolerante Sorten in die Bundessortenliste aufgenommen wurden, lässt erkennen, dass trotz jahrzehntelanger Ablehnung durch die Weinbaulobby ein Umdenkungsprozess eingesetzt hat. Die Umweltentlastung und die Gleichwertigkeit der Weine sind nicht mehr zu übersehen. Um jedoch das Hauptargument der Gegner dieser Sorten zu entkräften, hat man sich auf die Formel, dass es sich um „*Vitis-vinifera*-Sorten" handele, geeinigt, obwohl es sich eindeutig um „Hybriden" mit anderen als *V.-vinifera*-Arten handelt, wenn auch in mehreren Züchtungsgenerationen!

Bei den „modernen" Sorten fällt auf, dass viele als ein Elternteil Sorten der französischen „Hybridenzüchter" Seyval, Villard und Oberlin besitzen. Der Züchtungsweg war jedoch sehr komplex, bis die heutigen Anforderungen erreicht wurden. Als nachteilig für eine schnelle Verbreitung als Keltersorten muss empfunden werden, dass die meisten Sorten Namen tragen, die den Weintrinker befremden.

Neben den näher vorgestellten Sorten gibt es in den Rebschulen und Gartencentern weitere dieser Sorten zu kaufen. Es sind dies: als Tafeltrauben 'Birstaler Muskat', 'Esther' und 'Terez'; sowohl als Tafel- als auch als Keltertraube, für Weißwein 'Bronner', 'Hecker', 'Johanniter', 'Palatina', 'Pollux', 'Prinzipal', 'Saphira', 'Serena', 'Sibera', 'Sirius' und 'Staufer'.

Vinifera-Keltersorten

Diese Sorten bilden derzeit weltweit den Hauptrebsatz. Allein aus der Umtriebszeit resultiert, dass es Jahrzehnte dauern wird, bis diese Sorten verdrängt werden. Außerdem werden weltberühmt gewordene Assemblagen, wie der Bordeaux oder der Beaujolais, nicht verschwinden und diese bestehen aus landestypischen klassischen Sorten. In dieser Hinsicht haben es Weinbaugebiete, die ihren Wein unter Sortennamen vermarkten, vielleicht einfacher. Wenn dem nicht die wenig weintrinkerfreundlichen Namen der mehltautoleranten Sorten entgegenstünden! Stehen diese Länder vor einer „Assemblagenkarriere“?

Weltweit gibt es schätzungsweise 8000 Sorten, davon sind in der deutschen Sortenliste immerhin 72 enthalten, das sind 0,9 %.

Von den in der Bundessortenliste eingetragenen Sorten spielen in den verschiedenen Anbaugebieten einige hier nicht mehr vorgestellte Sorten eine Rolle. Sie seien jedoch der Vollständigkeit halber genannt. 'Huxelrebe' und 'Morio-Muskat', beides Neuzüchtungen, besitzen noch in der Pfalz und in Rheinhessen eine, allerdings abnehmende Rolle. Die Weltweinsorte 'Chardonnay' gewinnt auch in Deutschland an Bedeutung. Regional wird noch 'Auxerrois' angebaut. In Sachsen hat der 'Goldriesling', eine Züchtung aus der „Müller-Thurgau-Zeit“ als sächsische Spezialsorte große Bedeutung.

Die Reihenfolge der nachstehend beschriebenen Sorten entspricht bei den Keltersorten ihrer Anbaubedeutung in Deutschland.

Weißweinsorten

'Weißer Riesling'
Synonyme: zahlreich, u.a. 'Riesling', 'Rheinriesling', 'Johannisberger', 'Klingelberger'
Mutanten: 'Roter Riesling', 'Schwarzblauer Riesling'
Traube: klein bis mittelgroß, teils geschultert
Beere: klein, rund, bei Vollreife gelbbraun mit braunen Punkten, zartes Bukett
Reife: sehr spät
Wuchs: stark, aufrecht, stark rankend
Holzreife: sehr gut bei hoher Winterfrostfestigkeit
Anfälligkeit: normal, gegen Stiellähme und -fäule sowie Milben erhöht
Standortansprüche: Klima sehr hoch, nur für beste Lagen, gering an den Boden, rieselanfällig
Ertragsleistung: mittel, gleichmäßig, fruchtige und rassige Weine
Empfehlung: in allen deutschen Weinbaugebieten zugelassen, nur für wärmste Lagen

'Müller-Thurgau'
Synonyme: 'Rivaner', 'Riesling-Silvaner'
Mutanten: 'Findling'
Traube: groß, geschultert, locker bis dicht
Beere: oval, mit Muskatgeschmack
Reife: mittelfrüh

'Müller-Thurgau'.

Wuchs: stark, aufrecht, mittlere Geiztriebbildung
Holzreife: mittel bis schlecht bei geringer Winterfrostfestigkeit
Anfälligkeit: gegen pilzliche und tierische Schädiger hoch, Trauben faulen schnell
Standortansprüche: Klima gering, nur für tiefgründige Böden
Ertragsleistung: hoch bis sehr hoch, zart muskatierte Weine
Empfehlung: Kelter- und Tafeltraube, Bedeutung geht zurück

'Grüner Silvaner'
Synonyme: zahlreich, u.a. 'Silvaner', 'Sylvaner', 'Franken', 'Schönfeiler', 'Österreicher'
Mutanten: 'Blauer Silvaner'
Traube: klein bis mittelgroß, walzenförmig, dichtbeerig
Beere: flachoval, geschmacksneutral
Reife: nach 'Müller-Thurgau'
Wuchs: schwach, buschig, dünnes Holz, viele kleine Geiztriebe
Holzreife: schlecht bei geringer Winterfrostfestigkeit
Anfälligkeit: wie 'Müller-Thurgau'
Standortansprüche: Klima mittel, Boden hoch, höher als 'Müller-Thurgau'
Ertragsleistung: hoch, eingeschränkt durch die schlechte Holzreife, Weine saftig und neutral
Empfehlung: in fast allen deutschen Anbaugebieten zugelassen

'Kerner'
Synonyme: keine
Mutanten: 'Kernling'
Traube: mittelgroß, geschultert
Beere: rund, dickschalig, bei Vollreife weiß beduftet
Reife: mittelspät
Wuchs: mittelstark, viele Geiztriebe, dichtlaubig, Holz spröde
Holzreife: fast wie 'Riesling' bei hoher Winterfrostfestigkeit
Anfälligkeit: für Echten Mehltau hoch
Standortansprüche: Klima mittel, Boden hoch, etwas verrieselungsgefährdet, Laub verträgt geringen Frost
Ertragsleistung: mittel bis hoch, Weine rieslingähnlich, höhere Mostgewichte bei geringerer Säure als dieser
Empfehlung: sehr zu empfehlen, erfolgreichste Neuzüchtung

'Bacchus'
Synonyme: 'Frühe Scheurebe'
Mutanten: keine
Traube: mittelgroß, große Schultern
Beere: mittelgroß, oval bis rundlich, weiß beduftet
Reife: früh
Wuchs: mittelstark, aufrecht, wenig Geiztriebe

Holzreife: gut, deutlich besser als 'Müller-Thurgau'
Anfälligkeit: stiellähmeanfällig, sonst normal
Standortansprüche: wie 'Müller-Thurgau', hohe Wasseransprüche
Ertragsleistung: knapp unter 'Müller-Thurgau' bei höheren Mostgewichten, Weine aus unreifen Mosten haben eine abstoßende Art
Empfehlung: 'Müller-Thurgau' wird insgesamt besser eingeschätzt

'Scheurebe'
Synonyme: 'Sämling 88', 'S 88', 'Scheuriesling'
Mutanten: keine
Traube: mittelgroß, dichtbeerig
Beere: relativ groß, mit deutlichem Geschmack nach Schwarzen Johannisbeeren
Reife: spät
Wuchs: stark, mittlere Geiztriebbildung
Holzreife: sehr gut, aber empfindliche Augen
Anfälligkeit: gegen Echten Mehltau hoch, Beeren neigen zum Platzen, rasch Edelfäule
Standortansprüche: chlorosefest, daher für Kalkböden, nicht zu fette Böden, Laub verträgt geringen Frost
Ertragsleistung: hoch, nur bei später Lese und Vollreife harmonische Weine mit Geschmack nach Schwarzen Johannisbeeren
Empfehlung: Spezialsorte für hohe Qualitäten, nicht für nördliche Anbaugebiete

'Ruländer'
Synonyme: 'Grauer Burgunder', 'Grauklevner', 'Rheingrau', 'Rehfahl', 'Grauer Mönch' u.a.
Mutanten: 'Weißer Burgunder'
Traube: mittelgroß, walzenförmig, dichtbeerig
Beere: blaugrau, rund
Reife: mittelfrüh

'Weißer Burgunder'.

Wuchs: stark, aufrecht, mittlere Geiztriebbildung
Holzreife: sehr gut, hohe Winterfrostfestigkeit
Anfälligkeit: normal, infolge Dichtbeerigkeit werden mitunter Beeren oder Traubenteile abgedrückt = „Ruländerkrankheit"
Standortansprüche: Klima hoch, Boden hoch, trotz mittelfrüher Reife nur in beste Lagen pflanzen
Ertragsleistung: hoch, hohes Mostgewicht bei geringer Säure
Empfehlung: empfehlenswert, zu hohe Erträge ergeben dünne Weine, Weine sollen „Honignote" besitzen

'Weißer Burgunder'
Synonyme: 'Weißburgunder', 'Weißer Klevner', 'Weißblank' u.a.
Mutanten: 'Chardonnay', 'Morillon'

Traube: walzenförmig, dichtbeerig
Beere: rund, dünnhäutig, neutraler Geschmack
Reife: mittelfrüh, nach 'Ruländer'
Wuchs: stark, aufrecht, mittlere Geiztriebbildung
Holzreife: wie 'Ruländer'
Anfälligkeit: wie 'Ruländer'
Ertragsleistung: hoch, nicht zu früh lesen, da hohe Mostgewichte für typische Weine nötig
Empfehlung: der Aufsteiger der letzten Jahre, neutrale, gehaltvolle Weine

'Weißer Gutedel' und 'Roter Gutedel'

Synonyme: 'Gutedel', 'Moster', 'Junker', 'Süßling', 'Schönedel', 'Chasselas' u.a.
Mutanten: 'Königsgutedel', 'Früher Weißer Gutedel', 'Muskatgutedel' u.a.
Traube: groß, teils geschultert, locker
Beere: groß, rund, gelb oder hellrot, durchscheinend, dünnhäutig
Wuchs: stark, aufrecht, weitknotig, benötigt viel altes Holz für befriedigenden Ertrag
Holzreife: ähnlich 'Riesling', sehr gute Winterfrostfestigkeit
Anfälligkeit: neigt zur Traubenfäule, rieselanfällig
Standortansprüche: mittel, windstille Lagen bevorzugt, tiefgründige Böden
Ertragsleistung: schwankend, mittlere Mostgewichte bei geringer Säure
Empfehlung: nach wie vor eine der besten Tafeltrauben, zugleich wichtige Keltersorte für süffige Kneippweine

'Weißer Elbling' und 'Roter Elbling'

Synonyme: 'Elbling', 'Kleinberger', 'Grobriesling', 'Süßgrober', 'Elbrich' u.a.
Mutanten: 'Gelbelbling'
Traube: groß, dichtbeerig
Beere: groß, rund bis oval, dünnhäutig, ohne Geschmack
Reife: spät
Wuchs: sehr stark, weitknotig, dichtlaubig
Holzreife: gut, gute Winterfrostfestigkeit
Anfälligkeit: hoch gegen beide Mehltau-Arten und Traubenfäule, etwas rieselanfällig
Standortansprüche: gering
Ertragsleistung: sehr hoch, etwas schwankend, geringe Mostgewichte bei hoher Säure
Empfehlung: Anbau rückläufig, nur an der Obermosel

'Roter Traminer'

Synonyme: 'Traminer', 'Clevner', 'Dreimänner', 'Kleinbraun', 'Roter Nürnberger' u.a.
Mutanten: 'Gewürztraminer', 'Weißer Traminer'
Traube: klein, walzenförmig bis geschultert, dichtbeerig
Beere: klein, rot bis gelbrot, hartschalig, deutliche Muskatnote
Reife: mittelspät
Wuchs: schwach bis mittel, dünnholzig, etwas hängend, stark rankend
Holzreife: fast wie 'Riesling', bedeutet ähnliche Winterfrostfestigkeit
Anfälligkeit: stiellähme-, stielfäule- und milbenanfällig, rieselempfindlich
Standortansprüche: wie 'Riesling', aber nur für tiefgründige Böden
Ertragsleistung: gering bis mittel bei hohen Mostgewichten, geringer Säure und hohen Schwankungen
Empfehlung: Spezialsorte, für nördliche Anbaugebiete, nur wärmste Lagen, wildrosenduftige Weine

'Gelber Muskateller' und 'Roter Muskateller'

Synonyme: 'Muskateller', 'Weiße Muskattraube'
Mutanten: keine, viel andere Sorten führen fälschlicherweise diesen Namen

Trauben: groß, lang, selten geschultert, lockerbeerig
Beere: mittelgroß, rund bis länglich, grüngelb oder rötlich, dünnhäutig, starkes Muskatbukett
Reife: sehr spät
Wuchs: stark
Holzreife: gut, gute Winterfrostfestigkeit, fast wie 'Riesling'
Anfälligkeit: für Echten Mehltau erhöht, etwas fäuleanfällig
Standortansprüche: sehr hoch, über 'Riesling', für Spaliere, Stock mit viel altem Holz und windstille Lagen
Empfehlung: sehr gute Tafeltraube und für elegante Muskatweine, nur Liebhaberwert

Rotweinsorten

'Blauer Spätburgunder'
Synonyme: 'Spätburgunder', 'Blauburgunder', 'Klebrot', 'Süßrot'
Mutanten: 'Ruländer', 'Blauer Frühburgunder', 'Müllerrebe' ('Schwarzriesling')
Traube: mittelgroß, walzenförmig, dichtbeerig
Beere: mittelgroß, dunkelblau, beduftet
Reife: mittelspät, wie 'Weißburgunder'
Wuchs: wie 'Ruländer'
Holzreife: wie 'Ruländer'
Anfälligkeit: wie 'Ruländer'
Standortansprüche: wie 'Ruländer'
Ertragsleistung: durch die Klonzüchtung ist die Sorte wieder attraktiv geworden, hohe Mostgewichte
Empfehlung: für beste Lagen, samtige, vollmundige Weine mit Bittermandelnote

'Blauer Portugieser'
Synonyme: 'Portugieser', 'Oportorebe'
Mutanten: 'Grauer Portugieser', 'Grüner Portugieser'
Traube: groß, konisch, dichtbeerig
Beere: pflaumenblau, beduftet, dünnhäutig

'Blauer Portugieser'.

Reife: früh
Wuchs: sehr stark, regeneriert aus altem Holz schlecht
Holzreife: gut, Winterfrostfestigkeit eher schlecht
Anfälligkeit: deutliche Echte-Mehltau-Schwäche, Beeren faulen leicht
Standortansprüche: geringe Klima- und Bodenansprüche, für leichteste Böden
Ertragsleistung: sehr hoch und gleichmäßig, da blühfest, mittlere Mostgewichte, lichter Stand nötig
Empfehlung: Kelter- und Tafeltraube, süffige, rubinrote Weine, auch für ungünstigere Lagen

'Dornfelder'.

'Dornfelder'
Synonyme: keine
Mutanten: keine
Traube: groß bis sehr groß, fast lockerbeerig
Beere: groß, rund, blauschwarz, dickschalig
Reife: mittelfrüh bis mittelspät
Wuchs: sehr stark, aufrecht, wenig Geiztriebe, nach dem Austrieb windbruchgefährdet
Holzreife: gut mit guter Winterfrostfestigkeit
Anfälligkeit: gering erhöht für Echten Mehltau
Standortansprüche: mittelhoch, für tiefgründige Böden, wasserbedürftig
Empfehlung: der Aufsteiger des letzten Jahrzehnts wegen tiefroter, gehaltvoller Weine, Kelter- wie Tafeltraube, sehr empfehlenswert

'Blauer Trollinger'
Synonyme: 'Trollinger', 'Hammelhoden', 'Vernatsch', 'Black Hamburgh' u.a.
Mutanten: 'Urban', 'Gänsefüßer', 'Muskattrollinger' u.a.
Traube: sehr groß, pyramidal, geschultert, nahezu lockerbeerig
Beere: sehr groß, rund, rotblau, dickhäutig
Reife: sehr spät
Wuchs: sehr stark, starke Geiztriebe, Holz brüchig
Holzreife: gut bei guter Winterfrostfestigkeit
Anfälligkeit: besonders für Echten Mehltau
Standortansprüche: hohe Klima- und geringe Bodenansprüche
Ertragsleistung: hoch und regelmäßig, da blühfest, mittlere Mostgewichte bei hoher Säure
Empfehlung: Spezialsorte Württembergs, nur dort weinbergsmäßig angebaut, als Tafeltraube selbst in den Weinbaugebieten nur an Spalieren

'Müllerrebe'
Synonyme: 'Schwarzriesling'
Mutanten: 'Samtrot'
Traube: mittelgroß, walzenförmig, dichtbeerig
Beere: klein, rund, schwarzblau
Wuchs: mittelstark
Holzreife: hoch bei hoher Winterfrostfestigkeit
Anfälligkeit: wie alle Burgunder-Sorten, Trauben faulen leicht
Standortansprüche: mittlere Klima- und Bodenansprüche

Ertragsleistung: mittelhoch
Empfehlung: Spezialsorte Württembergs, der Vorteil liegt in den geringeren Ansprüchen als 'Spätburgunder', Weine erreichen nicht sein Niveau

Vinifera-Tafeltrauben

Es ist ein Mangel des deutschen Weinbaus, dass die Tafeltrauben gesetzlich nicht zum Weinbau, sondern zum Obst zählen. Deshalb gibt es in Deutschland keine Tafeltraubenprüfung und -zulassung, dafür ist Deutschland ein bedeutender Importeur von Tafeltrauben.

Dieser gesetzliche Mangel gerät jedoch etwas ins Wanken, denn durch den irreführenden und falschen in die Sortenliste eingeführten Begriff „Zierreben" umgeht man die gesetzliche Festlegung, obwohl es sich eindeutig um Tafeltrauben handelt. So sind die Tafeltrauben 'Birstaler Muskat', 'Esther' und 'Terez' die ersten Sorten, die als „Zierreben" diese Front aufweichen.

Eine Reihe von Keltertrauben sind auch als Tafeltrauben verwendbar und auch so beschrieben.

Natürlich werden an Tafeltrauben andere Anforderungen gestellt als an Keltertrauben. Genannt seien hier nur die Größe der Beeren, die Dicke der Schalen, möglichst kleine oder gar keine Kerne, das gewünschte andere Zucker-Säure-Verhältnis und die Transportfähigkeit.

Jeder Erwerbswinzer besitzt zumindest einige Vorzeige-Tafeltrauben-Rebstöcke! Dem Hobby-Winzer sind sie umso wichtiger! Allerdings sei vor zwar attraktiven, aber an mitteleuropäische Klimabedingungen nicht angepassten Urlaubsmitbringseln in Form von bestimmten Sortenreisern gewarnt! Eine solche Sorte ist 'Sultanina', im Handel mit dem Synonym 'Thompsons Seedless' geläufiger. Eine attraktive samenlose Sorte, die aber bei –10 °C bereits mit Totalerfrierungen reagiert.

An dieser Stelle werden deshalb einige vom Autor selbst geprüfte und bewährte Tafeltrauben vorgestellt.

'Königin der Weingärten'

Synonyme: original ungarischer Name 'Szölökertek kirâlynöje muskòtaly', 'Regina die Vigneti' (Italien), Queen of the Vinyards' (Australien), 'Reine des Vignes' (Frankreich)
Mutanten: keine
Traube: sehr groß, pyramidal, fast lockerbeerig, geschultert
Beere: sehr groß, gelb, bei Aromareife muskatig, verschwindet bei Vollreife, löst sich bei Vollreife vom Stiel
Reife: mittelfrüh
Wuchs: stark, starke Geiztriebe
Holzreife: gut, ausreichende Winterfrostfestigkeit
Anfälligkeit: besonders für Echten Mehltau
Standortansprüche: hoch, luftig, benötigt warmes Blühwetter, für tiefgründige Böden, nur für Spaliere
Ertragsleistung: hoch aber schwankend, da dies „die" alternierende Sorte ist, Ernte bei Aromareife, Beeren dann knackig-krokant
Empfehlung: verdient weite Verbreitung, vor allem für Mauerspaliere in den Anbaugebieten und dem Hügelland Mittel- und Süddeutschlands

'Kossuthtraube'

Synonyme: original ungarischer Name 'Kossuth Szölö'
Mutanten: keine
Traube: mittelgroß, geschultert, mitteldicht gepackt
Beere: groß, grün, nur bei Vollreife gelb, dünnschalig, oval

Reife: mittelfrüh
Wuchs: stark, leicht hängend
Holzreife: gut, winterfrostfest
Anfälligkeit: Trauben faulen leicht
Standortansprüche: geringe Klima-, höhere Bodenansprüche, für Wasser dankbar
Ertragsleistung: hoch und regelmäßig, da blühfest
Empfehlung: Sorte verdient größere Verbreitung, da ertragssicherer als 'Gutedel'

'Schatz von Pannonien'
Synonyme: original ungarischer Name 'Pannonia kincse'
Mutanten: keine
Traube: groß, geschultert, lockerbeerig
Beere: groß, gelb, rund, bei Aromareife krokant
Reife: mittelfrüh bis mittelspät
Wuchs: stark
Holzreife: wie 'Königin der Weingärten'
Anfälligkeit: wie 'Königin der Weingärten'
Standortansprüche: insgesamt geringer als 'Königin der Weingärten'
Ertragsleistung: hoch und gleichmäßiger als 'Königin der Weingärten', da nicht alternierend
Empfehlung: nach den Erfahrungen des Verfassers über die 'Königin der Weingärten' zu stellen, obwohl kein Muskataroma, kann lange hängen, „Vorzeigetrauben"

'Belorosowie'
Synonyme: die deutsche Entsprechung zum russischen Namen heißt 'Weißrosa'
Mutanten: keine
Traube: mittelgroß bis groß, dichtbeerig, häufig mit Blatt am Traubenstiel
Beere: sonnenseitig rosa, schattenseitig grün bis gelb, mittelgroß
Reife: früh
Wuchs: stark, häufig Doppeltriebe
Holzreife: mittel, ebenso Winterfrostfestigkeit
Anfälligkeit: gegen Sauerwurm empfindlich
Standortansprüche: gering, da frühreif
Ertragsleistung: hoch aber schwankend, obwohl blühfest, geschmacklich neutral
Empfehlung: der Wert der Sorte liegt in der ungewöhnlichen Farbkombination und der Reife im August

Alte aussterbende Sorten

Alte Sorten, die früher große Anbaubedeutung besaßen, lohnen durchaus, erhalten zu werden. Außerdem stellen sie eine wichtige Genreserve dar. Wenn man von ihnen noch Wein bereitet, erlebt selbst der Fachmann, bedingt durch moderne Ausbaumethoden, manche Überraschung.

Gerade der Hobby-Winzer ist in der Lage sie zu erhalten und zu nutzen.

Das beste Beispiel ist der 'Elbling'. Ob seines Massenertrages und minderer Güte gescholten und später verdrängt, stellt er heute mancherorts eine Spezialität dar. Hier ist zu bedenken, dass unsere Vorväter die gesetzlich erlaubte Anreicherung mit Zucker nicht kannten, sodass ihre 'Elbling'-Weine tatsächlich dünn und ausdruckslos waren. Wenn man weiter beachtet, dass Alkohol auch als Geschmacksträger und -verstärker wirkt, gilt im modernen Weinbau erst recht, dass der 'Elbling' der kleine Bruder des 'Riesling' ist.

Die international dominierenden Sorten sind in der Regel historisch alte Sorten. Deutschland erlebte in den siebziger Jahren einen Aufrebungsboom von Neuzüchtungen. Nachdem sich nun die Spreu vom Weizen getrennt hat, muss in Deutschland eine Renaissance alter Sorten festgestellt werden. Es lohnt sich, in alten Bauerngärten, an Klostermauern, an alten Spalieren, in alten aufgelassenen Weinbergen nach ihnen zu suchen.

'Früher Roter Malvasier', einst eine wichtige Kelter- und Tafeltraube, galt als Wein des französischen Königshofes. Martin Luther soll sich daran nach dem Reichstag in Worms gestärkt haben. In Deutschland besitzt die Sorte keine Bedeutung mehr.

'Gelber Orleans' soll von Karl dem Großen an den Rhein gebracht worden sein. Die ehemals weit verbreitete Sorte wurde in den dreißiger Jahren des 19. Jahrhunderts wegen ihrer späten Reife durch früh reifende Sorten ersetzt. Im Zeichen der aktuellen Klimaentwicklung war dies möglicherweise eine Fehlentscheidung.

Der Wein des 'Frühen Gelben Ortliebers' galt gleich dem 'Elbling' als gehaltloser einfacher Tischwein. Im Zuge gesundheitsbewusster Lebensweise sind gerade leichte Sommerweine gefragt.

'Weißer Räuschling' wurde wahrscheinlich schon von den Römern kultiviert. Im Mittelalter gehörte er zu den erwünschten Sorten der Obrigkeit. Sein harmonischer Wein zeichnet sich durch dezente Frucht und elegante Säure aus. Die Sorte wird an der Eidgenössischen Forschungsanstalt Wädenswil/Schweiz erhaltungszüchterisch bearbeitet.

'Tauberschwarz', eigentlich Synonym vom 'Blauen Hängling', wird im Institut für Rebenzüchtung Weinsberg erhaltungszüchterisch bearbeitet. Von einst einem Hektar wuchs die Rebfläche dieser Sorte in Baden-Württemberg vor allem an der Tauber wieder auf acht Hektar an.

'Früher Roter Malvasier' und 'Tauberschwarz' sind in der deutschen Sortenliste enthalten.

Viele weitere Sorten wären es wert, mit modernen erhaltungszüchterischen Methoden und Weinausbaumethoden zu neuer Bedeutung zu bringen. Der 'Ruländer' ist dafür das beste Beispiel. Der Hobby-Winzer kann bei diesem Prozess wertvolle Hilfe leisten.

Pflanzung und Pflege im Pflanzjahr

Als Pflanzmaterial werden hauptsächlich Wurzel-Pfropfreben verwendet; aber auch Topf- und Containerreben sind ebenso gut geeignet. Auf die Möglichkeit eigener Steckholzbewurzelung im Frühbeet oder Gewächshaus sei hingewiesen. Beim Kauf der Reben sind die äußeren Qualitätsmerkmale zu kontrollieren. Zu den äußeren Qualitätsmerkmalen zählen: Bewurzelung, Trieblänge, Freiheit von sichtbaren Krankheiten und Schädlingen sowie Ausreife von Trieb und Wurzeln. Bei Topf- und Containerreben achte man auf die Durchwurzelung. Die Wurzelspitzen müssen gelblich weiß sein. Rebschulen liefern heute in der Regel pflanzfertige, also zugeschnittene und paraffinierte Reben. Weil sich innere Qualitätsmerkmale, wie Sortenechtheit und Virusfreiheit, nicht prüfen lassen, sollte auf Sorten- und Virustestzertifikate geachtet werden. Die günstigste Pflanzzeit ist April/Mai. Durch das differenzierte Angebot von Topfreben kann vom Frühjahr bis Spätsommer gepflanzt werden. Notwendige Nachpflanzungen sind daher noch im Pflanzjahr möglich.

Die Pflanzabstände hängen von Erziehungsart, Unterstützung, Wuchskraft der Reben, verfügbarer Flächengröße und der Möglichkeit, im Weinberg Maschinen einzusetzen, ab. Die Entfernung zu Bäumen im Garten sollte ein Mehrfaches deren Höhe betragen. Für den Hobby-Winzer kommt nur die Handpflanzung mit dem Spaten in Frage.

Zu den wichtigsten Pflegemaßnahmen nach dem Pflanzen gehören:

- das Heften der Triebe an den Pflanzpfahl,
- die Kontrolle des Befalls durch Echten und Falschen Mehltau und ihre Bekämpfung,
- die Lockerung des Bodens sowie
- das Freihalten von Unkraut.

Geiztriebe werden im Pflanzjahr nicht entfernt. Sie unterstützen die Assimilation. In jungen Rebbeständen entfallen Pflanzenschutzmittel gegen den Traubenwickler.

Das Pflanzen

Kauf der Reben

Als Pflanzmaterial werden im Erwerbsweinbau nur Pfropfreben verwendet, was auch dem Hobby-Winzer zu empfehlen ist. Container- oder Topfreben werden dann im Sommer zum Nachpflanzen eingesetzt. Im Hausgarten können zwar auch unveredelte Topfreben gepflanzt werden, aber Pfropfreben besitzen Vorteile hinsichtlich des Ertrages. Auch fern der Anbaugebiete wende man sich an ausgewiesene Rebschulen, die in der Regel auch kleine Mengen versenden.

Beim Kauf muss die äußere Qualität geprüft werden:

- Bewurzelung – Pfropfreben besitzen am Ende der Wurzelstange mindestens drei ausgereifte, verzweigte Wurzeln; Topfreben müssen die Töpfe gut durchwurzelt haben, ihre Wurzelspitzen sollten gelblich weiß sein.
- Trieb und Veredlungsstelle – Pfropfreben sollten mindestens drei ausgereifte Augen haben. Die Verwachsung wird mit einer angemessenen Drehprobe ge-

prüft. Gleiches gilt für Topfreben. Reben, die während der Vegetation gekauft werden, müssen zügig wachsen. Das ist an der gekrümmten Triebspitze zu erkennen.

- Die Reben müssen frei von sichtbaren Krankheiten und Schädlingen sein. Bei Pfropfreben sind das Grauschimmel, Echter und Falscher Mehltau und Schildläuse. Die innere Qualität – Sortenechtheit, Virusfreiheit, Maukefreiheit und Ertragsfähigkeit – kann nicht geprüft werden. Deshalb ist Wert auf entsprechende Zertifikate zu legen.

- Pfropfrebenkauf ist Vertrauenssache!

Die Rebschulen bieten heute meist pflanzfertig zugerichtete Reben an – die Wurzeln sind zurückgeschnitten und das Edelreis ist auf zwei Augen zurückgeschnitten und paraffiniert.

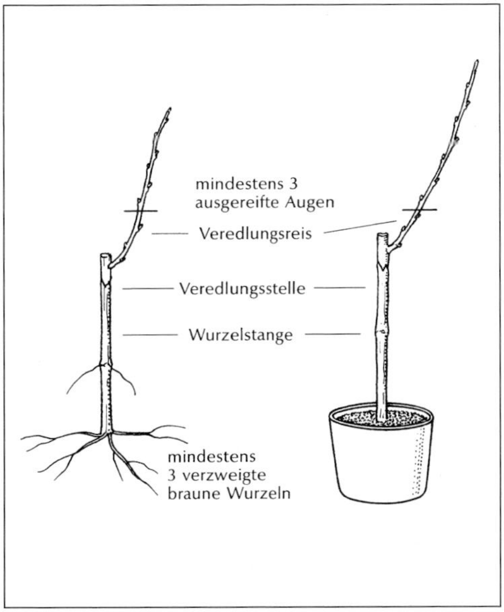

Links: Pfropfrebe, rechts: Topfpfropfrebe.

Pflanzzeit

Durch das differenzierte Angebot von Topf- und Pfropfreben ist fast das ganze Jahr Pflanzzeit.

Die beste Zeit ist im April und Mai. Weil die Reben noch gut einwurzeln sollten, verbietet es sich, bei belaubten Topfreben im Herbst zu pflanzen. Bei unbelaubten Pfropfreben kann die Pflanzung im Oktober bis Frosteintritt erfolgen. Die Wintermonate sind völlig ungeeignet. Allgemein sollte jedoch im Frühjahr gepflanzt werden.

Reben müssen nach dem Kauf möglichst schnell gepflanzt werden. Unter bestimmten Bedingungen – kühl, zugfrei, abgedeckt und feucht – ist es möglich, die Reben über einen kurzen Zeitraum bis zur Pflanzung zu lagern.

Vorbereitungen

Maschinelles Pflanzen entfällt für den Hobby-Winzer. Die Qualität des Pflanzmaterials und die Sorgfalt beim Pflanzen sind entscheidend für eine erfolgreiche Pflanzung. Pfropfreben werden vor dem Pflanzen 24 bis 36 Stunden bis über das Edelreis in 20 °C warmes Wasser gestellt. Das ist notwendig, da die Rebe nach der Pflanzung eine gewisse Zeit benötigt, um das Bodenwasser zu nutzen. Bei der Pflanzung ist pralle Sonne zu vermeiden. Unsere Großväter stellten die Reben deshalb in einen Eimer mit einem dünnen Lehmbrei. Auch die Abdeckung mit einem nassen Sack ist möglich. Bei Topfreben ist der Ballen vorher gründlich zu wässern.

Bevor die Reben in den Boden gebracht werden, ist der Pflanzschnitt durchzuführen. Dabei wird der Trieb grundsätzlich auf zwei sichtbare Augen zurückgeschnitten. Die Wurzeln werden auf Handbreite eingekürzt. Unbelaubte Topfreben werden

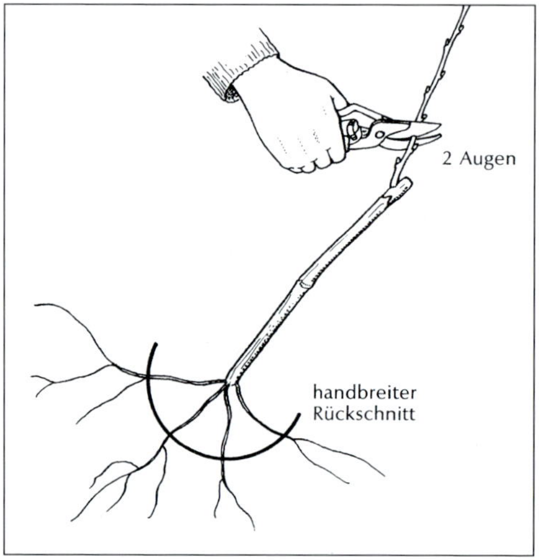

Schnitt zur pflanzfertigen Pfropfrebe.

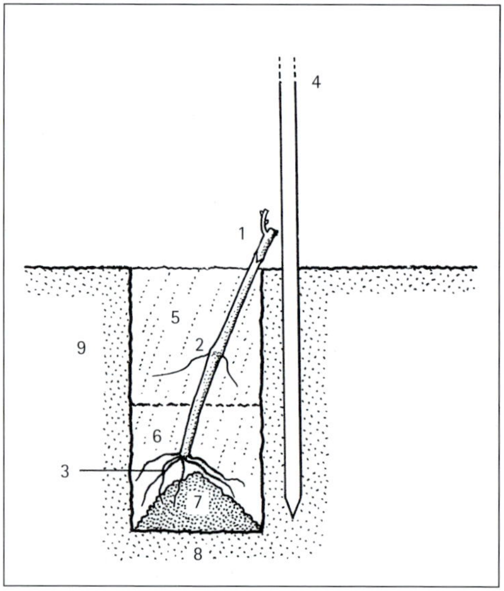

Pflanzung ohne Erdhügel. 1 Pfropfkopf, 2 Wurzelstange mit zugeschnittenen Wurzeln, 3 sternförmig ausgebreitete Wurzeln, 4 Pflanzpfahl, 5 Füllung, 6 Halbfüllung zum Angießen, 7 Erdkegel zum Ausbreiten der Wurzeln, 8 Pflanzloch (20 × 20 × 35 bis 40 cm), 9 Hangfußseite.

ebenso behandelt. Bei sommerlicher Pflanzung erfolgt dieser Rückschnitt im Frühjahr des Folgejahres. Die klassische Methode des Bedeckens des Pfropfkopfes mit sandiger Erde, um das Austrocknen zu verhindern, ist nicht mehr nötig, da die Rebschulen paraffinierte Reben liefern. Die austreibenden Triebe durchbrechen die Paraffinschicht mühelos und sind sofort grün, was erhebliche Wachstumsvorteile bringt. Außerdem können sich keine Edelreiswurzeln mehr bilden, die entfernt werden müssten.

Die Pflanzung von Topfreben unterscheidet sich nicht grundsätzlich von der der Pfropfreben. Unveredelte Reben sollen einige Zentimeter tiefer als vorher gepflanzt werden.

Pfropfreben werden vor der Pflanzung 24 bis 36 Stunden in Wasser gestellt. Vor dem Pflanzen wird der Trieb grundsätzlich auf zwei Augen zurückgeschnitten.

Pflanzung

Aus der Wurzellänge und der Breite des Spatenblattes ergibt sich die Größe des Pflanzloches von 20 × 20 cm. Es sollte etwa 35 bis 40 cm tief sein. Dieser Wert ergibt sich aus der Länge der Pfropfrebe von 32 bis 35 cm. Die Pflanzlochwände sollen nicht austrocknen. Der Abstand vom vorher gesteckten Pflanzpfahl darf nicht größer als 5 cm sein. Am Hang wird das Loch talseitig gegraben. Bei Schichtlinienzeilung wird das Pflanzloch auf der der Hauptwindrichtung abgewandten Seite angelegt (in Deutschland ist die Hauptwindrichtung Nordwest). Auf dem flachen, aus Kompost und Mutterboden gemischten Erdhügel werden am Grund des Pflanzloches die Rebwurzeln sternförmig ausgebreitet. Die Veredlungsstelle soll

2 bis 4 cm über die Bodenoberfläche herausragen, um zu vermeiden, dass sich am Edelreis Wurzeln bilden – die natürliche Erosion bedenkend, am Hangkopf weniger und am Hangfuß mehr. Bis zum Pflanzen stehen die Reben im Eimer mit Wasser oder dünnem Lehmbrei. Nach dem Einsetzen der Rebe wird das Pflanzloch bis zur Hälfte mit humoser Erde gefüllt, die dann festgetreten wird. Anschließend ist kräftig anzugießen.

Wenn das Wasser eingesickert ist und sich der Boden gesetzt hat, füllt man das Pflanzloch bodenbündig auf. Bei nichtparaffinierten Reben muss der Pfropfkopf mit einem Häufchen nichtverkrustender Erde gegen Austrocknen geschützt werden.

Pflege im Pflanzjahr

Je nach Pflanzzeit dauert es vier bis acht Wochen bis die Reben austreiben. Pflanzhügel müssen nach jedem Starkregen vorsichtig gelockert werden. Weil die Triebe in der Erde gebleicht werden, muss ihre Freistellung in einer Schlechtwetterperiode im Spätsommer erfolgen, sonst besteht Verbrennungsgefahr. Der junge Trieb ist regelmäßig anzubinden, um gerade Stämme zu erziehen. Dazu eignen sich breitere Plastikstreifen am besten, dünner Faden kann bei Sturm zum Abknicken der Triebe führen.

Gegen Wildverbiss schützt man die Jungreben mit Kunststoffmanschetten, die in unterschiedlichen Ausführungen im Handel erhältlich sind und zugleich einen gewissen Treibhauseffekt erreichen. Größere Anlagen werden mit einem Zaun geschützt. Dort, wo keine Verbissgefahr besteht, lässt man nur einen Trieb stehen, und zwar den, der die geradeste Verlängerung der Wurzelstange bildet. Die überflüssigen Triebe werden im noch jungen unverholzten Stadium ausgebrochen. Bereits verholzte Triebe werden bis auf einen Stummel zurückgeschnitten, der im Frühjahr entfernt wird.

Die bei Reben laufend entstehenden Geize werden nicht entfernt. Sie erhöhen die Assimilationsfläche. Bei regelmäßigem, 14-tägigem Aufbinden werden sie ohnehin von der Triebspitze unterdrückt und bleiben kurz. Sofern sie verholzen, werden sie im Frühjahr beim Schnitt entfernt.

Die Hauptwachstumszeit der Pflanzreben ist der August. Bei guter Pflege und zügigem Wachstum (erkennbar an gekrümmten Triebspitzen) sind Trieblängen von 150 cm keine Seltenheit. Das Wachstum kann mit zwei Wassergaben von je 10 l/Pflanzstelle im Juli und August unterstützt werden. Im Pflanzjahr benötigt die Jungrebe keinerlei Dünger.

Der Boden wird bis Ende Juli ganzflächig unkrautfrei gehalten. Während dazu im Hausgarten und im kleinen Weinberg Hacke und Grubber verwendet werden, nutzen Hobby-Winzer mit größeren Flächen Motorhacken. Für Terrassen bleibt nur Handarbeit. Bei Reben im Garten, die in Gemeinschaft mit Stauden und Gehölzen stehen, wird die Wasserkonkurrenz durch zusätzliche Wassergaben ausgeglichen.

Ab Ende Juli kann die Gasse entweder mit dem natürlichen Unkrautaufwuchs oder mit verschiedenen Gründüngungspflanzen, die im Frühjahr einzuarbeiten sind, begrünt werden. Eine günstige Möglichkeit für den Hobby-Winzer ist die Bodenbedeckung. Dazu eignen sich Stroh oder Rindenkompost. Es kann die ganze Fläche oder auch nur der 60 cm breite Unterstockstreifen bedeckt werden. Auch das Bedecken mit schwarzer Mulchfolie, wie im Erdbeeranbau üblich, ist möglich. Für die Pflanzstellen werden in der Folie

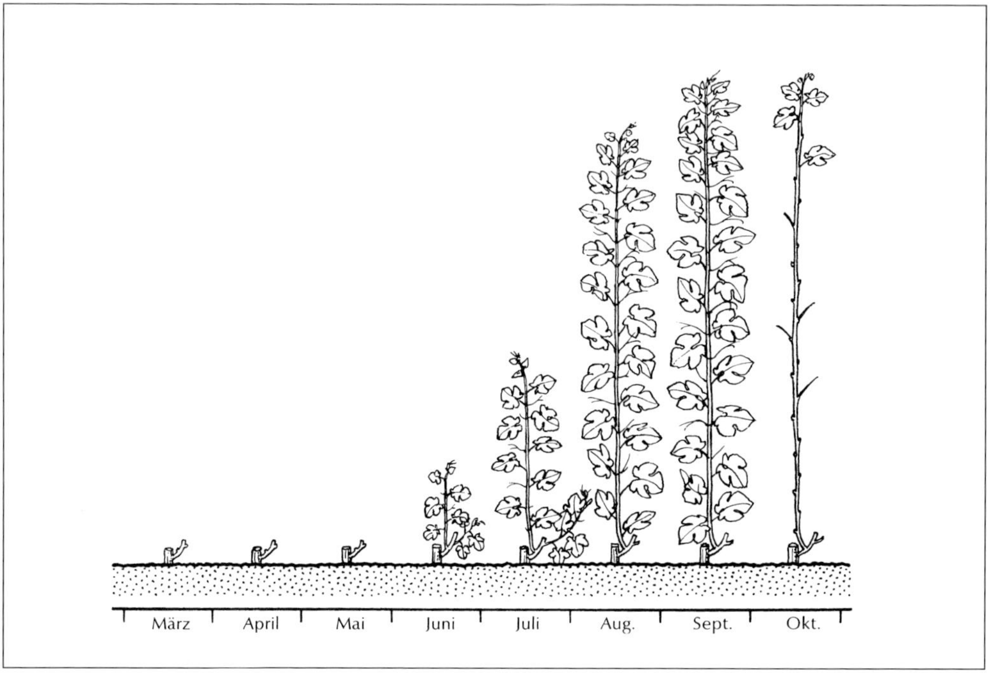

Wachstumsrhythmus der Rebe im Pflanzjahr.

kreuzweise kurze Einschnitte vorgenommen. Ob die Pflanzpfähle beim Auslegen noch einmal gezogen werden müssen oder nicht, ist eine Frage der Genauigkeit bei der Bodenvorbereitung. Die Ränder der Folie legt man in flache Furchen und beschwert sie mit Erde. An den Schnittstellen herauswachsendes Unkraut wird rechtzeitig mit der Hand gezogen. Achtung! Die jungen Austriebe sind bruchgefährdet!
Die Foliebedeckung hat zwei wesentliche Vorteile:

- Temperaturgewinn im Boden,
- Verringerung der Verdunstung.

Beide Vorteile führen insgesamt zu zügigerem Wachstum. Nachteilig ist jedoch, dass diese Methode teuer ist.

Der Befall durch Krankheiten und Schädlinge kann zu großen Ausfällen führen. Echter und Falscher Mehltau müssen regelmäßig bekämpft werden. Gefürchtet sind Drahtwürmer, Erdraupen und Wühlmäuse.

Wurden verzinkte Welldrahtstäbe oder Polyesterstäbe als Pflanzstäbe verwendet, ist zu beobachten, dass diese im Sommer bei Regen und Sturm allmählich in Windrichtung schief gedrückt werden. Dieser Nachteil ist im Hinblick auf die bequemere Ausbringung in Kauf zu nehmen. Der baldige Bau der Unterstützung hebt den Mangel schnell auf.

Im Pflanzjahr lässt man nur einen Trieb wachsen.

Moderne Rebanlagen und Erziehungsmethoden

Wildreben wachsen im lichten Auwald. Als rankende Kletterpflanzen benötigen sie gleichermaßen Unterstützung und zweckmäßigen Schnitt. Da sie als Kletterpflanzen mit langen Trieben dem Licht entgegenstreben und darüber hinaus nur an den Endtrieben Früchte tragen, würden sie sich schnell der Kontrolle des Winzers entziehen, wenn dieser nicht regulierend eingreift. Winzerarbeit bedeutet daher seit Inkulturnahme der Rebe, den Weinstock an dem zugewiesenen Ort zu halten und durch entsprechenden Schnitt zu zwingen, jährlich reiche Frucht zu tragen. Dabei muss der Winzer berücksichtigen, dass Reben nur am diesjährigen Holz Blüten (Gescheine) und demzufolge Trauben tragen, wenn dieses Holz vor allem am vorjährigen steht.

In der langen Rebkultur haben sich viele Erziehungsmethoden herausgebildet. Die Erziehungsmethoden ergeben sich aus dem Pflanzabstand (Stock- und Reihenabstand). Die Rahmenhöhen werden von der Wüchsigkeit der Unterlagen-Edelsorten-Kombination und den für den nächstjährigen Anschnitt nötigen Trieblängen bestimmt. Außerdem beeinflussen Standweite und Erziehungsmethode sowie Besonnung und Größe der Laubmenge den Ertrag und die Qualität der Trauben.

Da Reben 25 bis 30 Jahre im Ertrag stehen, muss die Unterstützung möglichst die gesamte Zeit ohne wesentliche Reparaturen überdauern. Die klassische Unterstützung ist die Einzelpfahlunterstützung. Moderne Unterstützungen bestehen aus einer Kombination von Pfählen mit verzinktem Draht. Am dauerhaftesten und umweltfreundlichsten sind Eichen- oder Robinienpfähle, da sie nicht imprägniert werden müssen. Durchgesetzt haben sich auch hochdruckimprägnierte Fichtenpfähle. Rüttelbeton- oder stückverzinkte Pfähle sind ebenso möglich, haben aber neben ästhetischen eine Reihe arbeitswirtschaftlicher und ökologischer Nachteile. Der Eisendraht ist heute aluminium-zink-beschichtet und übersteht eine Umtriebsperiode schadlos.

Der moderne Weinbau nutzt fast nur noch den Drahtrahmen in vielen Varianten. Nur an der Mosel ist die Einzelpfahlunterstützung üblich.

Standweiten und Erziehungsmethoden

Die Abstände in der Reihe und die Reihenabstände sind von mehreren Faktoren abhängig, zu denen die Wüchsigkeit der Pfropfrebe, die Erziehungsart und die Hangneigung gehören.

Wüchsigkeit der Pfropfrebe

Eine wichtige Voraussetzung für die Ertragshöhe ist die Auswahl der für den entsprechenden Standort günstigsten Sorten-Unterlagen-Kombination.

Für die Stockabstände in der Reihe ist die Internodienlänge von Bedeutung, um die erforderliche Augenzahl unterzubringen. Als günstigste Stockentfernungen sind 1,00 bis 1,50 m zu empfehlen.

Als Stammhöhen empfehlen sich für den Hobby-Winzer im Weinberg 0,60 bis 1,00 m. In Hausgärten, am Spalier und an

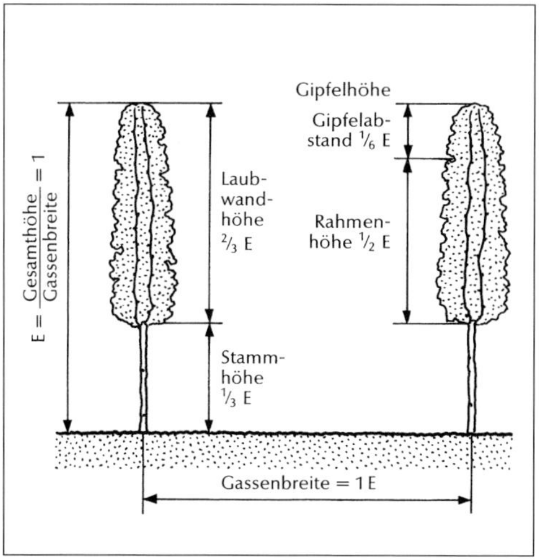

Rahmenhöhe im Verhältnis zur Gassenbreite und die Auswirkung auf die Besonnung.

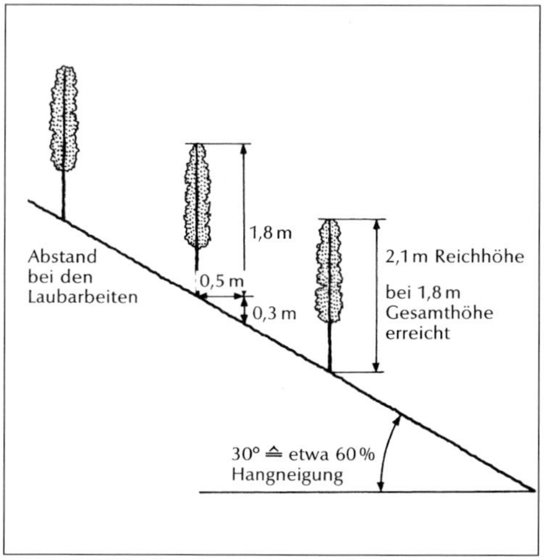

Beeinträchtigung der Reichhöhe im Querbau.

der Pergola ist die Stammhöhe von den gestalterischen Vorstellungen abhängig.

Die Laubwandhöhe ergibt sich aus der Internodienlänge und der erforderlichen Mindestblattzahl/Traube. Eine maximale Holzreife von 1,20 bis 1,50 m ergibt die höchstmögliche Anzahl Augen/Rute, die je nach Sorte bei 12 bis 22 liegt. Das zu den wichtigen Laubarbeiten zählende Gipfeln wird 0,30 m über dem letzten Drahtpaar ausgeführt. Die Rahmenhöhe sollte nie wesentlich die Gassenbreite übersteigen, da sonst die Besonnung der Trauben eingeschränkt wird.

Erziehungsart und Hangneigung

Durch die Lage zur Himmelsrichtung und die Hangneigung werden die Besonnungsverhältnisse der Rebstöcke entscheidend geprägt. In Deutschland wird deshalb die Nord-Süd-Richtung bevorzugt. Nur auf extremen Steilhängen und schmalen, langen Terrassen kommen Querbau und/oder Einzelpfahlunterstützung zur Anwendung. Bei Querbau am Steilhang ist auf der Talseite allerdings die Reichhöhe beeinträchtigt. Bei freistehenden Spalieren muss die Nachbarschaft von großen Gehölzen beachtet werden.

Die mittelhohe Erziehung mit Stamm und ein bis zwei Bogreben ist in Deutschland am weitesten verbreitet. Diese Erziehungsart lässt sich allen Standweiten anpassen. Als Unterstützung wird nur der Drahtrahmen empfohlen.

Die Einzelpfahlunterstützung ist nur noch an der Mosel anzutreffen. Als Alternative kann die Vertikoerziehung empfohlen werden. Der Vorteil beider Erziehungsarten ist der mögliche Querverkehr, der für den Steilhang besonders günstig ist. Die Pflanzweiten entsprechen den geringen Pflanzweiten der mittelhohen Erziehung.

Bei Rebpflanzungen im Hausgarten, am Haus oder an der Pergola richten sich Erziehungsart und Pflanzabstände nach den konkreten Bedingungen. Abstände unter 1,00 m sollten nicht gewählt werden. Eine Ausnahme bildet die Vertikoerziehung, wo Stockabstände von 0,60 bis 0,80 m üblich sind. Mehr als 2,00 m Pflanzabstand führen zu Zeitverlust, denn die Reben benötigen ein bis zwei Jahre länger, um den gebotenen Standraum auszufüllen. In solchen Fällen kann eine so genannte Bleiber-Weicher-Pflanzung, die vor allem bei schnell zu begrünenden Flächen Vorteile bietet, angewendet werden.

Ertrag, Güte und Stockbelastung

Für den Winzer ist das sortenspezifische Ertrags- und Qualitätsverhalten von besonderer Bedeutung. Es wird vom Zusammenwirken der Faktoren Umwelt, Kulturbedingungen und genetisches Leistungspotential beeinflusst.

Das wichtigste Ausgangskriterium ist die unterzubringende Augenzahl je Meter, denn moderne Erziehungsarten sind mehr oder weniger zweidimensional in der Vertikalen angeordnet. Augenschäden, die nach Winterfrösten auftreten, lassen sich durch entsprechenden Mehranschnitt ausgleichen. Erfrorene Augen erkennt man im Längsschnitt an der durchgehend braunen Färbung. Gegen Spätfröste hilft nur der Anschnitt einer so genannten Frostrute, die nach den Eisheiligen weggeschnitten wird.

Die Zahl der Gescheine/Trieb und die Zahl der Blüten/Geschein ist sortenspezifisch und variiert in geringem Maße. Allerdings bestehen zwischen den Sorten große Unterschiede. So beeinflusst der unterschiedliche Blühverlauf in Abhängigkeit vom Wetter die Beerenzahl/Traube ent-

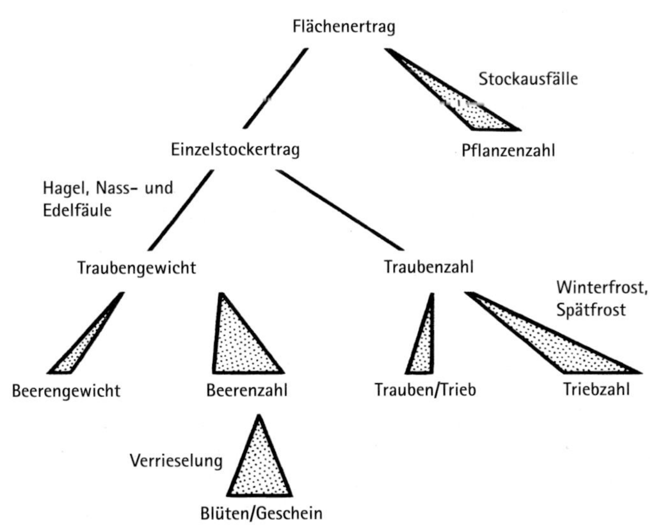

Die Ertragsstruktur der Rebe, relativ. Die Größe der Dreiecke symbolisiert den Einfluss.

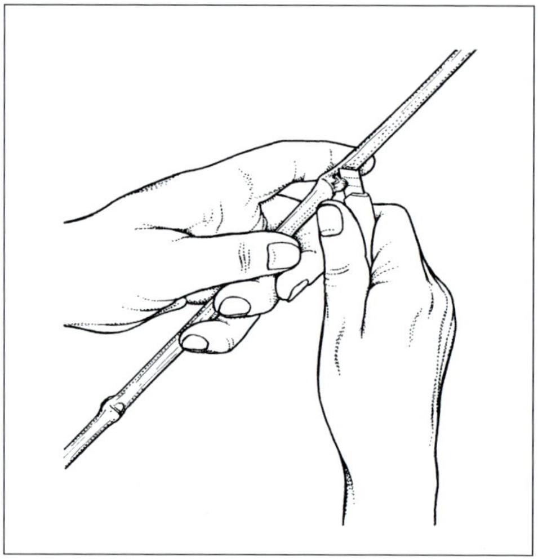

Probe, ob das Auge erfroren ist.

scheidend. Es ist der Faktor, der den größten Einfluss auf die Ertragshöhe hat.

Zwischen Ertrag, Qualität und Umweltfaktoren bestehen komplexe Zusammenhänge. Dabei sind Umwelteinflüsse, Bodenqualität und der Anschnitt durch den Winzer die wichtigsten Faktoren. Beeinflussbar ist nur der Anschnitt, wobei gilt:

- Geringer Anschnitt bringt geringere Erträge bei höherer Qualität.
- Mittlerer Anschnitt bedingt in mittleren Jahren mittlere Erträge bei gering abfallender Güte.
- Starker Anschnitt bringt hohe Erträge bei stark abfallender Güte.
- Je ungünstiger die Jahreswitterung und der Standort sind, desto größer ist der Güteabfall.

Außerdem ist zwischen qualitätsstabilen und qualitätslabilen Sorten zu unterscheiden. Stabile Sorten reagieren allgemein geringer auf die verschiedenen Einflüsse. Bei Wein wirkt sich das vor allem auf die sensorische Güte aus. Tafeltrauben besitzen dann ein unharmonisches Zucker-Säure-Verhältnis. Aus diesem Grund wurden spezielle Anschnittempfehlungen entwickelt, die auch der Hobby-Winzer einhalten sollte. Sie sind auch für Spalier und Pergola anwendbar, wenn die rebenverfügbare Bodenfläche berücksichtigt wird. Allgemein sollten sechs bis acht Augen/m² Bodenfläche angeschnitten werden.

- Für die Pergola gilt: Größe der Pergola × empfohlene Augenzahl/m² = Gesamtzahl der anzuschneidenden Augen.
- Bei freistehenden, einetagigen Spalieren entspricht die empfohlene Augenzahl/m² der Augenzahl/lfd. Meter.
- Bei Wandspalieren gilt dasselbe wie für eine Pergola. Allerdings müssen die Abstände zwischen den Etagen für genügend lange Triebe mindestens 1,20 bis 1,50 m betragen.

Durch einen Längsschnitt mit einem scharfen Messer erkennt man, ob die Augen geschädigt sind. Gesunde Augen erscheinen grün, erfrorene braun. Immer mehrere Augen prüfen!

Materialien für die Unterstützung

Pflanz- und Rahmenpfähle

Ungeeignet sind Pfähle aus Buche und Pappel. Ohne Imprägnierung können Eiche und Robinie (Akazie) verwendet werden; sie müssen jedoch ohne Splint sein. Nadelhölzer, wie Kiefer, Fichte und Lärche, eignen sich nur in imprägnierter Form.

Pflanzpfähle sind 1,50 m lang und besitzen einen Zopfdurchmesser von 3 bis 5 cm. Sie müssen ebenfalls imprägniert sein, da sie heute wegen der geraden Stämme auch im Ertragsalter am Stock bleiben. Angeboten werden außerdem Bambusstäbe, verzinkte Metallstäbe (Wellstäbe, Kerbstäbe) und Kunststoffstäbe (Hart-PVC, glasfaserverstärkte Polyesterstäbe). Ihrer unbegrenzten Haltbarkeit stehen ein hoher Preis und eine geringe Standfestigkeit aufgrund ihres kleinen Querschnitts entgegen.

Pfähle für die Einzelstockunterstützung sollten 2,20 m, besser 2,50 m lang sein und einen Zopfdurchmesser von 6 bis 8 cm haben. Sie sind einseitig angespitzt.

Rahmenpfähle werden meist aus imprägnierter Fichte angeboten. Ihr Durchmesser sollte 7 bis 9 cm bei 2,50 m Länge betragen. Eichen- und Robinienpfähle besitzen einen quadratischen Querschnitt mit 5 bis 8 cm Kantenlänge. Diese Pfähle benötigen keine Imprägnierung. Sie können sich jedoch durch angeschnittene Jahresringe im Laufe der Zeit verbiegen.

Außerdem werden im Handel stückverzinkte Stahlprofilrohre angeboten, in deren vorgefertigten Laschen die Drähte je nach Erziehungsart eingehängt werden. Die Drähte müssen durch Kunststoffeinsätze vor Reibungsschäden geschützt werden. Das gilt auch für Spannbetonpfähle verschiedener Querschnitte. Sie haben jedoch einen großen Nachteil – das hohe Gewicht.

Die Verwendung von alten Stahlrohren ist möglich und billig. Sie müssen am Zopfende geschlossen und gegen Korrosion geschützt werden. Zum Anbringen der Ösen für die Drähte verwende man aufgeschnittene und angeschweißte Kettenglieder. Festgedrillter, starker Draht eignet sich ebenfalls. Seine Enden werden zum Aufnehmen der Drähte nach oben gebogen.

Bohrungen im Rohr würden zusätzliche Reibestellen für den Draht ergeben und die Korrosion erhöhen.

Drahtrahmenzubehör

Das wichtigste Zubehör ist der Draht, der so stark sein muss, dass er trotz Eigenlast und Last des Rebstockes (wobei dieser einen Teil durch seine Verankerung im Boden selbst aufnimmt) samt Regen, Schnee, Eis und Sturm nicht reißt. Drähte werden so gespannt, dass sie weder durchhängen noch „brummen“. Die Spannkräfte liegen erheblich unter der Reißfestigkeit (Spannkräfte 30 bis 50 kp, Reißfestigkeit 100 bis 380 kp). Werden mehrere Drähte gespannt, gelingt es meist nicht, diese völlig gleichmäßig zu spannen. Beim Spannen der Drähte beginnt man immer mit den obersten, da hier die Hebelwirkung am stärksten ist.
Folgende Drahtarten werden angeboten:

- Eisendrähte, verzinkt,
- Eisendrähte, kunststoffummantelt,
- Eisendrähte, kunststoffbeschichtet,
- Edelstahldrähte,
- Eisendrähte mit Zink-Aluminium-Auflage,
- Kunststoffdrähte.

Alle Drähte besitzen Vor- und Nachteile. Am häufigsten werden Drähte mit Zink-Aluminium-Auflage verwendet. Zum Heften sollten die Drähte einen Durchmesser von 2,1 bis 2,5 mm haben. Biegedrähte sollten 2,8 mm und Ankerdrähte 3,1 mm stark sein. Werden absolut korrosionsbe-

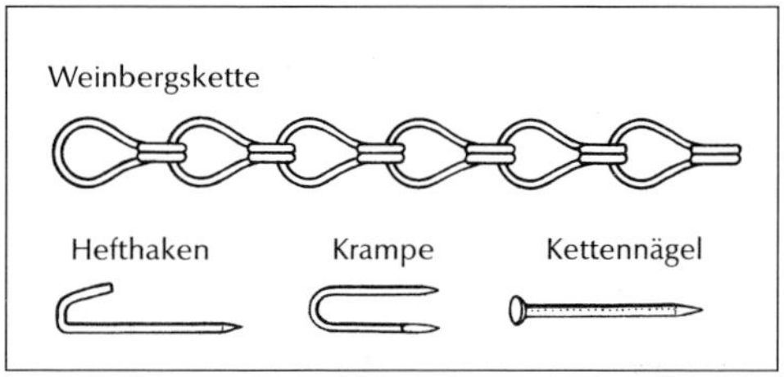

Zubehör für Drahtrahmen.

ständige Edelstahldrähte verwendet, genügen 1,2 bis 1,6 mm Durchmesser.
Wer Holzpfähle benutzt, benötigt für einen kompletten Rahmen:

- Hefthaken (Heftnägel), in verschiedenen Größen, zum Einlegen beweglicher Drähte, werden genagelt,
- Schlaufen (Krampen), in verschiedenen Größen, nur zum Anheften feststehender Drähte, werden genagelt,
- Kettennägel, zum Einhängen der Weinbergsketten,
- Weinbergsketten (Heftketten), sechsgliedrige Kette, zum Spannen und Bewegen der beweglichen Drähte bei den Laubarbeiten,
- Drahtspanner, in verschiedenen Ausführungen, je einfacher, desto besser – erübrigen sich für den Hobby-Winzer –, nötig für Bogengänge und freistehende Spaliere im Garten,
- Anker, als Stein-, Schraub- und Betonanker; Schraubanker sind besonders für hohe Zugbelastungen geeignet, Selbstanfertigung ist möglich.

Holzpfähle sichern die höchste Standfestigkeit und ordnen sich am ästhetischsten in die Landschaft ein.

Zubehör für Spaliere und Pergolen

Spaliere und Pergolen haben Gerüstfunktion und erfüllen zugleich gestalterische Aufgaben. Im Endstadium sollten sie nur zu 80 % bewachsen sein. Holzgerüste sind immer zu bevorzugen, sie sollten jedoch unbedingt hochdruckimprägniert sein. Gartencenter und Baumärkte bieten komplette Pergolalösungen für viele Gartenräume an.
Für den Selbstbau von Spalieren werden folgende Materialien benötigt:

- Riegel, Länge je nach Wand- oder Mauerhöhe, Querschnitte 35 × 50 oder 30 × 60 mm,
- Latten, quadratisch oder rechteckig, 25 × 25, 30 × 30, 25 × 35 mm oder ähnlich,
- Holzschrauben und Spreizdübel zur Anbringung der Riegel an der Mauer oder Wand, Größe entsprechend der Riegelstärke (Länge zweimal Riegelstärke + Abstandhalter),
- Holzschrauben, Größe entsprechend der Lattenquerschnitte (Querschnitt + 2/3 des Querschnitts),
- Abstandhalter für die Riegel, am besten eignen sich Scheiben aus PVC-Rohr (Durchmesser = 3/4 des Riegelquerschnitts, Länge 2 bis 5 cm),

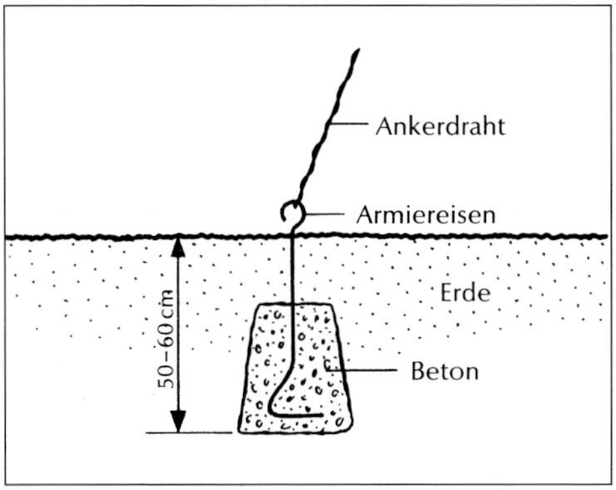

Betonanker.

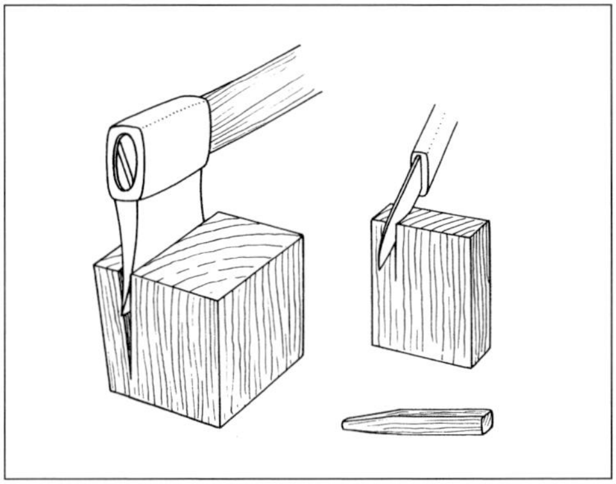

Herstellung von Holznägeln.

- Dickschichtholzlasur für außen, dunkle Töne, keine deckenden Anstriche.

Für den Bau von Pergolen benötigt man folgende Materialien:

- Pfosten, 2,50 m lang, Querschnitt 9 × 9 oder 10 × 10 cm,
- Riegel als Auflage für Reiter, Länge entsprechend der Pergolagröße, Querschnitt 9 × 5 oder 10 × 5 cm,
- Reiter, Länge entsprechend der Pergolagröße, Querschnitt 9 × 5 oder 10 × 5 cm,
- verzinkte Doppelbacken zum Einbetonieren als bodenfreier Aufstand für die Pergolapfosten (verschiedene Ausführungen in Baumärkten erhältlich),
- Wiener Holzschrauben mit der Länge von 1 2/3 Riegelquerschnitt zum Anbringen der Reiter,
- Holzdübel (Holznägel), diese alte Zimmermannsverbindung sollte häufiger Anwendung finden, das vorgebohrte Loch muss einige Millimeter größer sein, erfordert handwerkliches Geschick,
- Konsolen oder Stahlwinkel, sofern die Pergola an ein Haus anschließt, Konsolen wirken ästhetischer,
- Dickschichtholzlasur in dunklen Tönen.

Bau der Unterstützung

Im Weinberg

Für den Hobby-Winzer stellt die mittelhohe Erziehung mit Stockentfernungen von 1,50 bis 1,80 × 1,20 m die günstigste Lösung dar. Auf schmalen Terrassen sind Gassenbreiten von 1,40 bis 1,60 m am vorteilhaftesten.

Jede Pflanzstelle erhält vor der Pflanzung einen Pflanzpfahl (meist aus Holz). Diese Pfähle müssen 0,30 m tief senkrecht eingeschlagen werden. Welldraht- und Polyesterstäbe lassen sich mit geringem Kraftaufwand mit der Hand eindrücken.

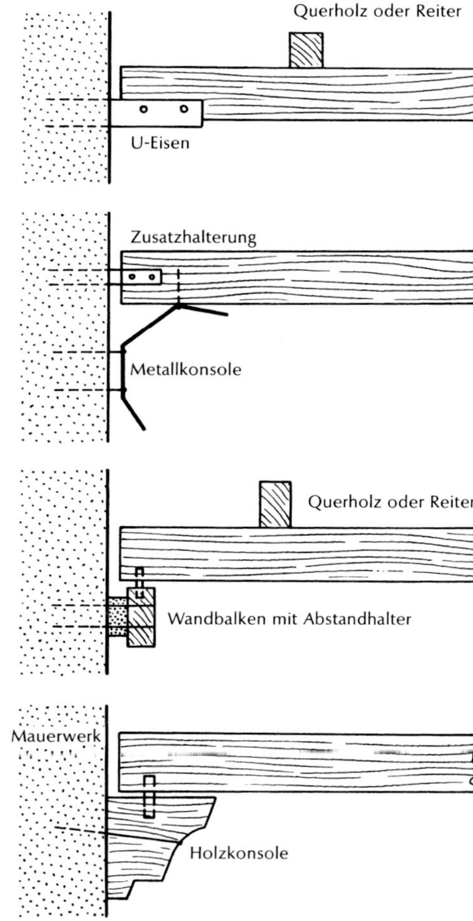

Möglichkeiten der Befestigung eines Riegels an der Hauswand.

Im Spätherbst des Pflanzjahres bis zum Austrieb des Folgejahres muss dann die endgültige Unterstützung gebaut sein. Zur Not kann dies auch bis zum Beginn des dritten Standjahres nachgeholt werden.

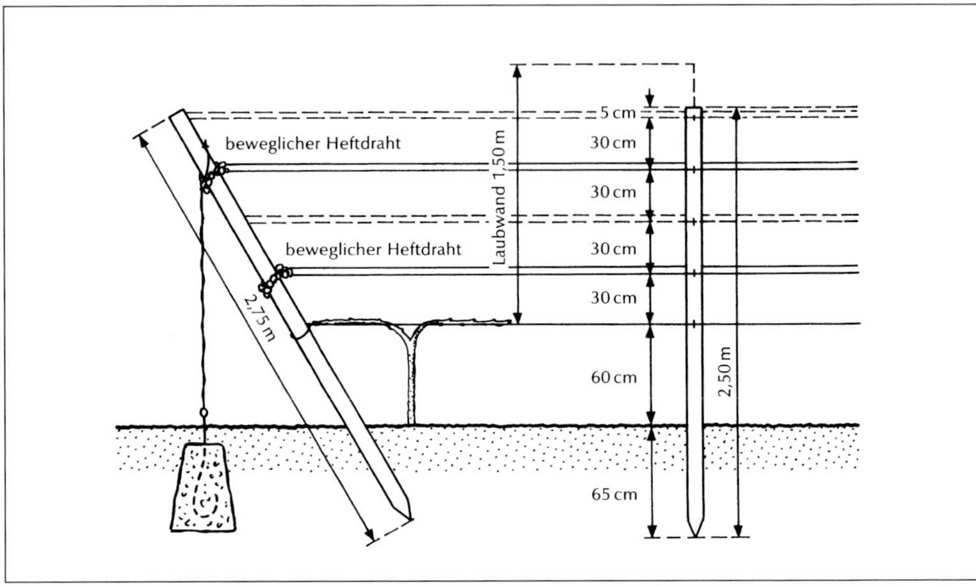

Drahtrahmen für die Flachbogenerziehung mit zwei beweglichen Heftdrahtpaaren.

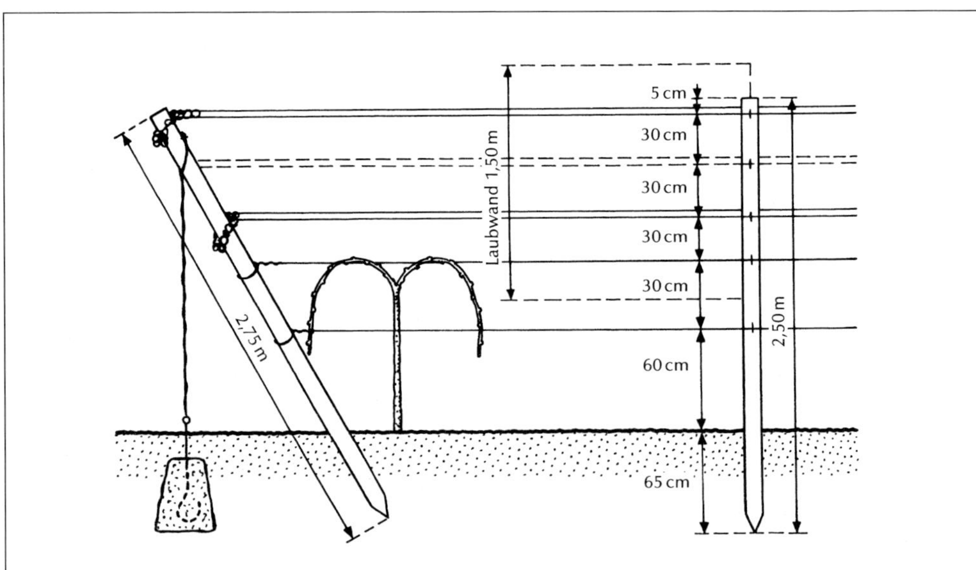

Drahtrahmen für die Halbbogenerziehung mit beweglichen Heftdrahtpaaren eignen sich besonders für zum Verrieseln neigende Sorten, z.B. 'Weißer Riesling', 'Roter Traminer'.

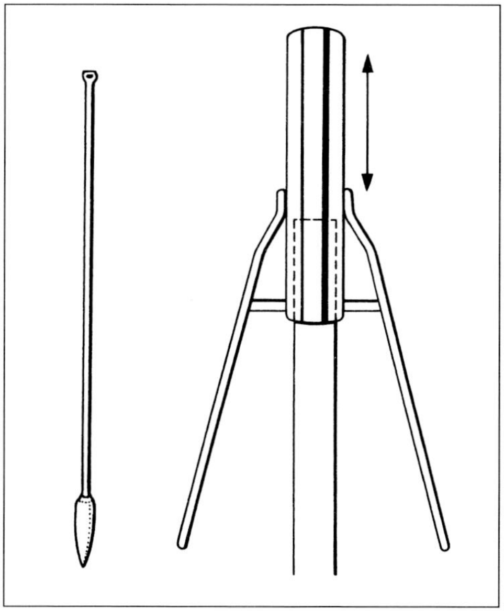

Stieglitz (links) und Schlagkatze (rechts).

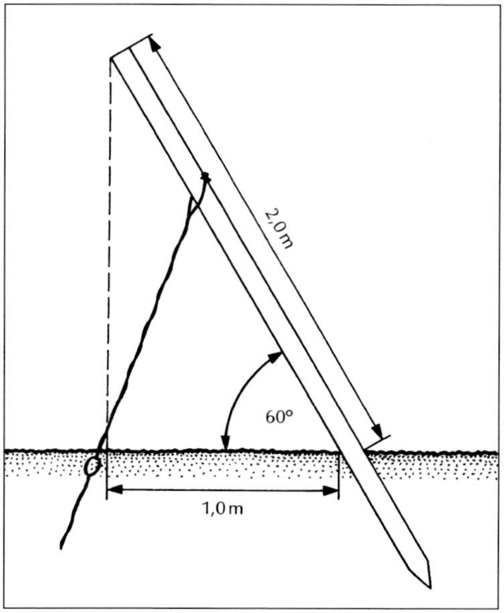

Neigung des Endpfahles.

Für lange, schmale Anlagen wird das wenigste Material benötigt, dagegen sind breite Anlagen mit kurzen Zeilen sowie Terrassen sehr materialintensiv.

Auf ebenen Flächen beträgt der Abstand zwischen dem Endpfahl des Drahtrahmens und dem Rebstock 0,60 m (halbe Stockentfernung). Am Hang und auf Terrassen wählt man besser 1,20 m (ganze Stockentfernung). Die Rahmenpfähle stehen maximal 6,00 m (fünf Rebstöcke) entfernt, besser sind 4,80 m (vier Rebstöcke).

30 % der Gesamtlänge des Pfahls müssen sich im Boden befinden, um die Standsicherheit zu gewährleisten. Die Löcher werden vorgegraben, vorgebohrt oder mit dem Stieglitz vorgeschlagen. Nur der Rest wird eingeschlagen. Dabei darf der Zopf nicht zersplittert werden, um die Imprägnierung nicht zu zerstören. Sollte doch ein stärkerer Schlag notwendig sein, legt man einen Holzklotz dazwischen.

Vor dem Spannen des Drahtes ist die Verankerung zu setzen. Dies geschieht am besten bereits längere Zeit vor dem Spannen. Der Boden um Anker und Endpfahl hat dann bis zum Spannen seine natürliche Dichte erreicht, wodurch eine höhere Standfestigkeit gewährleistet wird. In tiefgründigen Böden werden zur Befestigung Schraubenanker verwendet, bei steinigen Böden werden Stein- oder Betonanker 0,50 bis 0,60 m tief eingegraben.

Im oberen Drittel des Endpfahls wird der doppelte Ankerdraht angebracht und bis zur nötigen Spannung verrödelt. Bei senkrechten Endpfählen sind 60° am Anker einzuhalten. Schräg gestellte Endpfähle erhalten diesen Winkel ebenfalls, damit der Ankerdraht senkrecht steht. Am Pfahl wird der Ankerdraht zunächst einmal um den Pfahl gewickelt und anschließend mit einer Krampe oder Heftnagel befestigt.

Hefthaken und Kettennägel kann man sofort bis zur endgültigen Tiefe einschlagen. Bei der Verwendung von Krampen muss der Draht vorher ausgelegt werden, denn das Durchfädeln wäre sehr viel zeitaufwendiger.

Das Anbringen der Drähte erfolgt von oben nach unten. Straffe Handspannung genügt. Um beim Abwickeln des Drahtes von der Rolle ein Verfitzen zu vermeiden, wird der Draht am inneren Ende aufgenommen. Bei Drahthaspeln beginnt das Abrollen von außen.

Auch bei der Verwendung von Drahtspannern erreicht man keine „optisch" bessere Spannung als mit Hand!

Zwischen dem Setzen der Pfähle und dem Spannen des Drahtes sollte ein Zeitraum von mehreren Wochen liegen.

Freistehende Spaliere

Freistehende Spaliere sind der eben beschriebenen Unterstützung im Weingarten sehr ähnlich, allerdings ist bei ihnen auch die gestalterische Wirkung im Garten zu bedenken. Am dekorativsten wirken Spaliere mit Horizontal- oder Vertikallattung. Deshalb ist aus ästhetischer Sicht im Garten die Übernahme der Drahtrahmenunterstützung abzulehnen. Freistehende lange Spaliere über 12 m Länge benötigen eine ausreichende Verankerung und, wie im Weinberg, Zwischenstützen. Das gilt vor allem dann, wenn sie quer zur Hauptwindrichtung Nordwest stehen. Längs- wie Querabspannungen wirken unschön. Deshalb ist eine Innenabstützung notwendig, die die Zugkräfte in ausreichend dimensionierte Betonfundamente münden lässt. Einbetonierte Stahlrohre eignen sich, wenn sie einen Durchmesser von 50 bis 60 mm

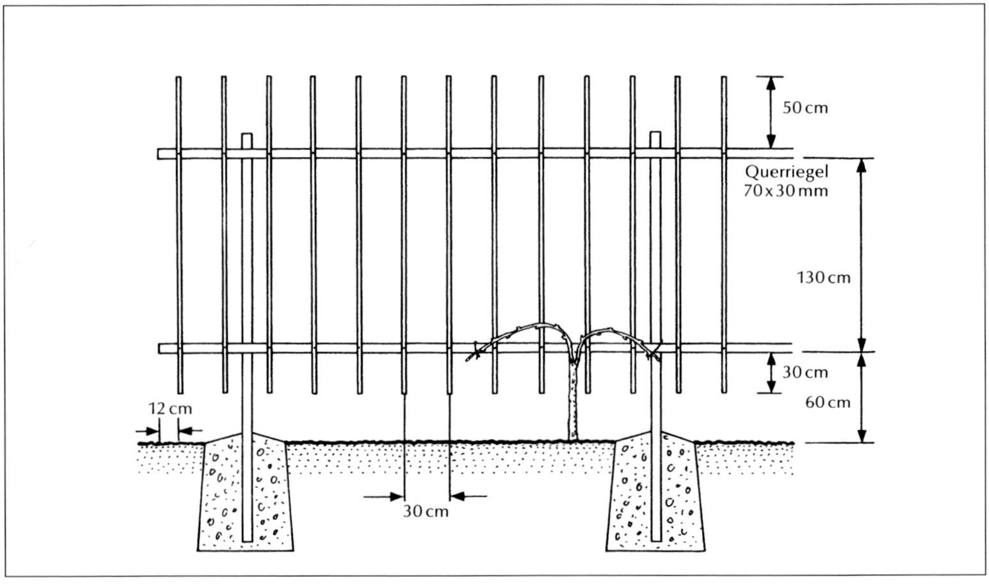

Vertikallattung bei einem freistehenden Spalier.

besitzen. Holzpfosten sind ebenfalls möglich, sie dürfen aber den Boden nicht berühren und erfordern deshalb einen Metallschuh.

Die Lattenabstände betragen 25 bis 30 cm. Als Querschnitte genügen 25 × 25 oder 30 × 30 mm. Die Lattung beginnt am Stammende. Die Latten werden geschraubt und sollten oben angeschrägt sein. In dunklen Tönen lasiert, wirken sie am schönsten.

Wandspaliere

An Haus- und Laubenwänden oder an kahlen Mauern sorgt ein mit Reben bewachsenes Spalier für reizvolle Ansicht und bringt köstliche Trauben. Hier ist die Vertikallattung am besten geeignet.

Ganz wichtig sind die Abstandhalter, das sind 2 bis 5 cm starke Scheiben aus Hart-PVC-Rohr, deren Durchmesser 1 cm kleiner als der Riegelquerschnitt ist und die

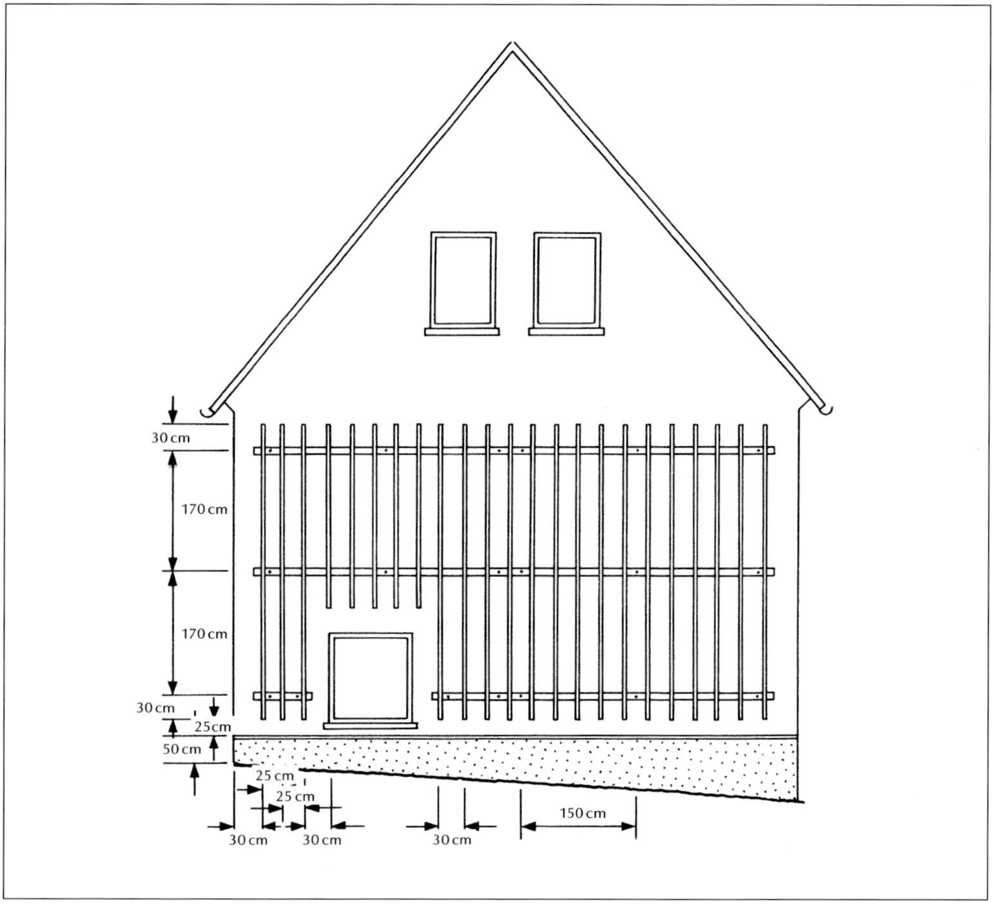

Mögliche Anbringung eines Spaliers an einer Hauswand.

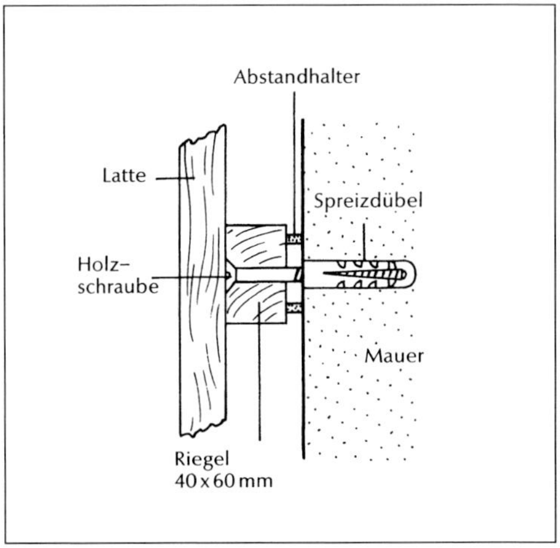

Montage mit Dübeln an die Wand.

zwischen Wand und Riegel gesetzt werden. Die Abstandhalter verhindern hässliche Schmutzfahnen und beugen dem Verrotten des Holzes vor.

Die Querriegel sind im Abstand von 1,50 m durch genügend große Spreizdübel und Holzschrauben mit der Wand zu verankern. Ihr Querschnitt beträgt 30 × 50 oder 30 × 60 mm. Durch die häufige Verankerung verteilen sich die Lasten, sodass nur relativ schwache Schrauben benötigt werden.

Wandspaliere dürfen weder bis an die Traufe noch bis auf den Boden reichen. Die Lattung beginnt 20 bis 30 cm oberhalb des Simses und endet in gleichem Abstand unter der Traufe. Dasselbe gilt für die Hausecke. Liegen Fenster in der Fläche wird auch hier ein Abstand von 20 bis 30 cm eingehalten. Wenn die gewählte Teilung bei Fenstern nicht aufgeht, kann der Abstand auch um wenige Zentimeter variieren. Querriegel stehen am Ende 5 bis 10 cm über die letzte Latte hinaus.

Beim Bau eines Spalieres ist exaktes Arbeiten oberstes Gebot. Bei großen Abständen verwendet man am besten die Schlauchwaage, bohrt die Riegel vor und markiert die Bohrstellen an der Wand. Der oberste Riegel wird zuerst angebracht, dann lotet man die weiteren ein. Die Abstände zwischen den Querriegeln betragen 1,50 bis 2,00 m. Die beiden äußeren Latten werden zuerst angeschraubt. Eine straff gespannte Schnur sichert die gleichmäßige Höhe der Latten. Bei größeren Entfernungen montiert man behelfsmäßig eine Latte in der Mitte. Alle Latten und Riegel werden geschraubt.

Abstandhalter sichern die Hinterlüftung der Reben, schonen die Hauswand und beugen der Verrottung des Holzes vor.

Pergola

Die Möglichkeiten einer Pergola zur Raumbildung im Garten werden zu wenig genutzt. Pergolen spenden Schatten und schaffen Wohnlichkeit im Garten. Nebenbei können köstliche Trauben geerntet werden.

Um sich in einer Pergola gut bewegen zu können und wohlzufühlen, sollte sie Zimmerhöhe besitzen. Außerdem bedenke man die herabhängenden Trauben. Die Unterkante der Balken muss also 2,40 m lichte Höhe betragen. Eine Sonderform bildet die Pergola mit kurzen Reitern.

Mehr noch als bei Spalieren ist beim Bau einer Pergola die Eigenwirkung zu beachten. Gewissenhaftes Arbeiten ist deshalb unerlässlich. Eine wohlbedachte Rebenbepflanzung erhöht den Reiz. Achtung: Ein Teil, etwa 20 %, sollte auch bei voller Bewachsung noch zu sehen sein. Wer handwerklich nicht so begabt ist, sollte daher mit seinen Vorstellungen einen Fach-

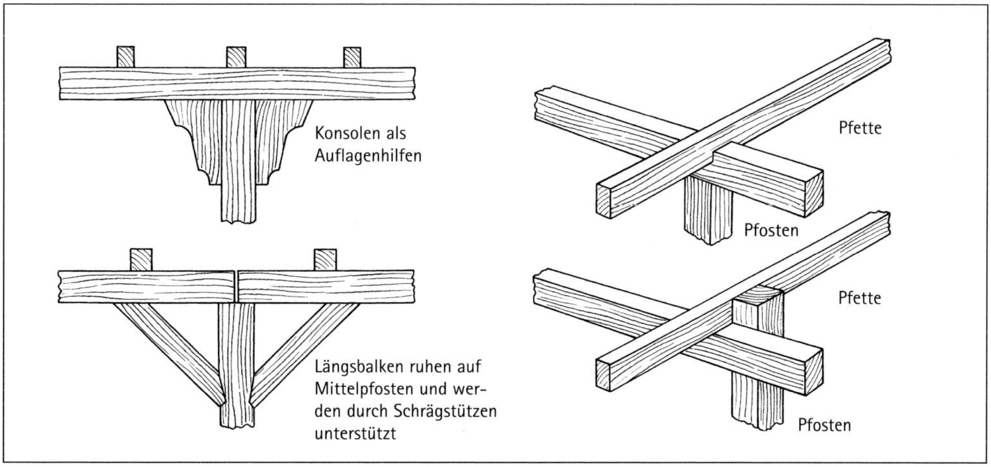

Verbindungsmöglichkeiten von Pfosten, Pfetten und Riegeln.

mann (Zimmermann, Bautischler) beauftragen. Das ist zwar teurer, aber sicherer.

Pergolen werden meist einseitig mit dem Haus verbunden. Ihre tragenden Pfosten (10 × 10 cm) stehen auf dem Erdreich auf einbetonierten Schuhen mit dem nötigen Bodenabstand (10 cm), um frühzeitiges Verrotten zu verhindern. Die Schuhe müssen verzinkt sein. Sie werden in Gartencentern und Baumärkten angeboten. Eine Pergola besteht aus den tragenden Pfosten, den darauf angebrachten Pfetten (Riegeln) und den Reitern. Die Mindestmaße der Reiter sollen 10 × 5 cm betragen und der Reiterabstand soll 50 bis 60 cm nicht übersteigen. Die hausseitige Pfette wird auf einer Konsole mit mindestens 20 cm Abstand zum Haus aufgeschraubt. Licht und Luft sind der beste Holz- und Bautenschutz. Angebrachte Stahlwinkel, mit starken Schrauben und Spreizdübeln befestigt, können die Konsole ersetzen. Pfosten und Pfetten werden mit Zapfenverbindungen zusammengehalten. Statisch am besten sind außen aufgebrachte und mit Holznägeln befestigte, das System stabilisierende Knaggen. Das Ganze lässt sich ebenfalls durch Abstandhalter (1 cm) vor Haftwasser schützen.

Anbringen von zwei Pfetten auf einem Pfosten.

Dem Aufbringen der Reiter auf die Pfetten muss besondere Aufmerksamkeit geschenkt werden. Die kritischen Stellen sind die Verbindungsstellen. Beim Eigenbau muss die etwa 1 cm dicke Imprägnierung verletzt werden, die deshalb vor dem Zusammenbau sorgfältig mit entsprechenden Mitteln auszubessern ist.

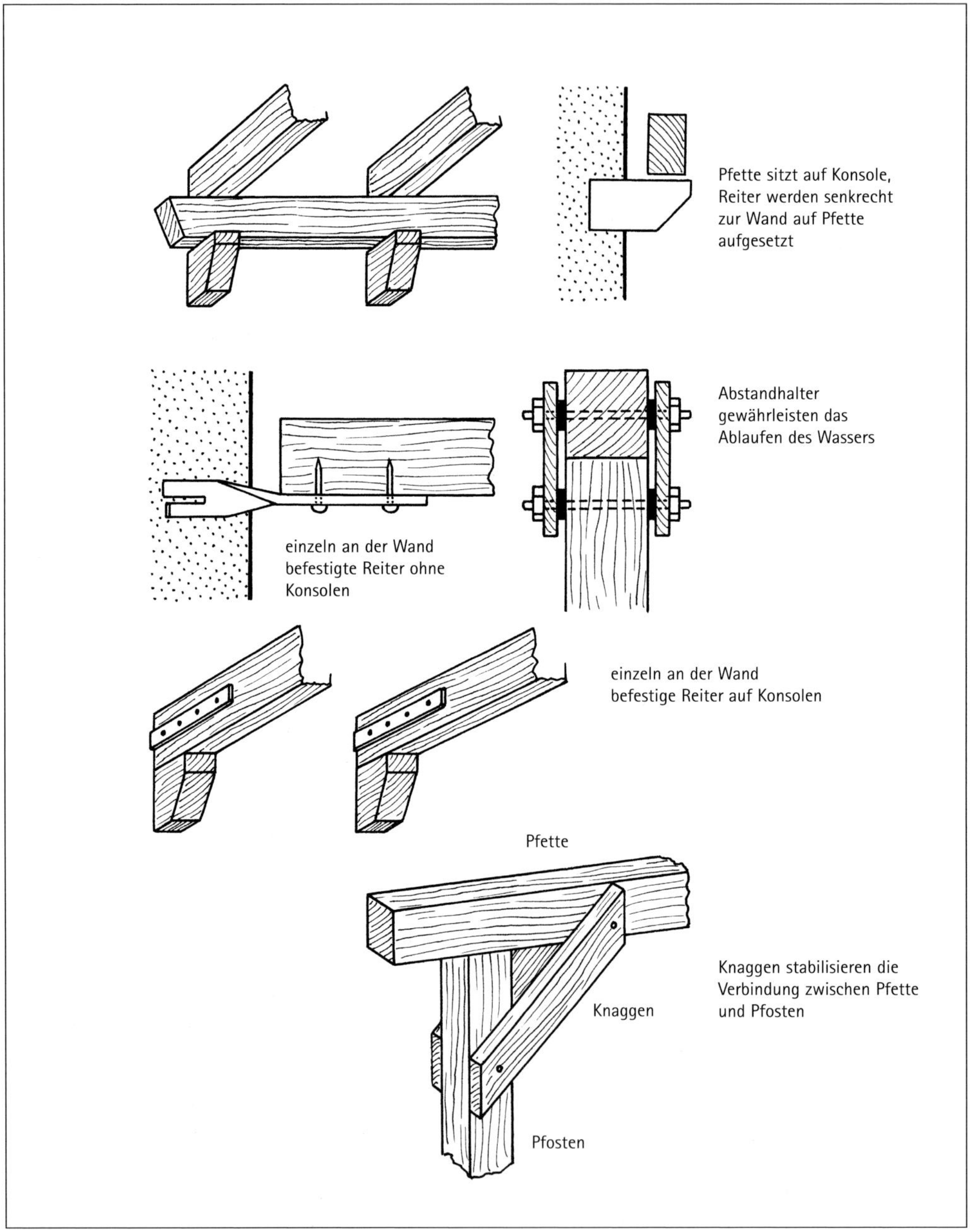

Konstruktionsdetails für den Hobby-Handwerker beim Bau einer Pergola.

Die Reiter werden mit langen Holzschrauben in vorgebohrten Löchern mit den Pfetten verbunden. Die Schrauben versenkt man soweit, dass Schraubloch und Schraube mit Kitt oder Silikonkautschuk verschlossen werden können. Vorteil des Eigenbaus ist, dass man sich den örtlichen Gegebenheiten weitgehend anpassen kann, was mit den im Baumarkt oder Gartencenter angebotenen Pergolen selten möglich ist.

Als Lösung bestimmter Gestaltungsaufgaben, etwa einer Terrasseneinrahmung, Treppenbegleitung o.Ä. bietet sich eine Pergola mit kurzen Reitern von 60 bis 100 cm Länge an. Es ist jedoch zu beachten, dass Reiter mit nur einer Auflage immer wackeln. Konstruktiv ist es deshalb besser, beidseitig des Pfostens je eine Pfette anzubringen. Bei Treppenbegleitung müssen die Reiter stets senkrecht aufgesetzt werden.

Der hausseitigen Anbringung einer Pergola ist besondere Sorgfalt zu widmen. Eingemauerte Konsolen wirken architektonisch am besten.

Laubengänge

Laubengänge bilden die Übergangsform vom freistehenden Spalier zur Pergola. Daher gelten dieselben Konstruktionsprinzipien. Am schönsten wirken Holzlatten, aber auch eine Bespannung mit Draht ist möglich.

Für die Breite eines Laubenganges gilt: Wegbreite + 1 m (Laubwanddicke im Sommer). Am einfachsten (wenn auch weniger dekorativ) ist die Bespannung mit Draht in vorgebohrte Löcher. Die Abstützung gegen die Zugkräfte darf keinesfalls vergessen werden – im Allgemeinen kommt nur Innenabstützung zur Anwendung. Eine Horizontallattung ist aufwendig, da die Holzlatten mit Maschinenschrauben angebracht werden müssen und das erfordert Vorarbeiten, wie Löcher bohren und Gewinde schneiden. Die Lattenabstände entsprechen denen beim Spalier.

Reben im Gewächshaus

Die Tafeltraubenkultur unter Glas hat in Belgien und Großbritannien eine lange Tradition. Im Barock gehörten Weinhäuser zur repräsentativen Ausstattung eines Gartens. Im Zeitalter der Mobilität besitzt die Glashauskultur keine Bedeutung mehr.

Nur in hohen geräumigen Gewächshäusern lohnt der Versuch, Trauben anzubauen. Kleine Hobby-Gewächshäuser sind ungeeignet.

Zur Befestigung der Reben sind an die Gewächshauskonstruktion mit Bohrungen versehene Flacheisen anzuschweißen, die mindestens 30 cm lang sein müssen. In die Bohrungen wird der Spanndraht eingefädelt. Formierung und Erziehung erfolgen wie bei der Pergola.

Für den Liebhaber steht damit natürlich eine Möglichkeit zur Verfügung, frostempfindliche Sorten, wie 'Perlette', 'Sultanina' oder 'Kyoho', zu pflegen.

Reben im Kübel

Wer trotz geringen Platzangebotes nicht auf Reben verzichten möchte, kann sie im Kübel auf Balkon und Terrasse ziehen. In diesem Fall lohnen sich jedoch nur Tafeltrauben. Die Überwinterung erfolgt wie bei allen Kübelpflanzen in einem kühlen nicht unbedingt ständig frostfreien und dunklen Raum. Durchfrieren der Kübel bedeutet allerdings Vertrocknen. Gelegentlich benötigt die Rebe auch während der Überwinte-

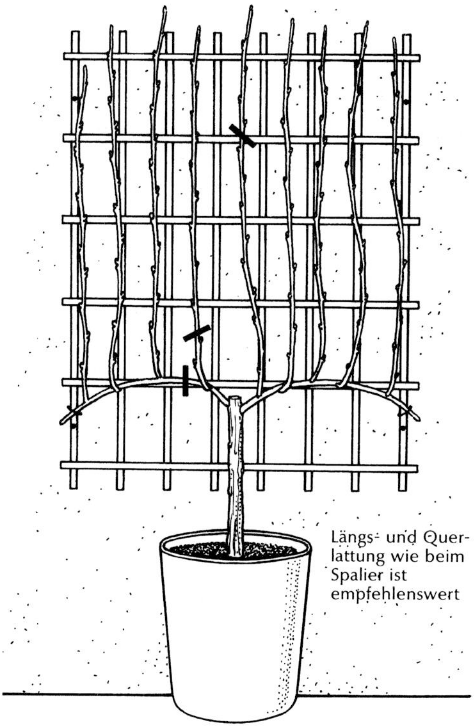

Kübelrebe am festen Rankgitter auf dem Balkon.

rung etwas Wasser. Ausgeräumt wird so früh als möglich, meist Anfang März. Ansonsten halte man sich bei der Unterbringung und Pflege an die Grundsätze für die weniger empfindlichen Kübelpflanzen, wie Ölbaum, Feige, Lorbeer, Granatapfel, Oleander. Droht eine Frostperiode von unter –10 °C, muss halt noch einmal eingeräumt werden. Das ist besser, als eine zu lange Überwinterung, womöglich noch in einem zu warmen Großstadtkeller.

Wichtig sind genügend große Kübel von 40 bis 50 cm Durchmesser, regelmäßige Bewässerung und Düngung bei kräftigem Boden. Der Rebenkübel wird im Spätherbst, erst wenn Fröste unter –10 °C drohen, eingeräumt. Vor dem Einräumen sollten die Reben jedoch geschnitten werden, um Platz zu sparen.

Als Erziehung kommen nur kleinrahmige Formen in Frage. Während des Sommers wird die Rebe an ein fest installiertes Spalier geheftet. Bei freistehenden Kübeln ist auch die Einzelpfahlunterstützung möglich. Formierung, Erziehung und Pflege unterscheiden sich nicht von denen der Weinbergsreben.

Kübelreben werden vor der Überwinterung geschnitten.

Formierung und Pflege ab dem zweiten Standjahr

Bereits vor der Pflanzung wurde mit den Pflanzabständen, der geplanten Unterstützung und Erziehungsart eine gewisse Vorarbeit geleistet. Im zweiten Standjahr beginnt die richtige Erziehung und Formierung.

Die eigentliche Erziehung umfasst den Zeitraum, den die Rebe benötigt, um den ihr zugedachten Standraum auszufüllen. Das kann bei der mittelhohen Erziehung im günstigsten Fall drei Jahre, bei Reben am Wandspalier oder an einer Pergola zehn Jahre dauern.

Da Reben sich am natürlichen Standort mit Ranken festhalten, benötigen sie in Kultur der Wüchsigkeit entsprechende Unterstützungen. Für ein ausgewogenes Verhältnis zwischen Wachstum und Ertrag ist der fachgerechte Schnitt Grundvoraussetzung.

Zum Verständnis der Zusammenhänge sind einige Kenntnisse über den Bau und die Entwicklung des Rebstocks nötig. Die Reben besitzen, wie alle Gehölze in gemäßigten Breiten, einen ausgeprägten Wachstumsrhythmus. Beim Rebschnitt muss man einige Gesetzmäßigkeiten beachten wie die Gesetze der Triebförderung und der Schnittwirkung. Außerdem beeinflussen folgende Sachverhalte das Wann und Wie beim Schnitt:

- Alter des Rebstocks,
- Bodenverhältnisse,
- Ertrag des Vorjahres,
- Holzreife,
- mögliche Frostschäden an Augen und Holz,
- Krankheits- und Schädlingsbefall des Vorjahres.

Die Laubarbeiten – Ausbrechen, Durchstecken, Heften, Vorentspitzen und Gipfeln – unterstützen den Rebschnitt und beeinflussen die Qualität der Trauben erheblich. Geize werden im modernen Weinbau nicht mehr entfernt.

Bau des Rebstocks

Wurzel

Wurzeln sind der unterirdische Teil des Rebstocks (dazu gehört auch die durch die Veredlung entstandene Wurzelstange). Sie haben drei Aufgaben:

- Verankerung im Boden,
- Wasser- und Nährstoffaufnahme,
- Speicherung der Reservestoffe.

Bei der vegetativen Vermehrung entstehen so genannte Adventivwurzeln.

Pfropfreben besitzen eine 30 bis 35 cm lange Wurzelstange, an der die Wurzeln entspringen. Nach der Funktion ist hier zu differenzieren zwischen:

- der Wurzelspitze mit dem Bildungsgewebe für das Wurzelwachstum,
- den Wurzelhaaren, die die in Wasser gelösten Nährstoffe aufnehmen,
- der Verholzungszone bis zum oberirdischen Stamm.

Spross

Der einjährige Spross trägt Blätter, Ranken und Gescheine. Ranken und Gescheine sind gleichen Ursprungs, daher gibt es verschiedene Übergangsformen. In den Blattachseln sitzen die Augen (Knospen) und in

Knospe.

Austrieb.

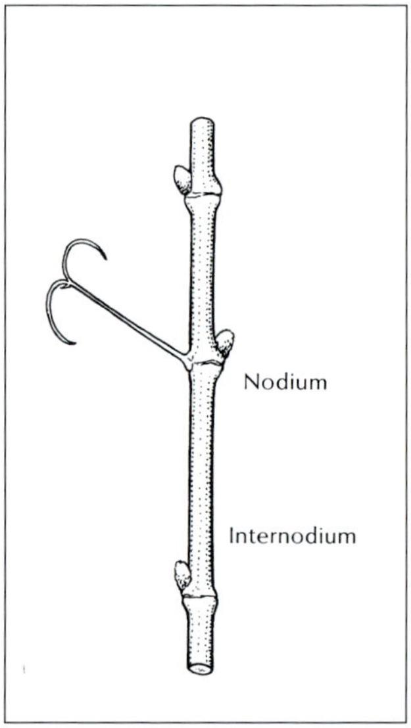

Gliederung eines Sprosses in Nodium und Internodium.

Übergang vom Geschein zur Ranke.

jevder Blattachsel entwickeln sich aus den Sommeraugen in unregelmäßiger aber rhythmischer Folge unterschiedlich lange Geize.

Der Abschnitt mit dem Blatt, dem Auge und der Ranke (oder Geschein) wird Nodium, das Zwischenstück zwischen zwei Augen Internodium genannt. Zwei rankentragenden Nodien folgt ein rankenloses Nodium. Diese Gliederung behält die Rebe stets bei.

Der Spross besteht aus Rinde, Holz und Mark; am Nodium verläuft das Diaphragma durch das Holz und durch den Spross.

Die Gescheine (Blütenstände) werden im Vorjahr angelegt und sind im ruhenden Winterauge mikroskopisch erkennbar. Meistens werden zwei Gescheine angelegt. Das Auge besteht aus braunen Knospenschuppen, der Wolle und dem vorgebildeten kleinen Spross. Es setzt sich aus dem Haupt- und zwei Nebenaugen (Beiaugen) zusammen. Nach Winter- oder Spätfrösten sichern die austreibenden Beiaugen eine kleine Ernte. Es gibt Sorten mit hoher Beiaugenfruchtbarkeit ('Müller-Thurgau') und solche mit geringer ('Gutedel', 'Traminer').

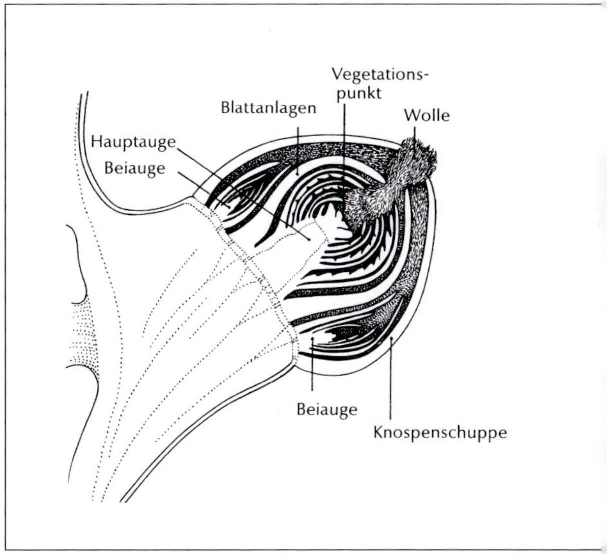

Schnitt durch ein Auge.

Blüte im Juni.

Blüten, Beeren, Samen

Die Blüten der Reben sind unscheinbar, grün bis gelbgrün und sitzen auf kurzen Stielen mit Knöpfchen. Die Traube, die botanisch eigentlich eine Rispe ist, setzt sich aus Hunderten von Einzelblüten zusammen. An warmen Abenden verströmen sie einen angenehmen *Reseda*-Duft.

Die Blüte besteht aus je fünf Kelch-, Blüten- und Staubblättern und einem Fruchtblatt (Stempel). Beim Erblühen wirft die Rebe die Blütenblätter im Ganzen als Käppchen ab.

Bei kühlem, regnerischem Wetter verkleben die Käppchen. Manche Sorten verblühen schon, wenn die Käppchen nur angehoben werden. Sie sind daher besonders rieselfest (z.B. 'Müller-Thurgau', 'Blauer Trollinger', 'Blauer Portugieser'). Andere Sorten müssen das Käppchen abwerfen und sind daher rieselempfindlich ('Weißer Riesling', 'Roter Traminer'). Die normale Rieselrate (Zahl nichtbefruchteter Blüten) liegt bei 50 bis 60 %; erst darüber ist sie ertragsmindernd. Der Winzer sagt dann: „Die Sorte ist verrieselt." Kultursorten sind selbstfruchtbar. Der Blütenstaub „rieselt" durch das Geschein und fällt auf die Narben.

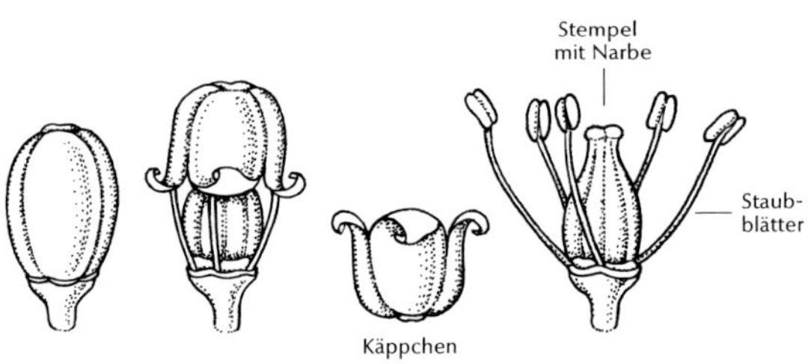

Verschiedene Entwicklungsstadien der Blüte.

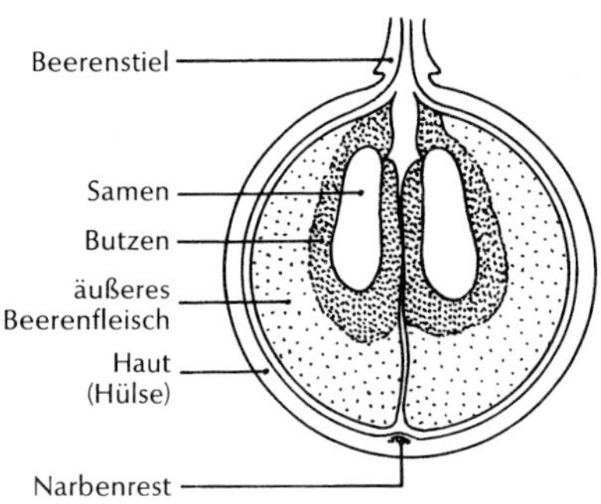

Längsschnitt durch eine Beere.

Die nach der Befruchtung entstehende Beere enthält zwei bis vier Kerne. Viele Kerne bedeuten große Beeren. Ohne Samenbildung kommt es zu keiner Beerenbildung. Jungfernfrüchtigkeit mit Samenrudimenten bedeutet kleine Beeren. Bei samenlosen Sorten hat man züchterisch die Eigenschaft genutzt, dass mitunter nur das Einwachsen des Pollenschlauchs in den Stempel ohne Befruchtung zu den gewünschten samenlosen Beeren (in Wirklichkeit Samenreste) führt.

Wenige oder keine Samen sind bei Tafeltrauben erwünscht, bei Keltertrauben unerwünscht. Jungfernfrüchtigkeit bei Keltersorten vermindert den Ertrag und erhöht die Qualität. Die 'Huxelrebe' neigt zur Jungfernfrüchtigkeit und ist daher für Auslesen oder noch höhere Prädikate besonders geeignet.

Bei guter Befruchtung kann es bei Tafeltrauben nötig werden, vor Beginn der Reife die Trauben auszudünnen, zu pinzieren. Bei Keltertrauben entfernt man dann zumeist die obere Traube am Trieb.

Den Blütenstand der Rebe nennt der Winzer Geschein; erst nach der Blüte Traube.

Wachstumsrhythmus

Der Winzer muss den Wachstumsrhythmus der Reben genau kennen, denn nur dann ist er in der Lage, die vielen Pflegearbeiten zum optimalen Zeitpunkt durchzuführen. Zum richtigen Zeitpunkt ausgeführt, unterstützen sie das Wachstum.

Durch den Schnitt, das Biegen und die Laubarbeiten ergeben sich bestimmte Wachstumsmuster. Allgemein wird der Wachstumsrhythmus in verschiedene Phasen gegliedert. Die Zeitintervalle differieren in Abhängigkeit vom Breitengrad und

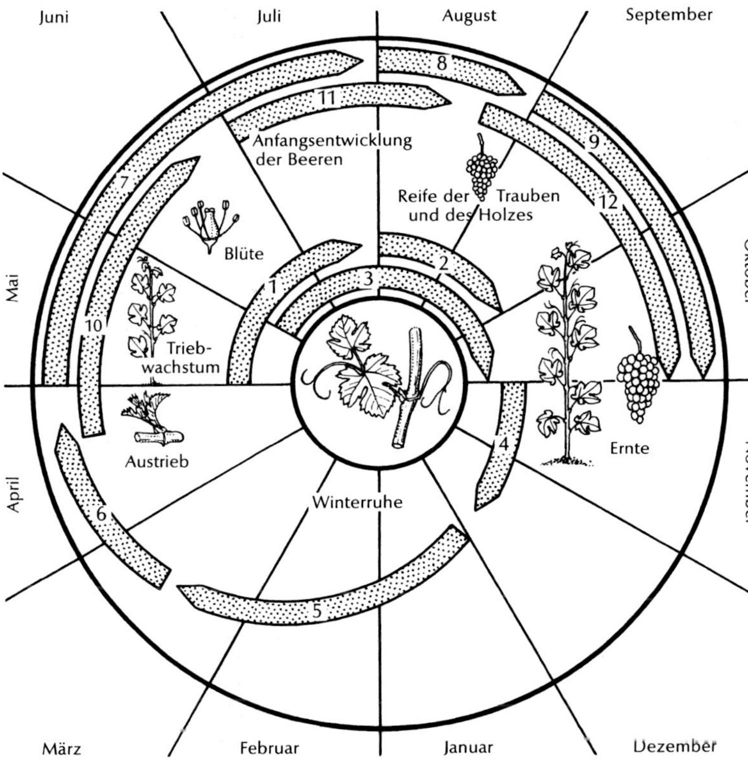

Vegetative Entwicklung:

1 Bildung der Winterknospen, Hemmung des Austriebs

2 Aufhebung der Austriebsbereitschaft durch abnehmende Tageslänge

4 Wiederherstellung der Austriebsbereitschaft durch niedrige Temperaturen

5 Hemmung des Austriebs durch niedrige Temperaturen

6 Auflaufen der zum Austrieb erforderlichen Temperatursumme

7 Triebwachstum

8 Beendigung des Triebwachstums

9 Reservestoffeinlagerung, Holzreife

Generative Entwicklung:

3 Bildung der Blütenanlagen

10 Entwicklung der Blüten

11 Anfangsentwicklung, Anstieg der Säurekonzentration

12 Reifephase, Anstieg der Zuckerkonzentration, Abbau der Säure

Vegetationszyklus der Rebe (nach VOGT und GÖTZ 1979).

Pergola mit reifenden Trauben.

der Jahreswitterung. Kürzere Vegetationszeit und längere Sommertage haben folgende Wirkungen:

- Mobilisierung der Reservestoffe von Mitte Januar bis Ende Februar,
- bis Ende April äußerlich nicht erkennbare, sich fortsetzende Differenzierung von Trieb, Geschein- und Blütenzahl in der Knospe,
- unter Langtagbedingungen beginnt Ende April die Wachstumsphase und endet Mitte Oktober,
- während des intensiven Wachstums vollzieht sich die Fruchtbildung von der Blüte bis zu Beginn der Reife von Mitte Juni bis Ende August,
- Traubenwachstum und Reservestoffeinlagerung beginnen und das Triebwachstum verringert sich von Mitte Juli bis Ende August,
- mit Ende des Triebwachstums verliert die Knospe die Fähigkeit auszutreiben; sie befindet sich im November/Dezember in der endogenen Winterruhe,
- sortenspezifisch befindet sich die Rebe ab Ende Dezember in der erzwungenen Nachruhe; Reservestoffe werden aus der Wurzel in den Trieb verlagert und die Rebe ist, in Abhängigkeit von der Temperatur, bereit auszutreiben.

Einfluss der Erziehung und des Rebschnitts auf das Triebwachstum

Gesetze der Schnittwirkung

- Schneidet man einen Trieb oder den Stock stark zurück, so treiben die wenigen Augen stark.
  Anwendung: Pflanzschnitt, Verjüngungsschnitt.
- Schneidet man einen Trieb oder Stock schwach zurück, so treiben die vielen Augen schwach.
  Anwendung: Pergola, Spalier.
- Wird an einem Stock das 1. und 2. Schnittförderungsgesetz kombiniert, so kehrt sich die Schnittwirkung um. Der Neuwuchs der stark geschnittenen Triebe erfährt eine Schwächung und der der schwach geschnittenen Triebe eine Förderung.
  Anwendung: Im Ertragsalter bei der mittelhohen Erziehung mit Zapfen und Bogen.

Gesetze der Triebförderung

- Steht der Trieb (Tragholz) senkrecht, kommt es zur **Spitzenförderung**, d.h., die oberen Augen treiben am stärksten. Zur Basis hin nimmt die Trieblänge ab.

Frühling.
Herbst.

Sommer.
Winter.

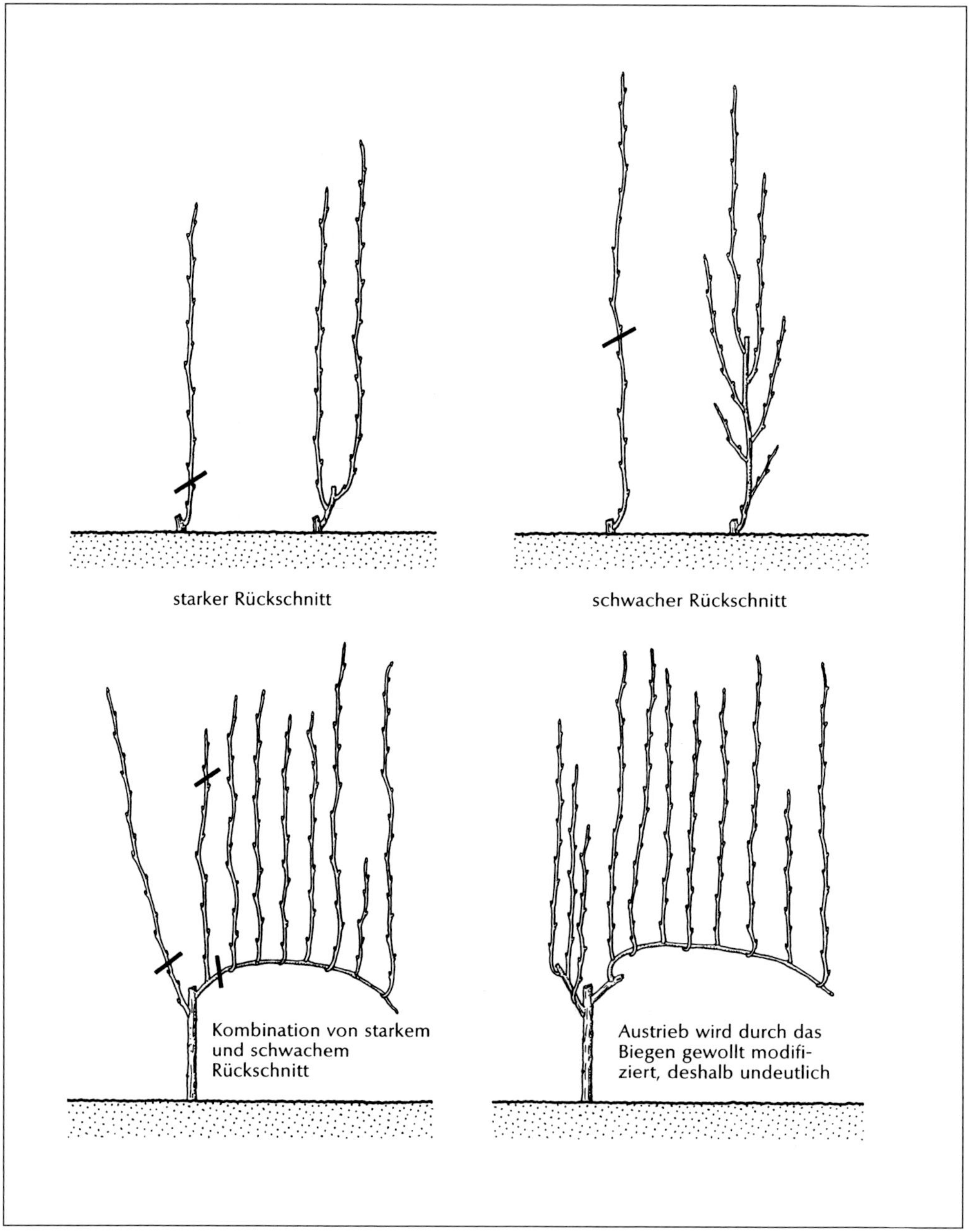

Gesetze der Schnittwirkung.

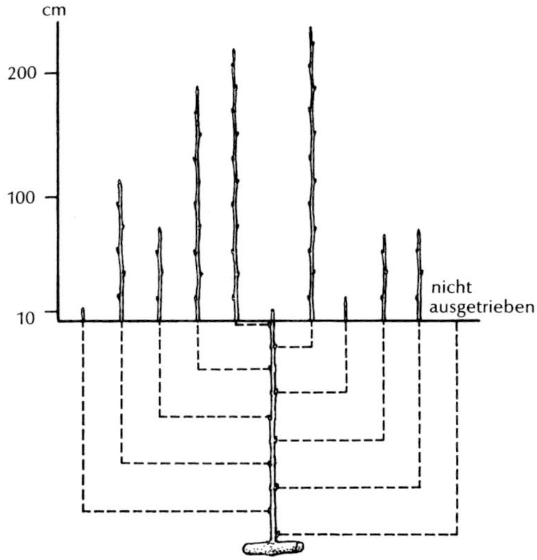

1. Senkrechte Stellung der Ruten (nach Huglin 1958) – schematisch.

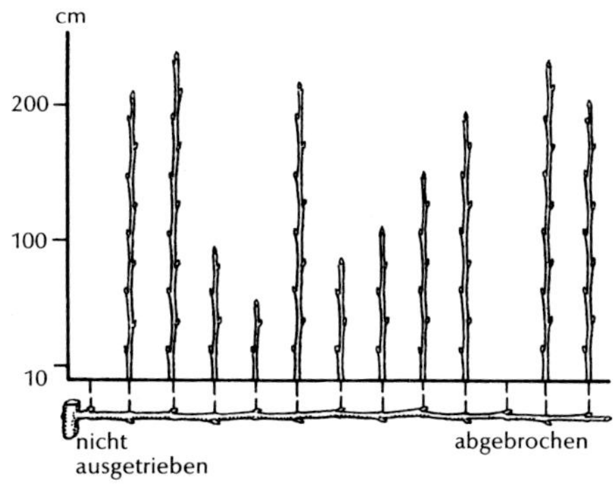

2. Waagerechte Stellung der Ruten (nach Huglin 1958) – schematisch.

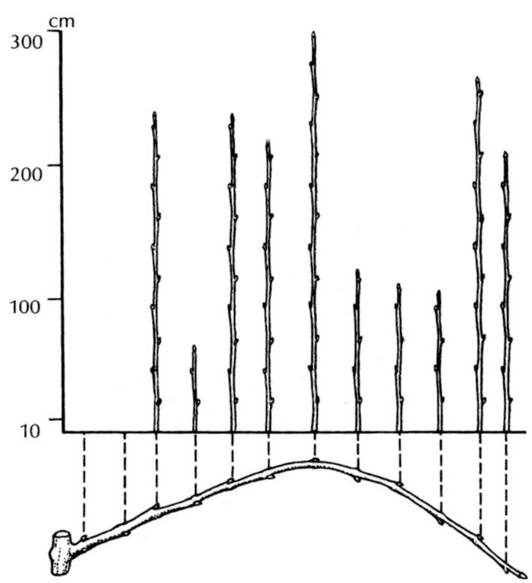

3. Bogenförmige Stellung der Ruten (nach Huglin 1958) – schematisch.

Gesetze der Triebförderung.

- Bei waagerechter Befestigung der Triebe an der Unterstützung wachsen die Triebe der Oberseitenaugen stärker.
  Bei der Flachbogenerziehung oder der Pergola ist die **Oberseitenförderung** erwünscht.
- Wenn die Triebe als Bogen gebunden werden, erreicht man eine **Scheitelpunktförderung**. An der Basis und am Ende der Bogrebe ist das Wachstum gemindert.
- Wird der Bogen mit seinem Ende unter das Niveau der Basis gebogen, wachsen die Triebe an der Basis am stärksten. Die **Basisförderung** wirkt besonders beim Hangabwärtsbiegen und verhindert das Überbauen des Rebstocks.

In der Natur ist das 1. Gesetz am deutlichsten zu beobachten. Das 2. bis 4. Triebförderungsgesetz kommt meist in Kombination vor, wobei dann ein Gesetz überwiegt.

Gesetze der Schnittwirkung müssen beim Rebschnitt, Gesetze der Triebförderung beim Biegen beachtet werden.

Wechselseitige Hemmung zwischen den Rebaugen

In jeder Blattachsel sind zwei Augen (Knospen) ausgebildet: die Sommer- und die Winterknospe.

Die Sommerknospe treibt im Vegetationsjahr zum Geiztrieb aus. Die Winterknospe treibt erst im nächsten Frühjahr aus.

Senkrecht stehende Triebe und rasches Wachstum unterdrücken das Wachstum der Geiztriebe. Die ersten, unteren Internodien sind sehr kurz. In einer Dreierfolge wachsen ein langes und zwei kurze Internodien. Die Nodien der kurzen Internodien tragen entweder Trauben oder Ranken. Diese Folge kehrt immer wieder.

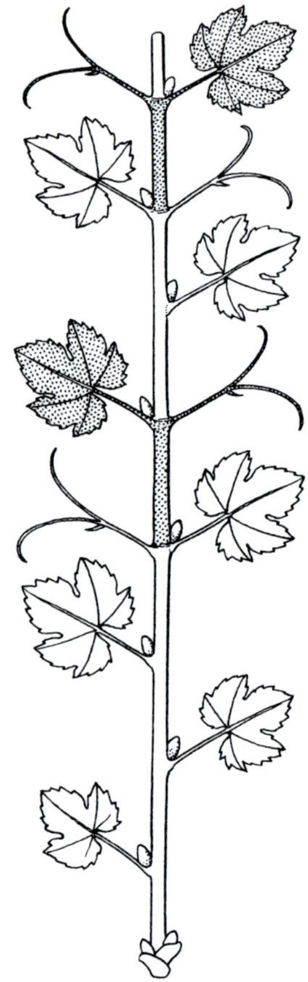

Rebenspross (schematisch) mit typischer Dreierteilung.

Bei Verminderung des Gesamtwachstums verringert sich zunächst das der Geize. Entfernt man die Triebspitze, wird die Hemmung des Geiztriebwachstums aufgehoben. Nach kurzer Zeit übernimmt der obere Geiz die Funktion der Triebspitze, was man beim Vorentspitzen nutzt. Bis sich ein Geiz als Triebspitze formiert hat, vergehen zwei bis drei Wochen. Dieser Zeitgewinn wirkt der Laubwanderhöhung entgegen. Die Austriebshemmung der Winteraugen wird dadurch trotzdem nicht aufgehoben. Der Rebschnitt muss vor dem Schwellen der Augen erfolgen – der Winzer sagt: „Die Augen gehen in die Wolle." Dadurch wird die Differenzierung der Augen unterstützt.

Der Rebschnitt muss bis Ende März erfolgt sein.

Rebschnitt und Stockarbeiten

Vom Schnitt als kulturtechnisch wichtigste Arbeit am Rebstock bzw. von der Schnittqualität hängt der Ertrag ganz wesentlich ab, aber auch der Umfang der notwendigen Folgearbeiten am Stock, wie Stamm putzen oder Ausbrechen, wird durch den Schnitt beeinflusst. Die günstigste Zeit sind die Monate Februar und März. Es sollte möglichst vor dem Bluten geschnitten werden.

Der einjährige Trieb wird 1 bis 2 cm über dem Auge gerade abgeschnitten. Ranken und Geize werden entfernt. Sie sind beim Biegen und Binden hinderlich. Beim mehrjährigen Holz wird ebenso verfahren. Der stehen bleibende Stummel ist nötig, um ein Rücktrocknen in das benötigte Holz zu vermeiden, da die Rebe nicht wie andere Obstgehölze mit dem Bindegewebe die Schnittstelle überwallt. Jahrestriebe aus dem alten Holz müssen glatt abgeschnitten werden, weil sonst aus den so genannten „schlafenden Augen" unerwünschte Triebe wachsen.

Häufig wird von Laien aus Unkenntnis zu „vorsichtig" geschnitten – die dabei entstehenden Reben sehen nicht nur unschön aus. Unsachgemäßer Rebschnitt erhöht den Aufwand an Laubarbeiten und bietet Schädlingen Unterschlupf.

Schere, Säge, Bindematerial

Das klassische Schnittwerkzeug ist seit der Antike das bogenförmige Rebmesser. Im 20. Jahrhundert hat sich die Rebschere durchgesetzt. Scharfe Klingen und schmale Backen sind die wichtigsten Voraussetzungen für kraftarmes Schneiden und behinderungsfreies Putzen. Die Scheren sind heute der Handgröße angepasst sowie für Rechts- und Linkshänder erhältlich. Die ergonomisch gestalteten Griffe ermöglichen langfristig beschwerdefreies Arbeiten. Rollgriffe ergeben etwa 30 % Kraftersparnis, genauso wie Scheren mit Ratschentrieb.

Eine Schere ist nur für Stockteile bis 25 mm Durchmesser geeignet. Deshalb geht es auch beim Rebschnitt nicht ohne Säge. Am besten eignen sich Klappstichsägen.

Bindfaden ist als Bindematerial recht zeitaufwendig, ähnlich sind dünne Drähte zu beurteilen. Die Industrie bietet jedoch viele Modelle von Plastikbindern an, die vor allem wegen ihrer Langlebigkeit für Stammbindungen geeignet sind. Auch dünner elastischer Gummibindeschlauch befindet sich im Angebot. 50 mm breites, reißbares Plastikband eignet sich ebenfalls sehr gut. Für die Bogenbindungen sind dünne ölpapiergetränkte, zugeschnittene Eisendrähte vorzüglich geeignet. Sie sind bereits im Folgejahr weitgehend verrottet.

Die Industrie bietet außerdem eine Reihe von Heftzangen an. Am vorteilhaftesten sind solche Modelle, die auch für die Laubarbeiten einsetzbar sind. Heftzangen mit Drahtverrödlung binden den Bogen fester an den Biegedraht.

Formierung

Erstes Standjahr

Im Pflanzjahr und in den beiden folgenden Jahren gleicht sich die Erziehung weitgehend. Der Rebstock wird entsprechend der gewählten Erziehungsart formiert. Ist der Zuwachs des Pflanzjahres unter Bleistiftstärke und geringer als 1,50 m Länge, wird die Rebe nochmals auf ein bis zwei Augen zurückgeschnitten und dann erneut wie im Pflanzjahr behandelt.

Die gewünschte Stammhöhe wird immer auf einmal angeschnitten. Eine Ausnahme gilt: Bei der Pergola wird die Stammhöhe von 2,40 m in zwei bis drei Etappen aufgebaut. Die gewünschte Stammhöhe wird immer einige Zentimeter unter dem Biegedraht angeschnitten. Schräg vom Auge weg schneidet man nur, wenn die Rebe schon blutet.

Der Trieb wird sauber geputzt und mehrfach fest am Pflanzpfahl angebunden, denn der Stamm kann zumindest in den ersten Jahren den Rebstock nicht tragen. Der Pfahl bleibt die gesamte Umtriebszeit am Rebstock. Stammhöhen von 0,60 bis 1,00 m sind üblich. Wer eine Pergola begrünen will, sollte den Stamm in halber Höhe, also bei etwa 1,20 m anschneiden. Die Endhöhe wird ein Jahr später erreicht. Die Stammhöhen bei Spalieren sind variabel, man sollte jedoch versuchen, den Stamm immer auf einmal anzuschneiden. Soll durch das Spalier ein Sichtschutz im Garten erreicht werden, können auch geringere Stammhöhen gewählt werden.

Der Stamm wird stets auf einmal angeschnitten. Eine Ausnahme bildet die Pergola, die in zwei bis drei Schritten die Stammhöhe von 2,40 m erreicht.

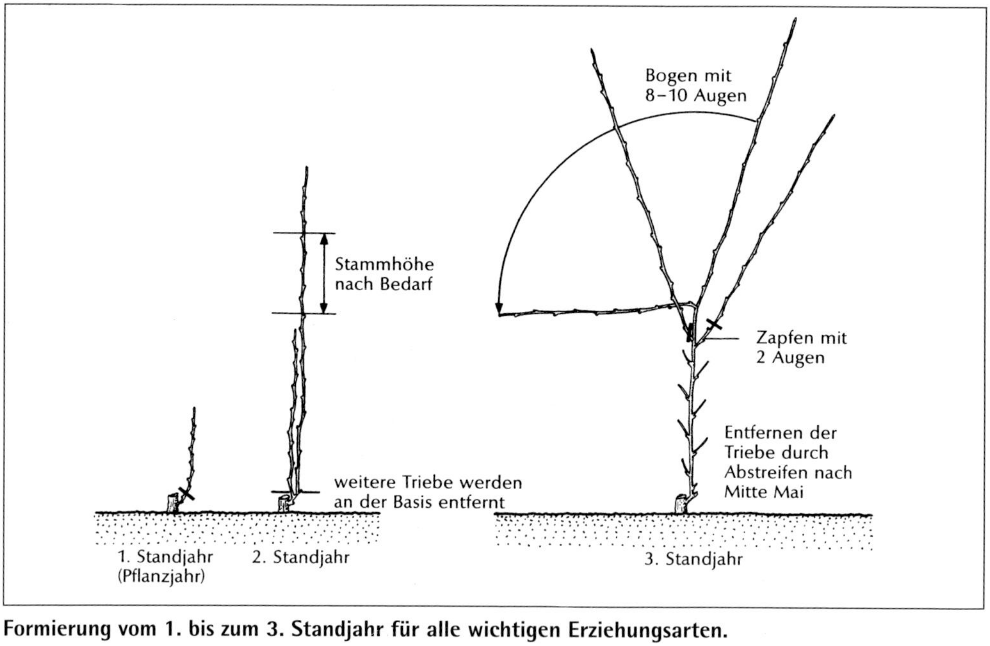

Formierung vom 1. bis zum 3. Standjahr für alle wichtigen Erziehungsarten.

Zweites Standjahr

Mitte Mai, nach den Eisheiligen, die Triebe sind meist schon 5 cm lang, streift man alle Triebe bis auf die obersten drei ab, damit die verbliebenen stark genug werden. Sie werden senkrecht bis fächerförmig angebunden. Zwei Triebe benötigt man im dritten Jahr zum Anschnitt. Der dritte, unterste Trieb dient als Reserve.

Im zweiten Standjahr muss außerdem die Unterstützung gebaut werden.

Drittes Standjahr

Im dritten Standjahr wird ein Bogen mit acht bis zehn Augen und ein Zapfen mit zwei Augen angeschnitten. Der dritte Trieb wird vollständig entfernt. Der Zapfen steht immer unter und neben dem Bogen.

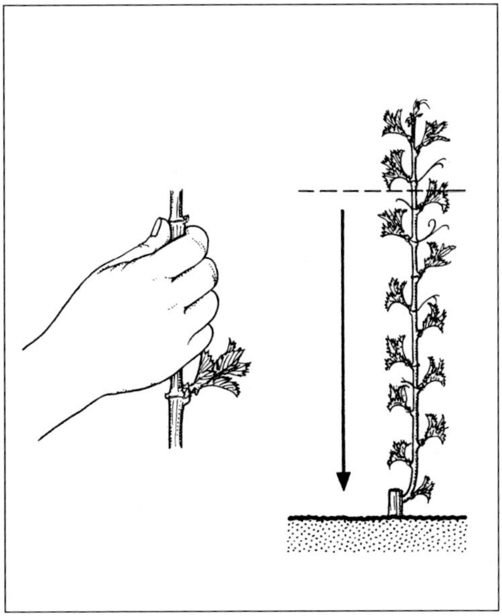

Abstreifen der überflüssigen Triebe.

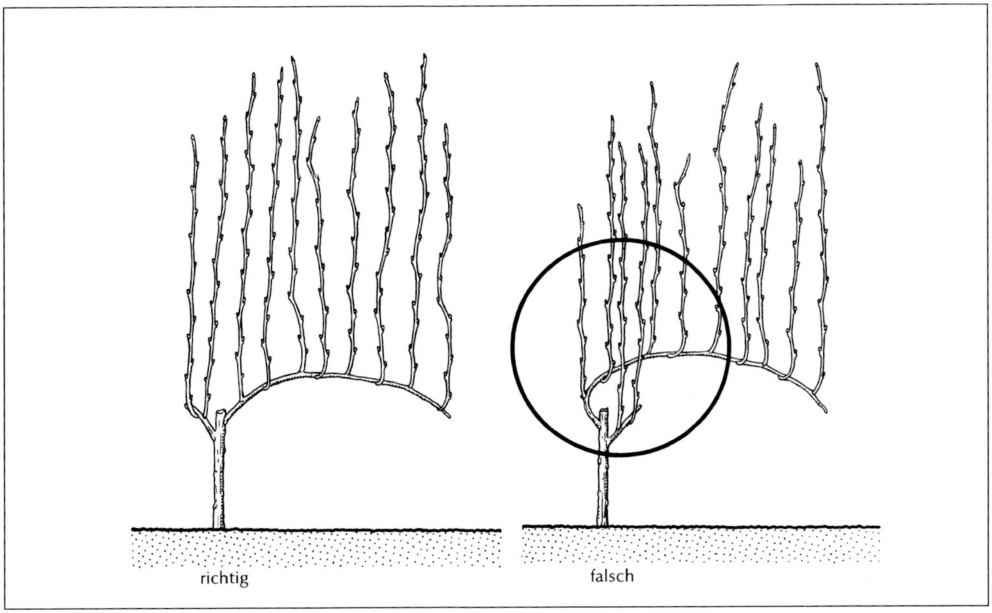

Der Zapfen steht immer unter und neben der Bogrebe am Stamm.

Wenn aus dem Bogen ein Hauptast eines Kordons werden soll, muss dieser flach auf den Draht gebunden werden. Entsprechend der weiteren Formierung ist bei allen Laubarbeiten darauf zu achten, die Triebe für den künftigen Stockaufbau rechtzeitig zu ordnen.

Vor einer Überlastung im dritten Standjahr muss gewarnt werden, denn das Wurzelsystem entspricht noch nicht der Ertragsbelastung. Besser ist es, die empfohlene Augenzahl bis zu einem Drittel zu unterschreiten.

Rebschnitt im Weinberg während des Ertragsalters

Die Formierung für den Weinberg ist im dritten Standjahr bei Standweiten von 1,00 bis 1,20 m Stockentfernung und bis 1,40 m Reihenentfernung abgeschlossen. Bei größeren Reihenentfernungen bis 2,00 m benötigt man ein Jahr mehr, weil zwei Bogen angeschnitten werden müssen. Halb- und Rundbogen haben sich am besten bewährt, denn damit können pro laufendem Meter mehr Augen untergebracht werden.

Am Hang wird der Bogen immer hangabwärts gebogen. Schwach entwickelte Stöcke benötigen ein Jahr mehr zum Stockaufbau.

In der Weinbaupraxis haben sich Erfahrungswerte herausgebildet, die ein harmonisches Blatt-Frucht-Güteverhältnis sichern. So sollen Sorten mit hohem Ertragspotential sechs bis acht Augen pro Quadratmeter, Sorten mit niedrigem Ertragspotential acht bis zehn Augen pro Quadratmeter erhalten.

Rebschnitt an Spalieren

Die Schritte bei der Formierung unterscheiden sich bei freistehenden und wandbekleidenden Spalieren wenig. Reben an Wandspalieren benötigen allerdings eventuell einige Jahre mehr, um die Wand auszufüllen.

Bei freistehenden Spalieren ist die mittelhohe Erziehung zu empfehlen, an höheren Wänden werden mehretagige, waage-

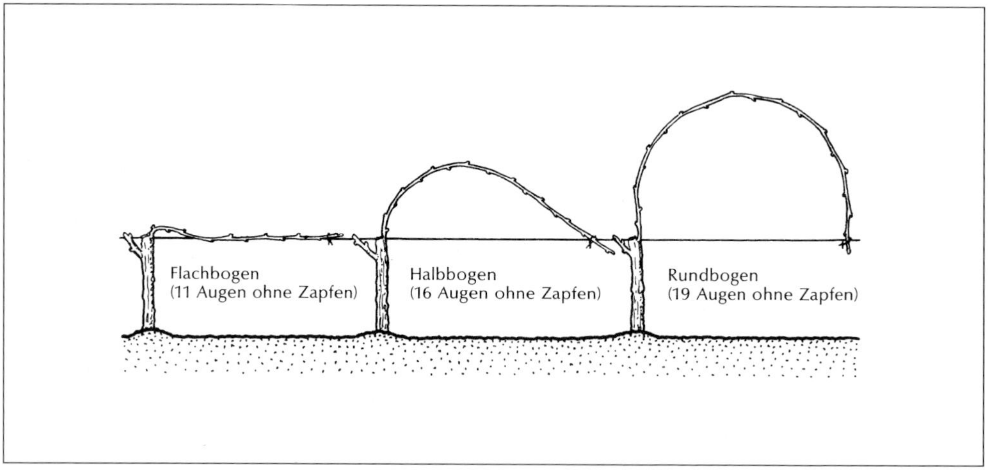

Mittelhohe Erziehung mit Flach-, Halb- und Rundbogen (schematisch).

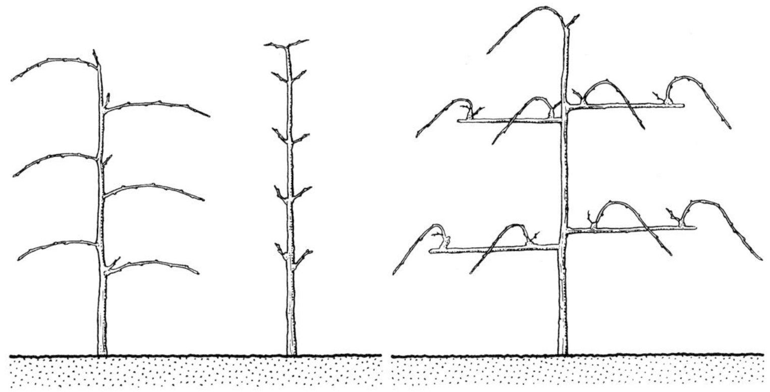

Senkrechter Kordon
mit Zapfen und Bogen
(Stockentfernung 1,5 m)

Senkrechter Kordon
mit Zapfen
(Stockentfernung 0,8–1,0 m)

Waagerechter Kordon
mit drei Etagen mit Zapfen
und Strecker-Bogen
(Stockentfernung ab 2,5 m)

Kordonformen.

rechte oder senkrechte Kordons formiert. Wer besonders exakte Kordons liebt, muss beim Schnitt darauf achten, nur Oberseitentriebe anzuschneiden.

Entsprechend der Flächengröße und den gewählten Stockabständen eignen sich entweder senkrechte Kordons mit kurzen Seitenarmen, auf denen Bogen und Zapfen angeschnitten, oder waagerechte Kordons mit langen Seitenarmen, auf denen mehrere Zapfen und Bogen untergebracht werden können. Beide Formen lassen sich ein- und mehretagig bilden. Spaliere können zwar allgemein sehr unterschiedlich gestalten werden, doch die gleichmäßige Verteilung von Bogen und Zapfen ist sehr wichtig, um im Sommer eine luftdurchlässige Laubwand zu erreichen.

Eine Sonderform stellt der U-förmige Kordon dar. Dazu werden am Stamm zwei gleich starke Triebe zunächst waagerecht gebunden. Der Schnabeltrieb wird im folgenden Jahr senkrecht formiert. Der Abstand zwischen den Etagen beträgt 1,00 bis 1,20 m. Triebe, die nicht zur weiteren Formierung benötigt werden, müssen acht bis zehn Blätter über der letzten Traube entspitzt werden. Unter Fenstern sind keine Zapfen und Bogen anzuschneiden, da man sonst während des Sommers unter Umständen nicht mehr aus dem Fenster schauen kann.

Ein Zapfen nahe dem Bogen erleichtert künftige Formierungsarbeiten und die Verjüngung. Der Trieb des äußersten Auges am Bogen kann im Folgejahr zur Etagenverlängerung dienen. Dieses Prinzip muss bis zum fertigen Kordon beibehalten werden.

In strengen Wintern kann es mitunter durch Zurückfrieren zum Absterben ganzer Kordonteile kommen. Der strenge Kordon wird dann allmählich zu einer freien Form. Der Hobby-Winzer ist deshalb gut beraten, Bodentriebe als Frostzapfen zu belassen oder einen weiteren Stamm aufzubauen und somit die Verjüngung einzuleiten. Solche Reservezapfen sind bei schlecht aus dem alten Holz regenerierenden Sorten, wie 'Portugieser', sogar ein Muss. Die Formierung mehrstämmiger Kordons ist ebenso möglich. Viel altes Holz fördert allgemein die Winterfrostfestigkeit und die Fruchtbarkeit.

Für mehretagige Kordons sind nur stark wachsende Unterlagen-Edelsorten-Kombinationen geeignet. Ungeeignet sind auch frostempfindliche Sorten. Bei schwach wachsenden Sorten empfehlen sich dichtere Pflanzung mit kleinrahmiger Erziehung.

Rebschnitt bei Pergolen

Pergolen müssen die Durchgangshöhe eines Zimmers (2,40 m) aufweisen. Nach dieser Höhe richten sich die zu erziehenden Stammhöhen. Der Stamm wird in zwei bis drei Jahren gebildet. Im dritten Standjahr (selten schon im zweiten) wird eine Rute auf die halbe Pergolahöhe angeschnitten. Die obersten beiden Triebe bleiben erhalten; die restlichen streift man Ende Mai ab. Sie werden senkrecht angebunden. Im Folgejahr schneidet man die endgültige Höhe an. Das künftige Stammende endet 10 cm unterhalb der Pergolaunterkante. Dadurch wird die Formierung erleichtert.

Mit den obersten zwei bis drei Trieben wird die Formierung im fünften Standjahr fortgeführt. Vorteilhafterweise bindet man die Triebe schon während der Vegetation an der Pergola dorthin, wo die Kordonarme endgültig hinwachsen sollen. Der Rebstock ist jetzt so kräftig, dass man zwei Kordonarme anschneiden kann. Es sollte auch ein Ersatzzapfen angeschnitten werden. Die Triebe werden je nach Holzreife zu Bogen mit 15 bis 20 Augen angeschnitten. Schwache Triebe müssen Ende Mai ausgebrochen werden. Je nach dem Standort an der Pergola, sind die Triebe bzw. die Kordonarme gleichmäßig über die Pergola zu verteilen.

Der weitere Stockaufbau bis zum Ausfüllen der Pergola dauert, je nach ihrer Größe, bis zu zehn Jahre. Selbst bei strenger Erziehung wächst kein Rebstock rechtwinklig. Daher lösen sich solche strengen Formen allmählich in naturnahe auf.

Biegen und Binden

Biegen und Binden sind den Rebschnitt unterstützende Maßnahmen und werden in einem Arbeitsgang ausgeführt. Das Biegen unterdrückt die Spitzenförderung. In der Regel bindet man nur Bogen; bei weitknotigen Sorten müssen u.U. auch längere Strecker (fünf bis sieben Augen) gebogen werden. In der Praxis haben sich besonders Halbbogen durchgesetzt. Sie sind auch für Spaliere und Pergolen zu empfehlen. Die gebogenen Triebe sind gut zu be-

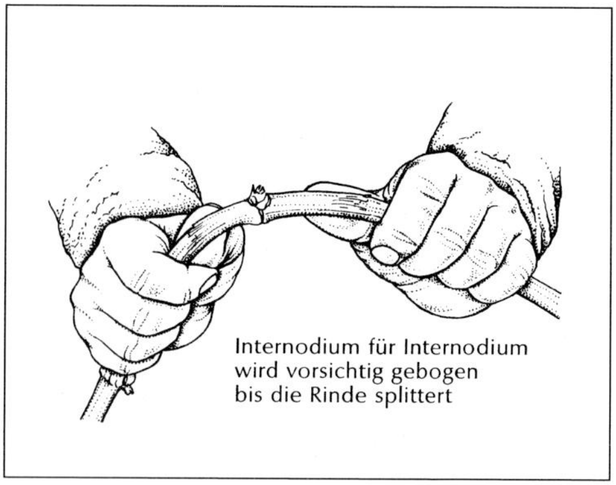

Bogen geschmeidig machen. Bei brüchigen und starken Ruten besteht Bruchgefahr!

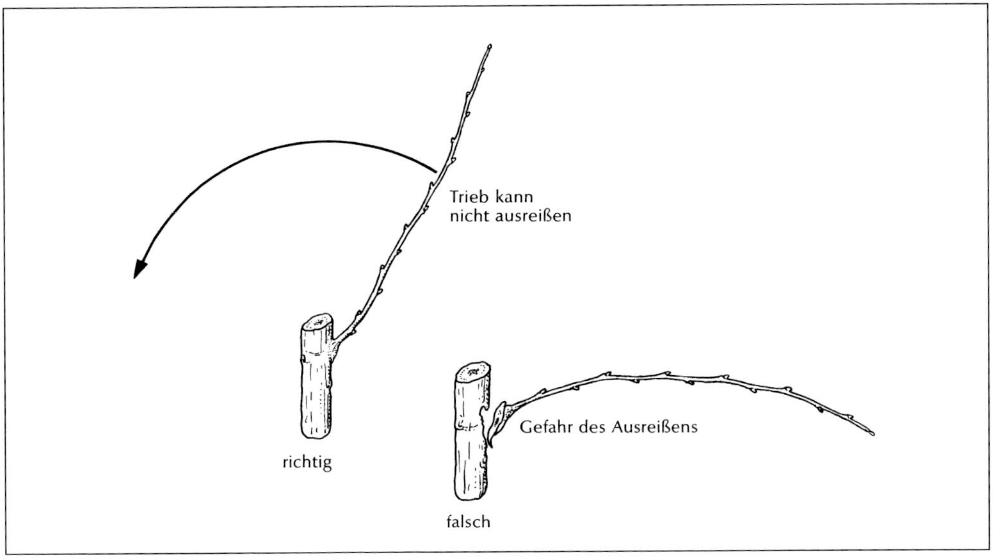

Biegen über den Stamm.

festigen. Achtung: Widerspenstige Triebe können zurückschnellen und zu Augenverletzungen führen. Diese Arbeit ist bis Ende April bis zum Stadium „Augen in der Wolle“ abzuschließen.

Bei feuchter und kühler Witterung lassen sich die Bogen am besten biegen. Splitternde Rinde schadet nicht. Besonders störrische Bogen kann man schon mal in beide Hände nehmen und so Internodium um Internodium bis nahe zur Bruchgrenze „geschmeidig“ biegen. Achtung: Es gibt Sorten mit besonders brüchigem Holz (‘Blauer Portugieser’, ‘Kerner’ u.a.). Allgemein ist möglichst über die Ansatzstelle zu biegen. Das verhindert das „Ausreißen“. Am Hang wird bei einem Bogen immer hangabwärts gebogen. Beim Schnitt kann man sich das Biegen erleichtern, indem man die Stellung im Verhältnis zur Biegerichtung beachtet. An Spalieren und auf Pergolen bedenke man immer die sommerliche Laubverteilung! Kreuzungen und Überbindungen sind zu vermeiden.

Biegen und Binden müssen bis Ende April beendet sein.

Laubarbeiten

Laubarbeiten gehören ebenfalls zu den den Rebschnitt unterstützenden Arbeiten. Sie sichern optimale Belichtung und Belüftung von Reben und Trauben und beugen Krankheitsbefall vor.

Ausbrechen

Im Weinberg ist das Ausbrechen problemlos ausführbar. Bei hohen Spalieren und Pergolen benötigt man eine Leiter. Wegen der besseren Übersicht breche man bei der Pergola von oben aus.

Der günstigste Zeitraum ist Mitte bis Ende Mai nach den Eisheiligen. Zu dieser Zeit sind die Gescheine erkennbar. Alle Triebe, die keine Gescheine tragen und nicht im nächsten Jahr zum Stockaufbau benötigt werden, müssen ausgebrochen werden. Zum Ausbrechen genügt bereits geringer Fingerdruck. Die sommerliche Laubverteilung sollte man dabei ebenso bedenken wie eine mögliche nächstjährige Verjüngung des Stammes. Wird erst später im Jahr ausgebrochen, sind die Wunden zu groß.

Bei leistungsfähigen Sorten kann es sogar nötig sein, Triebe mit Trauben auszubrechen. Sehr früh erkennt der erfahrene Winzer die Triebe, die nur zu Kümmertrieben wachsen. Sie sind ebenfalls auszubrechen, denn diese Trauben senken die Qualität, weil ihre Blattmasse nicht ausreicht, um beste Qualität zu erreichen.

Triebe ohne Gescheine und schwache Triebe mit Gescheinen sind auszubrechen. Gescheinlose Triebe zum Verjüngen sind zu belassen.

Einordnen und Heften

Das Einordnen, Durchstecken und Heften der Triebe dient der gleichmäßigen Besonnung, der besseren Durchlüftung und Begehbarkeit der Anlage. Diese Arbeiten sind in der Hauptwachstumszeit von Juni bis

Handwerklich gelungene Pergola.

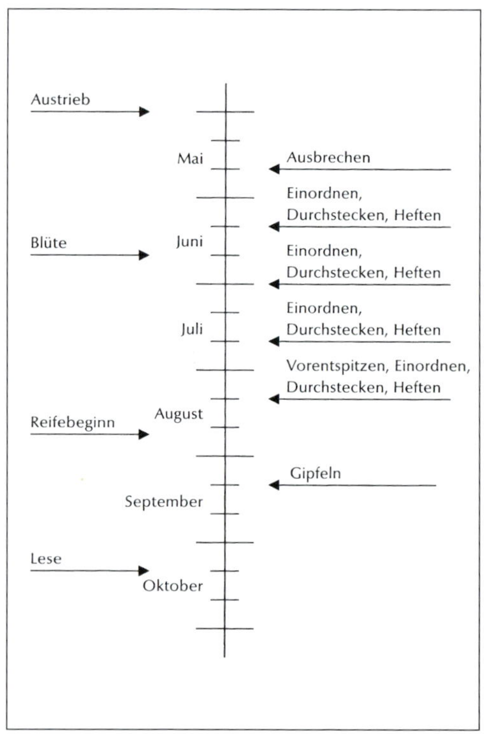

Zeitplan für Laubarbeiten.

Hessigheimer Felsengarten (Württembergisches Unterland).

August alle zwei Wochen auszuführen. Bei Unterstützungsvorrichtungen mit beweglichen Heftdrahtpaaren löst man die Heftketten, fasst die Triebe durch eine entsprechende Drahtbewegung zusammen und hängt in die nächsthöhere Etage ein. Bei festen Drahtpaaren ist vorsichtig einzustecken. Nach außen wachsende Triebe (Unterseitenaugen!) müssen geheftet werden. Dazu eignen sich Bindfaden, Papierdrahtkordel oder verschiedene Heftzangen. Bei Lattenspalieren wird grundsätzlich geheftet. An der Pergola unterbleibt dieser Arbeitsgang, denn unter dem Eigengewicht legen sich die Triebe bogenförmig auf die Pergola.

Das erste Durchstecken und Heften ist besonders wichtig. Senkrecht gestellte Triebe klammern sich an oder wachsen durch die Doppeldrähte hindurch.

Vorentspitzen

Im Weinberg wird der Arbeitsgang Vorentspitzen nötig, wenn die Triebe 50 bis 60 cm über den obersten Draht hinausgewachsen sind und bevor sie sich zur Seite neigen. Sie behindern sonst die Besonnung und die Begehbarkeit. Die Triebspitzen werden um 10 bis 20 cm zurückgeschnitten. Bei freistehenden Spalieren ist ebenso zu verfahren. Bis sich der oberste Geiz als Ersatztriebspitze formiert hat, vergehen zwei bis drei Wochen – wer sich den schwächsten Geiz an der Triebspitze sucht, gewinnt die meiste Zeit.

Bei der Pergola entfällt das Vorentspitzen.

Wer einen streng erzogenen Kordon am Spalier liebt, kann, allerdings mit viel Aufwand, jeden traubentragenden Trieb, sofern er im nächsten Jahr nicht benötigt wird, sieben bis acht Blätter über der letzten Traube kappen.

Entgeizen

Im modernen Weinbau wird das Entgeizen im Regelfall nicht durchgeführt. Untersuchungen haben ergeben, dass die Blätter der Geiztriebe als zusätzliche Assimilationsfläche die Traubenqualität positiv beeinflussen. Nur durch ungünstige Stellung des Haupttriebes zu groß gewordene Geize werden entfernt.

Entblättern der Traubenzone

Das Entblättern der Traubenzone zu Beginn der Reife – Mitte August bis Anfang September – ist zu empfehlen. Diese Maßnahme führt zu geringerer Traubenfäule, weniger Stielkrankheiten, besserer Ausfärbung, höherem Mostgewicht (2 bis 4 Grad Oechsle) und weniger Säure (bis 2 g/l). Die traubennahen Blätter haben im September nur noch eine geringe Assimilation, sodass die Entblätterung keine rebphysiologischen Nachteile bringt. Bei diesem Arbeitsgang wird in der Traubenzone die Hälfte der Blätter entfernt, die Blattspreiten bricht man ab, die Stiele bleiben am Trieb.

Ertragsregulierung

Es fällt jedem Winzer schwer, mühselig erarbeiteten Ertrag zum Teil wieder zu vernichten – ist aber wirklich unvermeidbar. Zum einen erfordert in ertragreichen Jahren die Menge-Güte-Regel eine Ertragsminderung, wenn die Qualität nicht zu stark absinken soll; zum anderen haben die Winzer, gebietsabhängig, einen vorgeschriebenen Höchstertrag. Außerdem sind die modernen Klone so ertragreich, dass der Höchstertrag bei normalen Witterungsverhältnissen beinahe jährlich überschritten wird. So wurde diese Maßnahme im

Laufe der Zeit im Weinbau fast üblich. Doch auch dem Hobby-Winzer sei die Ertragsregulierung angeraten, denn die Tafeltrauben gewinnen an Wohlgeschmack.

Bei mehr als zwei Trauben je Trieb wird immer die oberste Traube (denn diese ist die am schlechtesten entwickelte) ausgebrochen. Dies erfolgt, wenn die Beeren erbsengroß sind, also Ende Juli bis Mitte August. Die untersten Trauben bleiben hängen. Man schneidet die Traube mit der Schere ab oder bricht sie am „Stielknick" ab. Es wird geraten, die Trauben aus der Anlage zu entfernen, da sie Brutstätten für Grauschimmel und Essigfliegen sein können.

Mehr als zwei Trauben pro Trieb führen zu Qualitätseinbußen.

Gipfeln

Mitte August bis Anfang September stellt die Rebe ihr Längenwachstum ein. Das Erkennungszeichen ist die gerade Triebspitze; eine gekrümmte wächst noch. Zwei Wochen vor diesem Termin liegt der Gipfeltermin. Es gehört etwas Erfahrung dazu, diesen Termin richtig zu bestimmen. Hat man zu früh gegipfelt, hat dies zur Folge, dass die Geize sich als Triebspitze auswachsen. Es ist also besser, eher etwas später zu gipfeln.

Im Weinberg und am Spalier werden alle Triebe 30 bis 50 cm über dem obersten Draht bzw. über der Lattenoberkante abgeschnitten.

Dadurch kommt Licht und Luft in die Reihen, was auch die Traubenreife unterstützt. Das anfallende Laub kann liegen bleiben. Bei Wandspalieren ist entsprechend zu verfahren. Bei Pergolen entfällt das Gipfeln. Nur störende oder herunterhängende Triebe werden gekappt.

Besondere Schnittmaßnahmen

Verjüngung

Die Verjüngung kann in älteren Weinbergen (meist einzelstockweise), bei älteren Spalieren oder Pergolen notwendig werden. Reben neigen von Natur aus zu Boden- und Stammaustrieben, was die Verjüngung erleichtert. Ist ein Reserve- oder Frostzapfen vorhanden, kann dieser genutzt werden. Zum Verjüngen wird ein Bodenaustrieb gerade aufgebunden und im Folgejahr auf Stamm und Bogen angeschnitten. Die Triebe des künftigen Stammes unterhalb des Biegedrahtes streift man nach Mitte Mai ab. Der alte Stock wird beim Schnitt über dem Austrieb abgesägt. Bei Spalieren ist in gleicher Weise zu verfahren.

Um ein großes Spalier oder eine Pergola nicht ganz zu entblößen, baut man einen „neuen Stock" in den vorhandenen hinein, indem man (entsprechend des geschilderten Aufbaus) den Schnittumfang verringert, um ihn schließlich vollständig zu entfernen. Dieser Vorgang dauert drei bis fünf Jahre.

Am Stamm austreibende Triebe oder solche von Frostzapfen dienen der Verjüngung.

Schnitt nach Winterfrost

Winterfröste unter –20 °C führen bei fast allen Sorten zu Augenerfrierungen. Bei Temperaturen unter –25 °C entstehen erhebliche Holzschäden. Während sich geringe Schäden durch entsprechenden Mehranschnitt ausgleichen lassen, muss bei starken Schäden der „Heckenschnitt" angewendet werden. Vorher sollte jedoch an einer großen Zahl Augen der prozentuale Ausfall geprüft werden. Dazu werden

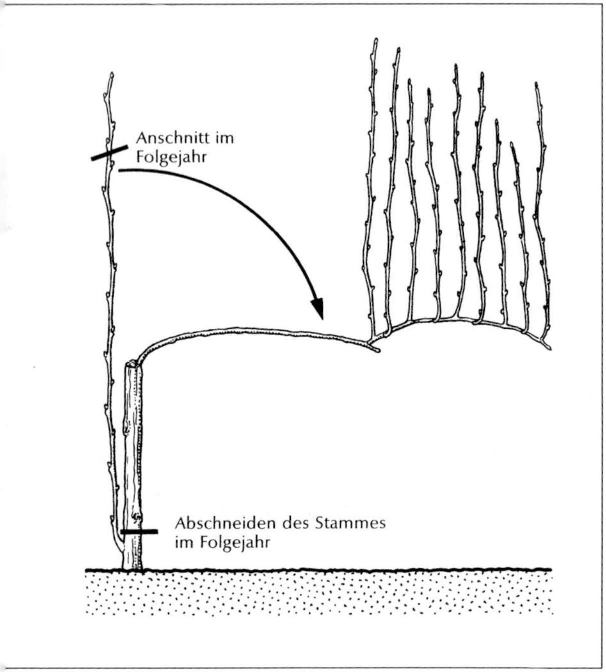

Beseitigung der Überbauung und Verjüngung.

alle Triebe auf fünf- bis siebenäugige Strecker geschnitten. Im schlimmsten Fall wird eine Totalverjüngung nötig, weil die Stöcke bis zur Erde zurückgefroren sind.

- Bei allen Schnittmaßnahmen sollte man bedenken, Ertrag geht vor Form!

Schnitt nach Hagel

Ausschlaggebend für Folgemaßnahmen sind Umfang und Zeitpunkt der Schädigung. Nach frühem Hagelschlag greift man so wenig als möglich in das weitere Wachstum ein. Zum Zeitpunkt des Schnittes sind dann meist einige ungeschädigte Spätaustriebe vorhanden. Ist dies nicht der Fall, muss man alle Triebe auf Zapfen zurückschneiden. Bei spätem Hagelschlag schützt das Laub, sodass im Verein mit der Holzreife meist die Schäden geringer sind. Beim Biegen ist jedoch äußerste Vorsicht geboten.

Achtung: Hagelgeschädigte Triebe dürfen nicht zur Verjüngung verwendet werden.

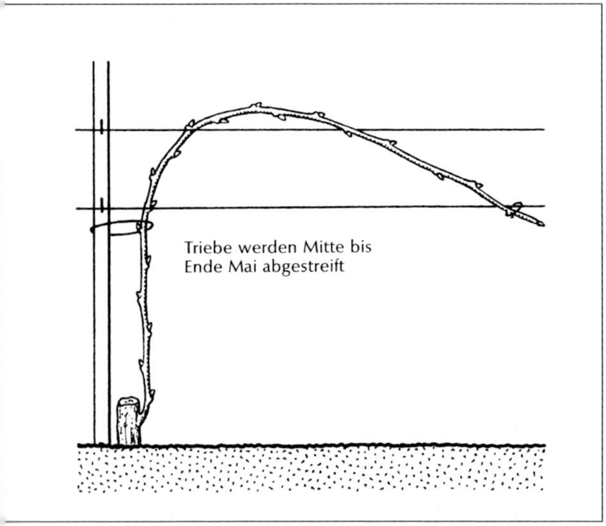

Verjüngter Rebstock im Jahr der Formierung.

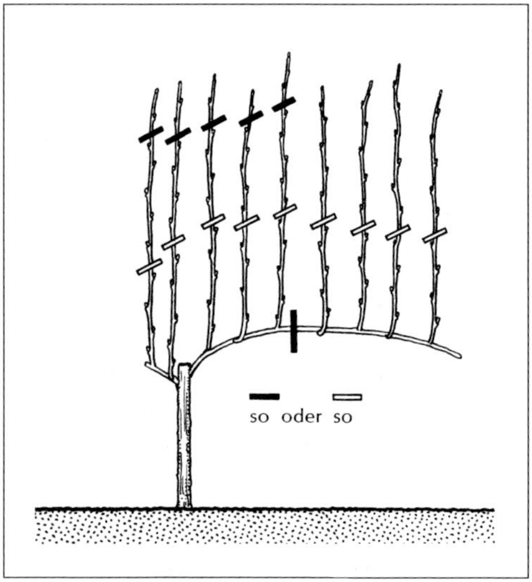

Schnitt nach Winterfrost.

Bodenpflege und Düngung

Reben stellen keine hohen Bodenansprüche. Sie gedeihen auf mageren und steinigen, aber auch auf schweren Löß- und Lehmböden. Nur Moorböden und Staunässe mögen sie nicht. Lockere, nährstoffreiche und warme Böden sind dagegen der ideale Standort. Entsprechen die Bodenverhältnisse am speziellen Standort nicht unbedingt allen Erwartungen, so hat der Hobby-Winzer die Möglichkeit, den Boden durch eine Vielzahl von Maßnahmen zu verbessern.

Die unterschiedlichen Methoden der Bodenverbesserung vor der Pflanzung sind im Kapitel „Vom Roden bis zum Pflanzen" beschrieben. Aber auch während der gesamten Standzeit lässt sich vieles tun, um die Bodenfruchtbarkeit zu verbessern und den Boden gesund zu erhalten.

Zu den wichtigsten Bodenpflegemaßnahmen gehören schonende mechanische Lockerung, Humusversorgung, Begrünung und Bedeckung. Der jährliche Nährstoffentzug muss durch die Düngung ausgeglichen werden. Je mehr organisch gedüngt wird, desto geringer kann die mineralische Düngung ausfallen. Der notwendige Umfang wird durch die Bodenuntersuchung festgestellt. Langjährig dauerbegrünte Rebflächen auf tiefgründigem Boden bedürfen keiner mineralischen Düngung mehr.

Beim Hobby-Winzer wachsen Reben häufig in „Mischkultur" im Hausgarten. Sie stehen neben anderem Obst, aber auch über Gemüse oder in Stauden. Weil dies in der Bodenpflege, in der Düngung und vor allem im Pflanzenschutz Kompromisse erfordert, ist der Anbau natürlicher als im Erwerbsweinbau.

Bedingungen für gesunden Boden

Sorgfältige Bodenpflege und eine bedarfsorientierte Düngung sind Voraussetzungen, um einen lockeren, nährstoffreichen und gesunden Boden als idealen Standort zu gewährleisten. Daraus leiten sich für die Bodenpflege und Düngung wichtige Schlussfolgerungen ab:

1. Alles organische Material muss als Kompost zurück in den Weinberg gelangen.
2. Beim Verrotten großer Mengen organischen Materials entsteht der Rebe durch die Mikroorganismen ein Stickstoffkonkurrent, weil das C/N-Verhältnis zu weit ist. Eine zusätzliche Stickstoffdüngung wird notwendig.
3. Je regelmäßiger mit Kompost (oder Stallmist) gedüngt wird, desto seltener und weniger wird Mineraldünger benötigt.
4. Kompost puffert den Boden ab und macht ihn gegen schroffe Reaktionsstöße unempfindlich.
5. Auf ausreichende Kalkzufuhr ist bei der Kompostierung zu achten, um die stabilen Ca-Humate zu erhalten.
6. Der Einsatz von Herbiziden sollte beim Hobby-Winzer unterbleiben. Nur bei Problemunkräutern, wie Winde, Quecke und Distel, ist er gerechtfertigt. Die standortangepasste Beikrautflora ist zu fördern.
7. Eine mineralische Düngung ist höchstens als Ergänzung und nur auf der Grundlage der Bodenuntersuchung notwendig.

Humusgehalt und organische Düngung (nach HILLEBRAND und SCHULZE 1990)

Humusgehalt		**Düngung mit organischer Substanz (in dt Trockenmasse/Ar und Jahr)**		
		leichte	**mittlere**	**schwere Böden**
unter 1,5 %	sehr niedrig, humusarm	0,7	0,6	0,5
1,6 bis 2,0 %	niedrig, schwach humos	0,6	0,5	0,4
2,1 bis 2,5 %	mittel, schwach humos	0,5	0,4	0,3
2,6 bis 3,0 %	ausreichend, humos	0,4	0,3	0,2
3,1 bis 3,5 %	hoch, stark humos	0,3	0,2	0,1
über 3,6 %	sehr hoch, stark humos	–	–	–

Mechanische Bodenpflege

Die mechanische Bodenpflege mit Spaten, Karst, Blatthacke oder in größeren Weinbergen mit Grubber und Pflug gehört seit Jahrhunderten zu den traditionellen Arbeiten des Winzers. Junganlagen werden heute noch so gepflegt, da das geringe Wurzelsystem keine Konkurrenz verträgt.

Der gesunde Boden setzt sich zu etwa 25 % aus Wasser, 25 % aus Luft und zu 50 % aus festen Bestandteilen zusammen. Davon entfallen 2 bis 4 % auf den Humus. Hoher Humusgehalt wirkt sich günstig auf Bodenstruktur, Durchlüftung und Bodenwärme aus.

Offener und schwerer Boden verschlämmt bei Starkregen sehr stark. Am Hang besteht Erosionsgefahr. Durch Begrünung oder zumindest grobschollige Bearbeitung lässt sich diese Gefährdung vermindern. Ein hoher Humusgehalt wirkt dem ebenfalls entgegen. Nasse Böden dürfen nicht bearbeitet werden, weil sie sonst verdichten. Frisch bearbeitete Böden soll man möglichst wenig begehen oder befahren.

Für Junganlagen kommt nur mechanische Bodenpflege in Frage, um dem geringen Wurzelsystem der Reben keine Konkurrenz zu bieten. Auf schweren Böden kann trotzdem im Spätsommer in die Arbeitsgassen eine Teilzeitbegrünung eingesät werden. In der Praxis werden die mechanische, chemische und biologische Bodenpflege kombiniert, indem der Unterstockstreifen chemisch unkrautfrei gehalten und die Arbeitsgasse im Spätsommer begrünt wird.

Jungstöcke werden bis zum 4. Standjahr auf unkrautfreiem Boden konkurrenzlos aufgezogen.

Winterbodenbearbeitung

Die klassische Winterbodenbearbeitung ist das Anhäufeln mittels Spaten, Karst oder Pflug.

Die Böden sind durch die beim Pflügen entstandene Rinne zur Schneeschmelze erosionsgefährdet. Dem Hobby-Winzer sei deshalb geraten, nur die Veredlungsstellen anzuhäufeln und den Rest flach und grobschollig zu bearbeiten.

Am Hang wird die Frostschutzfunktion des Bodens mit zunehmendem Alter der Anlage fragwürdig. Durch die unabwendbare Erosion steht am Hangkopf die Veredlungsstelle zu hoch, um abgedeckt werden zu können und am Hangfuß steht sie ohnehin im Boden. Der Hobby-Winzer behandelt seine wenigen Rebstöcke am Spalier oder an der Pergola in gleicher Weise wie der Erwerbswinzer.

In wintermilden Gebieten kann auf die Winterbodenbearbeitung verzichtet werden. Bei überwinternder, im Frühjahr zu mulchender oder einzuarbeitender Gründüngung verbietet sie sich ohnehin. Dieser Verzicht ist aus arbeitswirtschaftlichen Gründen auch fast überall zu beobachten.

Frühjahrsbodenbearbeitung

Die Bearbeitung des Bodens im Frühjahr umfasst zwei, in manchen Gebieten auch drei Arbeitsgänge.

Das Vorgrubbern wird dort durchgeführt, wo die Winterfeuchtigkeit erhalten bleiben muss, also in Gebieten mit einem Jahresniederschlag unter 500 mm bzw. auf leichten Böden. Der Boden wird dazu im März/April flach gelockert ohne die Dämme vollständig einzuebnen. Das Abhäufeln oder Abpflügen erfolgt zu Beginn des Unkrautwuchses Ende April/Anfang Mai. Beim Abhäufeln von Hand wird der gesamte Stock freigestellt. In Junganlagen erfolgt dieser Arbeitsgang bereits im März, um schneiden zu können. Bei der Arbeit mit dem Pflug verbleibt ein schmaler Balken, der mit der Hand geräumt werden muss. Im Großbetrieb verringern ausschwenkende Schare diese Arbeit.

Mit dem Balkenräumen endet die Frühjahrsbodenbearbeitung.

Die Frühjahrsbodenbearbeitung muss rechtzeitig vor den Eisheiligen beendet sein, denn frisch bearbeiteter Boden erhöht die Frostgefahr.

Sommerbodenbearbeitung

Böden mit Frostgare erwärmen sich im Frühjahr schneller. Mit fortschreitender Jahreszeit (auch durch den Unkrautwuchs) geht dieser Effekt verloren, nun muss die sommerliche Lockerung einsetzen. Sie senkt einerseits die Wasserverdunstung und verringert andererseits den Wasserverbrauch durch die Vernichtung des Unkrautes. Man darf diesen Arbeitsgang jedoch nicht übertreiben, denn niedriger Unkrautwuchs schützt vor Erosion. Häufige Lockerung verstärkt den Humusabbau durch die Belüftung. Um diesem Nachteil entgegenzuwirken, sollte die mechanische mit der biologischen Bodenpflege kombiniert werden. Die Lockerung darf nur flach erfolgen. Zwei bis drei Arbeitsgänge/Jahr genügen.

Gründüngungsfreie Weinberge gehören der Vergangenheit an. Selbst unter ungünstigen Niederschlagsverhältnissen und bei Sandböden kann zumindest teilzeitbegrünt werden, meist vom Spätsommer bis Ende April. Der Hobby-Winzer mit wenigen Rebstöcken kann das durch Schwarzbrache entstehende Humusdefizit zwar durch Kompost ausgleichen, aber schon in größeren Weinbergen geht es dann ohne Zukauf nicht mehr.

Zwei- bis dreimalige flache Lockerung genügen im Sommer.

Biologische Bodenpflege

Die biologische Bodenpflege mit Kurzzeit- oder Teilbegrünung – besser noch Dauerbegrünung oder Bedeckung – steigert die Bodenfruchtbarkeit.

Es gibt mehrere Möglichkeiten der biologischen Bodenpflege. Voraussetzung für alle bleibt, dass tiefwurzelnde Unkräuter, wie Winde oder Disteln, vorher vernichtet wurden.

Bodenbedeckung

Diese Pflegemaßnahme stellt eine nahezu ideale Lösung dar. Als Material wird fast ausschließlich Stroh verwendet. Für eine gute Bodenbedeckung sind 1,0 bis 1,5 dt/a breitflächig auszubringen. Alle zwei bis drei Jahre muss die durch Verrottung „verloren gegangene“ Menge von 0,5 bis 0,7 dt/a ersetzt werden. Kurz nach dem Abdecken ist das Stroh brandgefährdet! Deshalb ist die Herbstausbringung zu bevorzugen.

Mit der Bedeckung schafft man ideale Voraussetzungen für die Dauerbegrünung – gleichgültig ob angesät oder durch standortbürtige Pflanzen „entwickelt“. Bei Aussaat von mehrjährigen Pflanzen erhöht man die Aussaatmenge um 1/5 bis 1/4. Standortbürtige Pflanzen wachsen durch und bilden durch regelmäßiges Mulchen allmählich eine geschlossene Narbe. Das Bodenleben aktiviert sich. Im Ergebnis sind die Reben widerstandsfähiger gegen Chlorose.

Andere Bedeckungsmaterialien, wie Torf und angerotteter Rindenmulch, haben sich nicht bewährt. Sie sind auch relativ teuer.

Stroh eignet sich zur Bodenabdeckung am besten. Es ist zugleich der ideale Start für die Dauerbegrünung.

Die Bodenbegrünung

Die Bodenbegrünung ist die natürlichste Bewirtschaftungsmethode. Absolut schwarzgebrachte Weinberge sind nicht mehr zeitgemäß, was viele Untersuchungen bewiesen haben. Die Wurzeln schließen den Boden bis in große Tiefen auf. Langfristig lässt sich auf diese Weise der Humusgehalt auf 2 bis 3 % steigern und der Wasserhaushalt um bis zu 10 % verbessern, wodurch die anfängliche Wasserkonkurrenz verringert und schließlich nicht mehr vorhanden ist.

Die **Kurzzeitbegrünung** ist in Gebieten mit Jahresniederschlägen unter 500 mm und mit leichten Böden die zweckmäßigste Lösung. Im Spätsommer/Frühherbst ausgesäte und überwinternde Gründüngung ist allgemein günstiger, weil Rebstöcke und Gründüngungspflanzen nicht unmittelbar um Wasser konkurrieren. Im Frühjahr ausgesäte Gründüngungen wirken direkt erosionsmindernd. Alle Gründüngungen wirken im Frühjahr und im Herbst frostverschärfend. Da Weinbergsböden gut mit Nährstoffen versorgt sind, erübrigen sich zusätzliche Düngergaben.

Vorteilhaft ist die Verwendung eines Saatgutgemisches mit Stickstoff sammelnden Leguminosen. Der Boden ist vor der Saat flach zu bearbeiten. Ein feinkrümeliges Saatbett sichert das Auflaufen, was durch eine dünne Strohdecke zusätzlich unterstützt werden kann. Unter den Stöcken bleibt ein mindestens 0,60 m breiter unbesäter Streifen. Die Gründüngung muss im Frühjahr vor den Spätfrösten gemulcht oder eingearbeitet werden.

Regelmäßige Kurzzeitbegrünung vermindert die Stiellähme und verbessert die Holzreife.

Die **Langzeitbegrünung**, auch Dauerbegrünung genannt, erfolgt mit Pflanzen, die der Rebe möglichst wenig Konkurrenz bereiten. Dauerbegrünung wird in Gebieten ab 600 mm Jahresniederschlag empfohlen. Man kann eine Langzeitbegrünung mit Saatmischungen für Dauerbegrünungen

Pflanzen für die Gründüngung (nach HILLEBRAND und SCHULZE 1990, verändert)

Pflanzenart	Saatzeit (Monat)	Saatmenge (kg/a)	Saattiefe (cm)	Leistung organischer Trockenmasse (kg/a)	Wurzeltiefe (m)
Gräser					
Winterroggen	8/9	1,2	2 bis 3	40	–
Wintergerste	8/9	1,4	2 bis 3	40	–
Welsches Weidelgras	7/8	0,4	2 bis 3	35	–
Kreuzblütler					
Winterraps	7/8	0,2	2 bis 3	40	0,8 bis 1,2
Perko (Rübsen)	7/8	0,2	2 bis 3	40	0,8 bis 1,5
Sommerraps	7/8	0,2	2 bis 3	40	0,8 bis 1,2
Ölrettich	7 bis 9	0,2	2 bis 3	40	0,8 bis 1,5
Senf	8/9	0,2	2 bis 3	40	0,8 bis 1,5
Leguminosen					
Bitterlupine	7/8	1,2	2 bis 4	40	1,5 bis 2,0
Erbse	7/8	1,4	2 bis 4	35	0,8 bis 1,5
Bodenfrüchtiger Klee	3/4	0,3	2 bis 3	55	bis 0,8
Phacelia	8/9	0,1	1 bis 2	30	0,8 bis 1,5

Hinweis: Frühe Aussaat bedeutet höhere Trockenmasseleistungen.

oder mit den standortbürtigen Pflanzen beginnen. Im letzteren Fall bildet sich erst allmählich eine geschlossene Narbe. Mit den Jahren verdrängen die standortbürtigen Pflanzen die angesäten Pflanzen, da diese besser den speziellen Boden- und Klimaverhältnissen angepasst sind. Vorteilhafterweise beginnt man die Dauerbegrünung mit einer Strohbedeckung. Die standortbürtigen Pflanzen sind Boden- und Klimazeiger. Sie bilden nicht so dichte Narben.

Die weinbergstypischen Pflanzengesellschaften haben sich durch die Jahrhunderte alte Monokultur in Verbindung mit ständigem Hacken herausgebildet. Allgemein sind sie, trotz der klimatischen Vorteile auf dem Weinberg, den Ackerunkrautgesellschaften sehr ähnlich.

Vor und nach dem Austrieb (Ende April/Anfang Mai) ist der Wasserbedarf gering. In der Hauptwachstumszeit, Juni bis August, dagegen hoch. Dann muss die Dauerbegrünung vierzehntägig gemulcht werden. Ab Mitte August wird wieder weniger Wasser benötigt, sodass die Mulchabstände verlängert werden können. Wichtige Mulchtermine sind eine Woche vor der Blüte – etwa Mitte Juni – denn Wassermangel fördert das Verrieseln. Auch in der Zeit des stärksten Beerenwachstums – in der Schrotkorngröße der Beeren – ist der Wasserbedarf hoch. Deshalb muss um Mitte Juli die Begrünung kurz gehalten werden.

Begrünungen können prinzipiell ganzjährig ausgesät werden. Optimale Aus-

Zeigerpflanzen für unterschiedliche Bodenverhältnisse (aus ULRICH 1995)

Bodenverhältnisse	Pflanzenart	Blütezeit
Gedüngt, stickstoffreich	Vogelmiere	3 bis 10
	Weißer Gänsefuß	7 bis 9
	Gemeines Hirtentäschel	3 bis 12
	Gemeines Greiskraut	1 bis 12
Stickstoffreich, leicht erwärmbar, schwach saure bis basische Böden	Einjähriges Bingelkraut	6 bis 10
	Rauhaariger Fuchsschwanz	6 bis 9
	Schwarzer Nachtschatten	6 bis 9
	Kleine Brennnessel	6 bis 9
Nährstoffreich, basische Böden	Gemeiner Erdrauch	5 bis 10
	Sonnenwolfsmilch	4 bis 10
	Persischer Ehrenpreis	3 bis 10
	Glanzehrenpreis	3 bis 10
	Purpurrote Taubnessel	3 bis 10
	Stängelumfassende Taubnessel	3 bis 10
	Spreizende Melde	7 bis 10
	Schlitzblättriger Storchschnabel	5 bis 10
	Kohlgänsedistel	6 bis 10
	Ackerhellerkraut	5 bis 10
Stickstoffreich, warme Sand- und Lehmböden	Kleinblättriges Franzosenkraut	5 bis 10
	Hühnerhirse	6 bis 10
	Grüne Borstenhirse	6 bis 10
	Rötliche Borstenhirse	7 bis 10
Basenreiche Kalkböden	Traubenhyazinthe	4 bis 5
	Persischer Ehrenpreis	3 bis 12
	Stängelumfassende Taubnessel	3 bis 10
	Vaillants Erdrauch	5 bis 10
	Ackerrittersporn	5 bis 9
	Kleine Wolfsmilch	6 bis 10
	Finkensame	6 bis 7
Verdichtete Böden	Breitwegerich	6 bis 10
	Spitzwegerich	5 bis 10
	Strahlenlose Kamille	6 bis 8
Saure Böden	Lämmersalat	6 bis 9
	Schierlings Reiherschnabel	4 bis 10
	Saatmohn	5 bis 7
	Kleiner Sauerampfer	5 bis 8

Anmerkung: Nicht alle Arten kommen zugleich vor. Sie können sogar fehlen.

Saatmischungen für die Dauerbegrünung (nach Hillebrand und Schulze 1990)

Saatmischung	Zusammensetzung	Aussaatmenge
Mulchmischung I mit Klee, für alle Standorte	10 % Dt. Weidelgras, Rasentyp 10 % Dt. Weidelgras, Weidetyp 20 % Rot-Schwingel, ausläufertreibend 20 % Horst-Rot-Schwingel 30 % Wiesen-Rispengras 5 % Weißes Straußgras 5 % Weiß-Klee	0,5 kg/a
Mulchmischung II ohne Klee, für tiefgründige Böden	20 % Dt. Weidelgras, Rasentyp 30 % Dt. Weidelgras, Weidetyp 50 % Wiesen-Rispengras	0,4 kg/a
Mulchmischung III ohne Klee, weniger tiefgründige und austrocknungsgefährdete Böden	5 % Dt. Weidelgras, Rasentyp 5 % Dt. Weidelgras, Weidetyp 30 % Rot-Schwingel, ausläufertreibend 20 % Horst-Rot-Schwingel 40 % Wiesen-Rispengras	0,4 kg/a
Mulchmischung IV ohne Klee, für leichtere bis mittlere Böden in niederschlagsärmeren Gebieten (Magerrasen)	20 % Rotes Straußgras 30 % Harter Schaf-Schwingel 20 % Rot-Schwingel mit Kurzausläufern 10 % Rot-Schwingel, ausläufertreibend 10 % Wiesen-Rispengras, Rasentyp 10 % Wiesen-Rispengras, Weidetyp	0,6 kg/a
Mulchmischung V ohne Klee, für Hang- und Steillagen	50 % Härtlicher Schwingel 25 % Rot-Schwingel mit Kurzausläufern 15 % Horst-Rot-Schwingel 10 % Fein-Schwingel	0,8 kg/a

saattermine sind das zeitige Frühjahr und der Herbst nach der Lese. Ordentliche Saatbettvorbereitung und Bodenschluss der Samen sichern rasch dichte und feste Narben. Im Gegensatz zum natürlichen Aufwuchs hat die angesäte Dauerbegrünung den Vorteil, von Anfang an mit einer geschlossenen Pflanzendecke unerwünschte Wurzelunkräuter zu unterdrücken.

Da heute handliche und leistungsstarke Motorsensen im Angebot sind, können auch Steillagen und Terrassen dauerbegrünt werden. Auf die Schädigungsgefahr durch den Mulchfaden am Stamm sei hingewiesen. Im Erwerbsweinbau werden zum Mulchen Schlegel- oder Kreiselmulcher am Traktor eingesetzt.

Dauerbegrünung mit bodenbürtigen Pflanzen (mit oder ohne Strohdecke) wird ebenso regelmäßig gemulcht. Allmählich bildet sich eine mehr oder weniger geschlossene Narbe. Es besteht außerdem die Möglichkeit, das Mulchmaterial in einem zusätzlichen Arbeitsgang als Bedeckung des Unterstockstreifens auszubringen. Der Einsatz von Stroh hierfür ist ebenso möglich. Dadurch lassen sich Handarbeit und der Einsatz von Herbiziden vermeiden.

Dauerbegrünung muss in der Hauptwachstumszeit vierzehntägig gemulcht werden.

Chemische Bodenpflege

Die chemische Bodenpflege mit Herbiziden darf aus ökologischen Gründen nur eine seltene Ergänzung sein. Hobby-Winzer können normalerweise generell darauf verzichten. Die chemische Bodenpflege hat für den Hobby-Winzer nur bei Problemunkräutern, wie Winde, Quecke oder Distel, geringe Bedeutung. Sollte aber trotzdem ein Einsatz unbedingt notwendig geworden sein, darf aus bodenbiologischen Gründen nur ein Nachauflaufherbizid verwendet werden. Durch Vorauflaufmittel verkrusten die Böden und sind dann erosionsgefährdet. Außerdem wirken solche Mittel gegen tiefwurzelnde Unkräuter, wie Löwenzahn, Winde, Distel, unzureichend. Es reicht bereits aus, wenn nur der Unterstockstreifen behandelt wird. Gegebenfalls genügt es, nur einzelne Herde zu behandeln.

Abdrift des Herbizides kann zu großen Schäden führen, sodass nur mit geringem Druck und bei Windstille zu arbeiten ist. Auf Steilhängen und Terrassen ist besondere Vorsicht geboten.

In jahrzehntelang genutzten Weinbergen stellt die Winde ein besonderes Problem dar. Um sie zu bekämpfen muss ausreichend Blattmasse vorhanden sein. Am sensibelsten reagiert Winde zur Blüte.

Die ökologisch verträglichsten Herbizide sind gegenwärtig diejenigen, die den Wirkstoff Glyphosat als Isopropylaminsalz besitzen. Davon gibt es eine Vielzahl Handelspräparate. Der Vorzug dieses Wirkstoffes besteht darin, nur über das Blatt zu wirken. Gelangt er auf den Boden, wird er sofort inaktiviert, sodass die Landwirte sofort aussäen können. Dieser Wirkstoff wird in der Pflanze transportiert, sodass sogar Tiefwurzler, wie die Winde, erfolgreich bekämpft werden können. Es lohnt daher, sich im Pflanzenschutzmittelverzeichnis zu informieren (siehe unter Bezugsquellen, Seite 159).

Grundsätzlich sollte jedoch der Hobby-Winzer auf den Einsatz von Herbiziden verzichten. Nur in Notsituationen und in schwierigem Gelände kann zum Einsatz geraten werden.

Das Pflanzenschutzmittelverzeichnis, Teil 3 – Weinbau, gibt die fachliche Anleitung zum Einsatz der Herbizide und weist die Handelsnamen auf Glyphosatbasis aus.

Mineralische Düngung

Die Grundlage jeder mineralischen Düngung stellt eine Bodenuntersuchung dar, denn nur dadurch lassen sich Schlussfolgerungen zum tatsächlichen Nährstoffentzug ziehen. Für den Hobby-Winzer ist es ratsam, alle vier bis fünf Jahre eine Bodenuntersuchung durchführen zu lassen. Die N_{min}-Methode, im Frühjahr durchgeführt, gibt selbst für den einst schwierig einzuschätzenden Stickstoff die Möglichkeit, ihn mit ausreichender Genauigkeit

Nährstoffgehaltsklassen für Weinbergsböden
(nach Angaben der Staatlichen Versuchs- und Lehranstalt Weinsberg, 1993)

	Phosphor (P_2O_5)	Kalium (K_2O)			Magnesium (MgO)		Bor (B)	
Nährstoffgehalt	alle Böden	leichte Böden	mittlere Böden	schwere Böden	leichte Böden	schwere Böden	unter pH 7	über pH 7
Bezugseinheit	mg/100 g						ppm/100 g	
niedrig bis mittel	< 14	< 14	< 14	< 19	< 10	< 12	< 0,8	< 1,0
anzustreben	15 bis 25	15 bis 20	15 bis 30	20 bis 35	11 bis 15	13 bis 20	0,8 bis 1,2	1,0 bis 1,4
hoch bis extrem hoch	> 25	> 20	> 30	> 35	> 15	> 20	> 1,2	> 1,4

Jährliche Abnahme des Nährstoffgehalts im Boden (nach Walter und Resch 1990)

Nährstoff	Jährliche Abnahme in mg/100 g Boden
Phosphor	0,1 bis 0,6
Kalium	2,6 bis 3,4
Magnesium	1,6 bis 2,3

zu bestimmen. Es sei jedoch nicht verschwiegen, dass das Verfahren für den Hobby-Winzer kostenintensiv ist. Die Bodenuntersuchungslabors geben auch Hinweise für die zu verabreichenden Düngermengen. Dazu muss natürlich beim Einsenden der Probe angegeben werden, welche Kultur angebaut wird. Da jeder Boden eine andere Nährstoffdynamik besitzt, bleibt die Bodenuntersuchung, trotz der zwar exakt bestimmten Gehalte, nur eine Näherungsmethode zur Düngung. Zur Vereinfachung gibt es deshalb Versorgungsstufen und dafür empfohlene Düngergaben.

Weil durch die Traubenernte dem geschlossenen Kreislauf organische Masse und damit natürlich auch dem Boden Nährstoffe entzogen werden, müssen diese durch die Düngung ersetzt werden.

Alle Nährstoffe, außer Stickstoff, können ganzjährig ausgebracht werden. Je länger ein Weinberg naturnah mit Begrünung bewirtschaftet wurde, desto geringer kann die Mineraldüngung ausfallen.

Für praktische Bedingungen genügt es, wenn im Rahmen der Bodenuntersuchung auch der pH-Wert und der Gehalt an Phosphor (P_2O_5), Kali (K_2O), Magnesium (MgO), Bor (B) und Stickstoff (N_{min}) ermittelt wird. Den Humusgehalt sollte man ebenfalls untersuchen lassen. Der Gehalt an Mikronährstoffen muss nur dann bestimmt werden, wenn akute Mangelerscheinungen auftreten. Dies sollte jedoch von Spezialisten erfolgen. Mangelerscheinungen an Reben können durch zu wenig Mangan, Zink, Kupfer, Schwefel, Molybdän und Chlor entstehen. Durch die jahrzehntelange Anwendung von Schwefel gegen den Echten Mehltau sind allerdings

Düngungsempfehlungen für Reben im Hausgarten
UF = Umrechnungsfaktor vom Reinnährstoff zum Handelsdünger

Dünger	**Stickstoff (N)**	**Phosphor (P_2O_5)**	**Kalium (K_2O)**	**Magnesium (MgO)**	**Kalk (CaO)**
Erscheinungen bei Mangel	hellgrüne Blätter, geringes Wachstum, geringer Ertrag, geringer Zuckergehalt	kleine Blüten bis zur Ertragslosigkeit, geringes Wurzelwerk, Blattrand braun, selten	schlechte Holzreife und geringe Winterfrostfestigkeit, Wasserverschwendung, Blätter mit braunen Rändern	Ertrag und Zuckergehalt sinken, erhöhte Frostanfälligkeit, Stiellähme der Trauben, Blätter mosaikartig gebräunt, Blattränder grün	Pflanze: Blattspreiten gelblich, Blätter sterben vom Rand her ab Boden: verschlämmt, versauert, geringes Bodenleben
Erscheinungen bei Überschuss	„schwarzgrüne" Blätter, mastiges Wachstum, schlechte Holzreife	Kümmerwuchs, früher Vegetationsabschluss, bis zur Ertragslosigkeit, selten	selten, da Kalium in die Tonminerale eingebaut wird	nicht bekannt	Pflanze: Vergilbung durch Hemmung der Eisenaufnahme Boden: rascher Humusabbau
Handelsform des Düngers	– Kalksalpeter: 15,5 % N, Nitrat-N, schnell wirkend, UF 6,5 – Schwefelsaures Ammoniak: 20 % N, Ammonium-N, langsam wirkend, UF 5,0 – Kalkammonsalpeter: 27,5 % N, Nitrat-N, schnell und anhaltend wirkend,	1. Superphosphat: 16 bis 18 % P, wasserlöslich, UF 5,9 2. Thomasphosphat: 12 bis 16 % P, zitronensäurelöslich, UF 7,1 3. Novaphos: 22 bis 23 % P, wasser- und zitronensäurelöslich, UF 4,4 4. Hyperphos: 20 bis 35 % P, ameisen-	1. 50er Kalium: 50 % K, 20 % Kochsalz!, UF 2,0 2. Korn-Kalium mit Magnesium: 40 % K, 5 % Mg, 16 % Kochsalz!, UF 2,5 3. Kaliumsulfat: 50 % K, UF 2,0 4. Kaliummagnesia: 30 % K, 10 % Mg, UF 3,3	1. Alle Dünger mit Mg-Gehalt 2. Magnesiumbranntkalk: 70 bis 90 % CaO, Rest MgO 3. Kieserit: 27 % Mg, UF 3,7	1. Kohlensaurer Kalk: 80 bis 90 % Ca, UF 1,3 bis 1,1 2. Branntkalk: 70 bis 90 % Ca, UF 1,4 bis 1,1 3. Magnesiumbranntkalk: 70 bis 90 % Ca, 10 bis 30 % Mg, UF 1,4 bis 1,1

Dünger	Stickstoff (N)	Phosphor (P_2O_5)	Kalium (K_2O)	Magnesium (MgO)	Kalk (CaO)
	UF 3,6 – Harnstoff: 46 % N, Amid-N, schnellwirkend, UF 2,2	säurelöslich, UF 5,0 bis 2,9			
Ausbringung in Reinnährstoff in kg/100 m²	0,5 bis 0,8 kg je nach Boden	0,3 bis 0,7 kg, bei der Vorratsdüngung vor der Neuanlage 1,0 bis 1,5 kg	0,5 bis 1,0 kg	0,6 bis 1,0 kg	< pH 5,5 Gesundkalkung mehrjährig 40 bis 50 kg, pH 5,6 bis 6,5 jährlich 10 bis 20 kg, pH 6,6 bis 7,2 alle drei Jahre 10 bis 20 kg
Ausbringtermin und -art	Mai 2/3, Anfang Juli 1/3, breitwürfig, flach einarbeiten oder vor Regen, Blattverbrennungen möglich!	zu jeder Zeit, breitwürfig, vor der Neuanlage tief einarbeiten	gemeinsam mit Phosphor, mischbar, bei leichten Böden 1/3 nach der Blüte	gemeinsam mit Phosphor und Kalium zur Herbstdüngung	Herbst, Winter, nicht auf Stallmist streuen, Gesundkalkung vor der Neuanlage
Bemerkungen	Harnstoff ist zur Blattdüngung geeignet, 50 bis 100 g/10 l zur Spritzbrühe hinzugeben	im stark sauren (< pH 5,8) und stark alkalischen (> pH 7,5) Boden ist die Aufnahme gestört, daher Kalkung wichtig	K-Überschuss kann Mg-Mangel hervorrufen, die Rebe ist chlorempfindlich, daher und wegen Mg vor allem 4. bevorzugen	Mg-Mangel kann kurzfristig mit Magnesiumsulfat (Bittersalz) behoben werden, 0,5- bis 1,0%ig in die Spritzbrühe nach der Blüte	auf Kalkböden kann es bei Schlechtwetterperioden zu Eisenmangel (Chlorose) kommen, kurzfristige Behebung mit Eisenchelaten zur Spritzbrühe, Mittel: Folicin, Sequestren, Fetrilon, Wuxal

Schwefelmangelerscheinungen sehr selten. Eine gewisse Bedeutung besitzt Eisenmangel. Vor allem Kalkböden und schwere Böden verursachen Eisenmangelchlorose. Die Ursache liegt im gestörten Verhältnis der Kalzium- und Eisenaufnahme während lang andauernden Schlechtwetterperioden. Kalzium wird im Überschuss aufgenommen. Abhilfe schafft die Blattspritzung mit 0,1- bis 0,2%igen Eisenchelaten. Sie werden den Pflanzenschutzmitteln zugemischt.

Der für die Reben günstigste pH-Wert liegt zwischen 6,0 und 7,0. Bei Bedarf wird mit der Kalkung der entsprechende pH-Wert eingestellt. Bei starker Versauerung (pH < 5,5) wird die nötige Gabe auf zwei bis drei Jahre verteilt. Die empfohlenen Phosphor- und Kalimengen werden im Herbst gestreut.

Kalk-, Kali- und Phosphordünger sind mischbar. Meist werden im Handel Mehrnährstoffdünger angeboten. Stickstoff- und Kalkdünger dürfen jedoch nicht gemischt werden.

Am schwierigsten ist die Stickstoffdüngung zu handhaben. Sie muss dem Ertrag und dem Wachstum angepasst sein. Teilzeit- oder Dauerbegrünungen schaffen über Jahre hinweg eine langsam fließende Stickstoffquelle, sodass bei Humusgehalten über 2,5 % höchstens eine Startdüngung verabreicht wird. Bei Bodenbedeckung mit Stroh reicht eine Startgabe mit 2 kg/a Reinstickstoff aus, um das weite C/N-Verhältnis einzuengen. Stickstoff wird im Mai breitwürfig gestreut. Flache Einarbeitung verhindert Verluste. Tätige Böden in warmer Hanglage mineralisieren jährlich 0,3 bis 1,0 kg/a Nitratstickstoff, sodass auf eine N-Düngung verzichtet werden kann.

Bor wird als Mikronährstoff in kleinen Mengen benötigt. Mangel oder Überversorgung führen zu totalem Verrieseln. Die zu verabreichenden Mengen liegen bei 50 bis 120 g/a.

Ein kleiner Rat zum Schluss: Es lohnt sich, über die Bodenuntersuchungsergebnisse und die Düngung Buch zu führen. Erst nach Ablauf mehrerer Zyklen erkennt man, ob die getroffenen Maßnahmen richtig waren.

Rebschutz

Der in Europa ursprüngliche wurzelechte Weinbau kannte die Bestands- und Ertragsschädlinge Echter und Falscher Mehltau nicht. Sie wurden in dem gleichen Zeitraum, in dem die Reblaus aus Nordamerika „importiert“ wurde, ebenfalls in Europa eingeschleppt. Roter Brenner als Pilzkrankheit und der Traubenwickler, der als Heu- und Sauerwurm schädigt, sind heimische Rebschädiger.

Im heutigen Weinbau sind beide Mehltauarten, der Traubenwickler und der Grauschimmel die wichtigsten Schaderreger. Wie im Obstbau spielen auch Rote Spinne und die Bohnenspinnmilbe im Verein mit der rebtypischen Kräuselmilbe keine unbedeutende Rolle. Ihre Saugtätigkeit (besonders die der Kräuselmilbe) kann erhebliche Schäden anrichten, die bis zum Totalausfall führen. Die Zikade, im südeuropäischen Weinbau wohlbekannt, ist neuerdings ebenfalls ein ernst zu nehmender Schädling.

Der europäische Weinbau hat durch die Veredlung auf reblaustolerante Unterlagen die Reblausseuche gemeistert. Damit waren die europäischen Winzer auch die ersten Landwirte, die einen Schädling biologisch bekämpften.

Von besonderer Bedeutung ist der „Allerweltspilz“ Grauschimmel. Er befällt bei feuchtem Wetter Triebe, Blätter, Gescheine und die Trauben. Je nach Befallszeitpunkt kommt es bei Trauben zur unerwünschten Sauerfäule oder bei Vollreife zur erwünschten Edelfäule, die zu hochedlen Weinen führt.

Trauben müssen außerdem vor Staren und Amseln geschützt werden. Bei frühen Sorten und Tafeltrauben können auch Wespen große Schäden anrichten. Im Gefolge kommen dann Bienen und vor allem Fliegen, von denen die Essigfliegen beim Winzer besonders gefürchtet sind.

Durch geeignete Maßnahmen lassen sich Krankheits- und Schädlingsbefall verringern. Der biologische Rebschutz gewinnt allgemein an Bedeutung.

Völlig ohne Chemie geht es jedoch (noch) nicht. Die Kenntnis der wichtigsten Präparate, ihrer Wirkung und ihres Einflusses auf Mensch, Rebe und Umwelt, schafft Voraussetzungen, um mit einem Minimum an Rebschutzmitteln auszukommen. Dazu gehört auch das Wissen um die Biologie des Schädigers. Von großer Bedeutung ist auch die genaue Kenntnis der gesetzlichen Bestimmungen zum Pflanzenschutz.

Praxis des Rebschutzes

Der Pflanzenschutz hat sich mittlerweile zur Phytomedizin entwickelt. Rebschutzmittel sind die „Arzneien“ des Winzers. Er ist der „Rebenarzt“! Rebschutz erschöpft sich jedoch nicht in der chemischen Bekämpfung, sondern es sind zu unterscheiden: Vorbeugender Rebschutz, Biologischer Rebschutz, Gesetzlicher Rebschutz, Mechanischer Rebschutz, Chemischer Rebschutz und Frostschutz.

Vorbeugender Rebschutz

Winzer können mit weinbaulichen Maßnahmen beitragen, den Einsatz chemischer Präparate zu verringern. Im Hausgarten treten zwar durch die Artenvielfalt und zahllose Nützlinge meist weniger Schaderreger auf, aber völlig ohne Pflanzenschutzmittel kommt man auch bei wenigen Rebstöcken nicht aus. Ein Mindestmaß an Chemie bleibt!

Die wichtigste vorbeugende Rebschutzmaßnahme ist die luftige, weiträumige Erziehung. Die Mehltaupilze benötigen zum Keimen der Sporen über eine bestimmte Zeit tropfbares Wasser. Schnelles Abtrocknen nach Niederschlägen verringert also den Pilzbefall. Ebenso wichtig sind rechtzeitige Laubarbeiten und kurzgehaltene Gassenbegrünungen, um ein luftfeuchtes Bestandsklima und die Spätfrostgefahr zu verringern.

Durch die Monokultur und den Einsatz chemischer Breitbandmittel sind die natürlichen Gegenspieler der Krankheiten und Schädlinge vernichtet oder stark dezimiert worden. Mit dem Einsatz nützlingsschonender Mittel baut sich jedoch langsam wieder eine wirksame Population der Gegenspieler auf. Raubmilbenschonende Mittel gegen die Milben sind dafür ein praktisches Beispiel. Nicht zuletzt trägt Artenvielfalt durch Begrünung zum Aufbau einer Nützlingspopulation bei. Auch die Verwendung von Pfropfreben gehört zum vorbeugenden Rebschutz, weil dadurch in idealer Weise der Zyklus von Wurzel- und Blattreblaus unterbrochen wird. Mit einer mehrjährigen Brache nach dem Roden beugt man dem Auftreten von Nematoden und der Mauke, einer krebsartigen Wucherung am Holz, am besten vor.

Die harmonische Düngung konditioniert die Rebe und macht sie weniger anfällig. Auch die richtige, standortgerechte Unterlagen- und Sortenwahl gehört ebenso zum vorbeugenden Rebschutz wie die richtige Stockbelastung. Während durch Überforderung schwache, anfällige Rebstöcke verursacht werden, ergibt die Unterforderung mastiges Wachstum, was ebenso zur Anfälligkeit führt.

Wenn der Winzer den Weinberg als Ökosystem begreift und nur eingreift, wenn die Schadschwellen überschritten werden, setzt sich eine gewisse Selbstregulierung durch. Aber da die Rebe in Mitteleuropa gerade noch ihr Fortkommen findet und durch fremde, importierte Schädiger belastet wird, bedarf sie unserer intensiven Hilfe.

Luftige, weiträumige Erziehung ist der entscheidende Schritt zum vorbeugenden Rebschutz.

Biologischer Rebschutz

Zum biologischen Rebschutz gehören die Verwendung der Pfropfrebe und die Pflanzung mehltautoleranter Sorten.

Das epidemische Auftreten von Krankheiten und Schädlingen wird durch Monokultur verursacht, auf die jedoch aus wirtschaftlichen Gründen nicht verzichtet werden kann. Die natürlichste Methode des biologischen Rebschutzes ist die Nutzung der Gegenspieler im Ökosystem Weinberg. Leider haben Nützlinge (vom Standpunkt des Menschen aus) meist nur geringe Vermehrungsraten.

Der biologische Rebschutz nutzt die so genannten Pheromone zur Bekämpfung von Schädlingen. Dies sei am Beispiel des Traubenwicklers erläutert.

Die Weibchen des Traubenwicklers beider Arten (Einbindiger und Bekreuzter Traubenwickler) senden Signalstoffe, **Pheromone**, aus, mit denen sie den Männchen Paarungsbereitschaft signalisieren. Da Pheromone synthetisch herstellbar sind, kann der Winzer diese chemische Signali-

Weinbergslagen im Meißner Spaargebirge (Sachsen).

sierung nutzen. Dabei gibt es zwei Möglichkeiten:

1. Die Konfusionsmethode: Sie kommt für den Hobby-Winzer kaum in Betracht, weil die Flächen zu klein sind und deshalb Weibchen aus unbehandelten Parzellen einfliegen. Es sei denn, man entschließt sich zu einer Gemeinschaftsaktion. Fünf Pheromonampullen aus Plastik werden je Ar vor Flugbeginn an die Biegedrähte gehangen. Die Männchen werden verwirrt; es erfolgt keine Befruchtung der Weibchen und die Population bricht zusammen. Dafür ist ein funktionierender Warndienst nötig. Mit Pheromonfallen lässt sich außerdem der Flug der Insekten verfolgen.
2. Das Aggregationsverfahren: Die männlichen Motten werden durch Pheromonkapseln in Fallen gelockt und bleiben auf einer Leimfläche haften. An der Zahl der Motten kann man den Flugverlauf verfolgen. Die Zahl der Fallen pro Fläche ist von Windstärke, Geländeform und Bestandsdichte abhängig. Erfahrungen muss jeder selbst sammeln. Die Schadschwelle ist umstritten.

Eine weitere Variante ist der Einsatz des **Bakteriums Bacillus thuringiensis**. Dieses Bakterium schmarotzt auf den Räupchen des Traubenwicklers, sodass sie absterben. Die Mittel müssen allerdings beim Ausschlüpfen „vor Ort" sein. Sie werden mit 10 bis 20 ml/a oder 5 bis 10 g/a in üblicher Wassermenge je nach Formulierung unter Zusatz von 100 g Zucker gespritzt. Für einen hinreichenden Erfolg sind zwei Spritzungen nötig. Die Mittel sind mit Fungiziden mischbar. Die Wirksamkeit ist stark wetterabhängig; bei Regen wird das Mittel teilweise abgewaschen.

Der Vorteil beider Verfahren besteht in ihrer artspezifischen Wirkung, sodass andere Insekten nicht geschädigt werden.

Seit einigen Jahren ist auch die Wiederansiedlung von **Raubmilben** der Gattung *Typhlodromus* in den von Nützlingen durch die „chemische Keule" ausgeräumten Weinbergen erfolgreich. Die Raubmilben können zwar Massenvermehrungen nicht verhindern, sind aber in der Lage, den Ausgangsbesatz stark zu mindern. Alle Insektizide werden auf Raubmilbenschonung geprüft und sind als solche gekennzeichnet.

Biologische Gegenspieler des Mehltaus und des Grauschimmels sind nicht bekannt. Es gibt Rebarten, die durch ihren Bau und ihre chemische Zusammensetzung des Pflanzensaftes mehr oder weniger resistent gegen diese Krankheiten sind. Das hat sich die Züchtung bei den mehltautoleranten interspezifischen Sorten zunutze gemacht. Verbunden ist dies meist mit einer Toleranz gegen Grauschimmel.

Pheromone und *Bacillus thuringiensis* werden im modernen Weinbau erfolgreich gegen den Traubenwickler eingesetzt. Raubmilben sind erfolgreiche Gegenspieler der Spinnmilben.

Gesetzlicher Rebschutz

Die Gesetzgebung verfolgt drei Ziele:

1. Verhinderung der Einschleppung von Krankheiten und Schädlingen. Deshalb werden alle Pflanzensendungen an den Grenzen kontrolliert.
2. Verhinderung der Ausbreitung von Krankheiten und Schädlingen im Land.
3. Kontrolle der Bekämpfung bezüglich Wirksamkeit gegen Krankheiten und Schädlinge und des Schutzes von Umwelt, Tier und Mensch bei der Anwen-

dung. Alle Pflanzenschutzmittel unterliegen der staatlichen Zulassung.

Auch der Hobby-Winzer darf das Pflanzenschutzgesetz nicht umgehen, will er sich und die Umwelt nicht gefährden.

Folgende Grundregeln sind beim Umgang mit Rebschutzmitteln zu beachten:

- Spritzbrühen nur in den vorgeschriebenen Konzentrationen zubereiten bzw. Aufwandmengen verwenden.
- Bei der Arbeit mit Pflanzenschutzmitteln nicht essen, trinken und rauchen; Atemmaske tragen und nach der Arbeit gründlich waschen.
- Berührungen von Augen, Haut und Schleimhäuten vermeiden; Spritznebel und Stäubewolken nicht einatmen.
- Pflanzenschutzmittel getrennt von Futter- und Lebensmitteln in eigenen Giftkammern oder -schränken lagern; diese verschlossen halten.
- Den Umgang mit Pflanzenschutzmitteln nur zuverlässigen, geistig und körperlich Gesunden übertragen; Schwangeren ist der Umgang mit Pflanzenschutzmitteln untersagt.
- Die vorgeschriebenen Wartezeiten unbedingt einhalten.
- Einhaltung der „Grundsätze für die Durchführung der guten fachlichen Praxis im Pflanzenschutz“ (Bundesanzeiger Nr. 2200 vom 21. 11. 1998).
- Bei Vergiftungserscheinungen sofort den Arzt aufsuchen und die Originalpackung mitnehmen.

Giftige Spritzmittel und deren Behältnisse (Totenkopf mit den Symbolen T^+, T, X_n) sind Sondermüll und dürfen nur über das Schadstoffmobil entsorgt werden. Spritzungen dürfen bei bienengefährlichen Mitteln nur außerhalb der Bienenflugzeiten ausgeführt werden. Begrünungen sind vorher zu mulchen! Unterkulturen im Garten sind abzudecken!

Spritzmittel und ihre Behälter sind Sondermüll und über das Schadstoffmobil zu entsorgen.

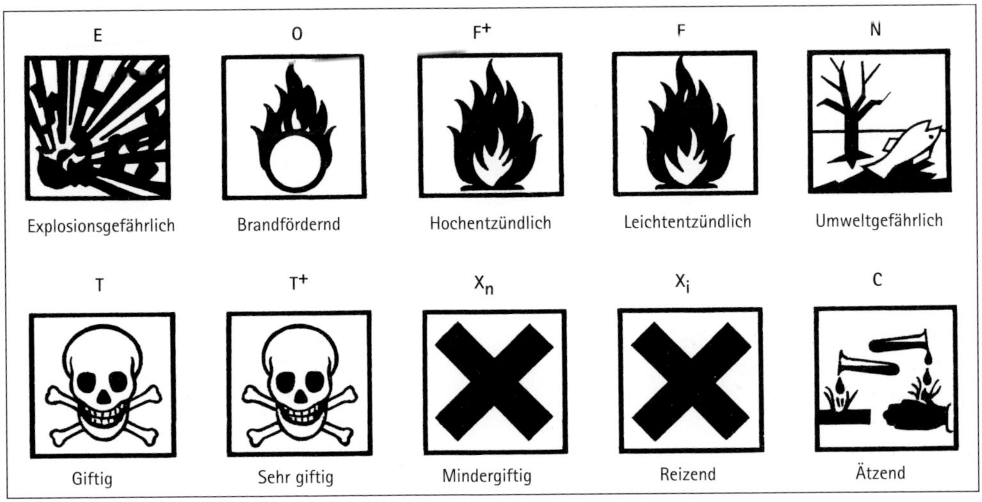

Gefahrensymbole.

Mechanischer Rebschutz

Der mechanische Rebschutz gehört zu den ältesten Verfahren. Für den Hobby-Winzer mit wenigen Rebstöcken haben mechanische Methoden dennoch ihre Berechtigung.

Das Absammeln des Heu- und Sauerwurms geschieht durch Abklopfen der Gescheine und Trauben. Die Larven verlassen an einem Faden das Geschein oder die Traube, sodass sie gesammelt werden können. Gespinste können auch herausgeschnitten werden. Befallene Beeren kann man pinzieren.

Die Raupen des Rhombenspanners, Rebstichlers, Dickmaulrüsslers und andere Schädlinge lassen sich ebenfalls absammeln.

Beim Echten Mehltau beginnt der Befall mit so genannten „Zeigertrieben". Sorgfältige Bestandskontrolle mit Ausbrechen befallener Triebe verhindert die Massenausbreitung. Beim Falschen Mehltau kann bei wenigen Stöcken durch Ausbrechen der Blätter mit Ölflecken seine Ausbreitung verlangsamt werden.

Der Schutz der Trauben mit Netzen gegen Stare und Amseln ist in manchen Jahren nötig, um überhaupt Trauben zu ernten. Phonoakustische Abwehr ist möglich, in Wohngebieten aber unbeliebt. Windbetriebene Rasseln führen rasch zu Gewöhnung.

Mindest-Rebschutzplan für den Hobby-Winzer

Entwicklungsstadium	Spritzung	Krankheiten	Schädlinge	Mittel
Augen in der Wolle	Spätwinterspritzung	–	Milben	Netzschwefel, Ölpräparate
Beginnender Austrieb, 1 bis 3 Blättchen	Austriebsspritzung	Echter Mehltau	Milben	Netzschwefel, Organische Fungizide
Gescheine kurz vor der Blüte	Vorblütespritzung	Echter Mehltau	Traubenwickler	Netzschwefel, Organische Fungizide, Pheromone
Trauben beginnen zu hängen, Beeren stecknadelkopfgroß	Nachblütespritzung	Echter Mehltau, Falscher Mehltau	Traubenwickler	Organische Fungizide, Pheromone
Traubenschluss, Beeren erbsengroß	Abschlussspritzung	Echter Mehltau, Falscher Mehltau, Grauschimmel	Traubenwickler	Organische Fungizide, Pheromone

Bemerkungen: Mittelnamen und Wirkstoffgruppen können nicht angegeben werden, da der jährliche Wandel groß ist. Auch der Hobby-Winzer sollte sich ein Pflanzenschutzmittelverzeichnis (siehe Bezugsquellen, Seite 159) beschaffen.

Bei dichttraubigen Tafeltrauben ist das Pinzieren der unreifen Beeren ein bewährtes Mittel, diese gegen die Fäule zu schützen. Im Reifestadium pinziert man einzelne faule Beeren oder Traubenteile.

Auch das – wenn auch schwierige – Fangen der Wühlmäuse mittels Fallen ist eine Maßnahme des mechanischen Rebschutzes.

Chemischer Rebschutz

Der Hobby-Winzer ist auf vorbeugenden chemischen Rebschutz angewiesen. Allerdings muss auch er sich bemühen, die Umwelt so wenig wie möglich zu belasten. Trotzdem werden in witterungsnormalen Jahren vier bis fünf Spritzungen benötigt. Sie stellen das „Grundgerüst" des Rebschutzes dar. Für Jungfelder gilt grundsätzlich dieselbe Spritzfolge, aber ohne Traubenwicklerbekämpfung.

Vor der Anwendung ist auf die Mischbarkeit der Mittel untereinander zu achten. Die Firmen prüfen in dieser Hinsicht meist nur ihre eigenen Mittel. Die Wartezeiten sind unbedingt einzuhalten.

Zwischen Wasserleitung und Spritze ist immer ein Zwischengefäß, das nur für den Rebschutz verwendet wird, einzuschalten. Pulvrige und granulierte Präparate werden klumpenfrei angeteigt und eingerührt. Zum Schluss werden die Flüssigkeiten zugesetzt. Vor jeder Füllung der Spritze ist die Brühe aufzurühren, da solche Suspensionen schnell sedimentieren. Nach Möglichkeit sollte nur der Tagesbedarf angerührt werden! Bei Temperaturen über 25 °C darf nicht gespritzt werden. Beim Spritzen muss eine den Körper möglichst vollständig bedeckende Spritzkleidung getragen werden. Das Anlegen einer Atemschutzmaske ist Vorschrift! Gespritzt oder gesprüht wird nur bei Windstille, um Abdrift zu vermeiden. Bei Wandspalieren und Pergolen sind entsprechend lange Spritzrohre zu verwenden, damit man nicht unter dem Spritznebel steht. Dass bei Regen nicht gespritzt werden kann, erscheint selbstverständlich. Hatten die Spritzmittel Zeit anzutrocknen, beeinträchtigt nachfolgender Regen ihre Wirksamkeit nicht, zumal moderne Mittel entsprechend formuliert sind.

Der angegebene Spritzplan basiert auf den Erfahrungen des Verfassers in Sachsen. Es muss jedoch betont werden, dass die Mittel und ihre Wirkstoffe einem starken jährlichen Wandel unterworfen sind. Deshalb muss sich auch der Hobby-Winzer vor der Anwendung im Pflanzenschutzmittelverzeichnis über die Zulässigkeit der einzelnen Mittel informieren.

Zugleich auch Bekämpfung von Krankheiten und Schädlingen anderer Gartenpflanzen?

Der Hausgarten mit Rasen, Gemüsebeeten, Obstbäumen und Stauden als auch Reben ist artenreicher als ein Weinberg. Er ist ein eigenes Ökosystem.

Im Hausgarten ist der Rebschutz durch die Nachbarschaft mit anderen Kultur- und Nutzpflanzen besonders schwierig, aber es kommt seltener zu epidemischem Befall. Nur bei Massenbefall sollten chemische Mittel eingesetzt werden.

Die Wartezeiten bereiten hier mitunter größere Schwierigkeiten. In der Zeit, wenn gegen Mehltau an Reben gespritzt werden muss, reifen in der Nachbarschaft beispielsweise gerade die Erdbeeren. In diesem Fall bleibt nur die Möglichkeit, die Erdbeeren abzudecken. Oder am Haus mit farbiger Fassade steht eine rebenbewachsene Pergola, die gegen Mehltau gespritzt werden muss. Entweder man spritzt und verschmutzt die Fassade oder man hat eine saubere Fassade aber Lederbeeren oder Samenbruch. Kompromisse sind unausbleiblich.

Obstgehölze, Beerensträucher, Rosen, Lilien und andere Arten sind zum Glück nahezu zu gleichen Terminen, mit gleichen Mitteln gegen artverwandte Krankheiten und Schädlinge zu spritzen. Man beachte: Moderne Mittel wirken nur noch krankheits- oder schädlingsspezifisch. „Breitbandmittel“ sind selten geworden! Bei einem in der Nähe befindlichen Brunnen oder Bienenhaus müssen die gesetzlichen Bestimmungen eingehalten werden. Gartenteiche oder der Swimmingpool müssen abgedeckt werden.

Für den Hausgarten und kleinen Weinberg genügt eine kostengünstige 10-l-Rückenspritze. Allerdings entsteht bei den von Hobby-Winzern benötigten geringen Mittelmengen das Problem, dass die Industrie nur große Gebinde anbietet.

Zum Ausbringen kleiner Mengen genügen ausgediente Handsprühgeräte aus dem Haushalt. Sie müssen gekennzeichnet werden und gehören mit in den Giftschrank.

Vier bis fünf Behandlungen stellen das Grundgerüst des Rebschutzes dar.

Bedeutende Krankheiten und Schädlinge

Die wichtigsten Krankheiten sind Echter Mehltau, Falscher Mehltau und der Grauschimmel. Regionale Bedeutung haben Roter Brenner und die Schwarzfleckenkrankheit.

Echter Mehltau (*Uncinula necator*)
- Pilzkrankheit, die alle grünen Rebteile befällt.
- Befall tritt von Mai bis September auf.
- Symptome sind bemehlte Blattoberflächen, aufgeplatzte Beeren und sichtbare Samen (Samenbruch). Befallene Beeren werden bitter und ungenießbar. Krankes Holz bekommt unregelmäßige, graublaue bis violette *Oidium*-Figuren, die auf hohen Befallsdruck im Folgejahr deuten. Im Mai/Juni sind stark befallene einzelne Zeigertriebe sofort auszubrechen und zu verbrennen. Totalausfall ist möglich.
- Bekämpfung: Licht und Luft verringern den Befall. Vor der Blüte Netzschwefelpräparate und nach der Blüte organische Fungizide einsetzen. Pflanzung mehltautoleranter Sorten.

Falscher Mehltau (*Plasmopara viticola*)
- Pilzkrankheit, die Blätter, Gescheine und unreife Trauben befällt.
- Befall tritt vom Frühjahr bis zum Spätsommer auf. Sporen überwintern im Laub infizierter Blätter. Feuchtes und warmes Wetter begünstigt das Auftreten. Mehrere Infektionswellen.
- Symptome sind zunächst ölige Flecken auf der Blattoberfläche (Ölflecke), später auf der Blattunterseite weiße Rasen, die noch später unregelmäßig begrenzt sind. Blattfall. Lederbeeren. Totalausfall ist möglich.
- Bekämpfung: Luftige und schnell abtrocknende Bestände sind wichtig. Systemische Fungizide in regelmäßigen Abständen ausbringen. Gleichmäßigen Belag der Fungizide auf der Blattunterseite sichern.

Grauschimmel (*Botrytis cinerea*)
- Pilzkrankheit, die Blätter, Gescheine, Trauben und Holz befällt.
- Befall beginnt im Frühjahr. Pilz wächst auch bei niedrigen Temperaturen. Blätter, Gescheine und grüne Triebe werden in

Echter Mehltau und Oidium-Figuren am Holz.

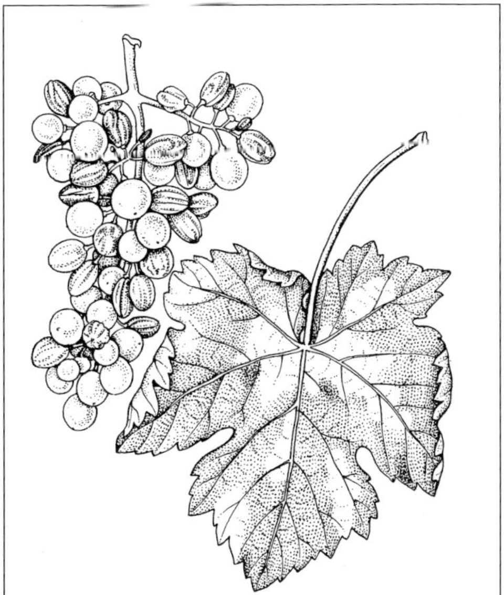

Falscher Mehltau.

Grauschimmel.

feuchten und kühlen Perioden befallen.

- Symptome sind typischer mausgrauer Pilzrasen. Gefürchtet ist Gescheins-*Botrytis*, wenn die Käppchen auf der Blüte verfaulen. Bei den Trauben wird zwischen Sauerfäule (unter 60 Grad Oechsle) und Edelfäule (über 60 Grad Oechsle) unterschieden.
- Bekämpfung: Luftige und schnell abtrocknende Bestände. Traubenzone zu Reifebeginn entblättern. Behandlung mit Spezialbotrytiziden.

Abbaukrankheiten

- Durch Viren oder Bakterien verursacht.
- Symptome:
  Blattrollkrankheit. Virose – Blätter rollen sich nach unten ein, Wuchs ist vermindert.
  Reisigkrankheit. Virose – Besenwuchs, kleine Trauben, Blattvergilbungen.
  Mauke. Bakterienkrankheit – nach strengen Wintern an den Stämmen blumenkohlartige Wucherungen.
- Bekämpfung:
  Virosen – nur virusgetestete Pfropfreben pflanzen (Zertifikat!). Da Viren durch Nematoden bodenübertragbar sind, Brachezeit einhalten.
  Mauke – Ausschneiden befallener Stammteile, nur maukegetestete Pfropfreben pflanzen (Zertifikat!).

Milben (Blattgall-, Kräusel- und Spinnmilben)

- Rebenpockenmilbe und Kräuselmilbe sind Rebenspezialisten. Von den Spinnmilben treten auf Reben Obstbaum- und Bohnenspinnmilbe auf.
- Symptome:
  Rebenpockenmilbe. Verursacht selten Schäden. Warzenartige Erhebungen auf der Blattoberseite mit unterseits dichtem Filz, oft nur auf den unteren Blättern.
  Kräuselmilbe. Befällt bereits die Augen, die bei starkem Befall nicht austreiben. Besenwuchs. Blätter löffelartig gebogen. Erhebliche Ertragsausfälle bei starkem Befall.
  Obstbaumspinnmilbe. Feuchtwarme Witterung führt zu Massenvermehrungen. Nadelstichgroße Blattaufhellungen, die bei starkem Befall zu Blattzerreißungen führen.
  Bohnenspinnmilbe. Trockene Hitze führt zu Massenvermehrungen. Symptome wie vorige.
- Bekämpfung: Mit jährlich zu wechselnden Akariziden (Mittel gegen Milben) zu Beginn des Knospenschwellens. Mehrmals wiederholen (Resistenzgefahr!). Netzschwefel gegen Echten Mehltau hat gute Nebenwirkung gegen Milben. Durch nützlingsschonende Insektizide Aufbau einer Gegenspielerpopulation von Raubmilben, Marienkäfern und Blumenwanzen ermöglichen.

Traubenwickler (Heu- und Sauerwurm)

- Heu- und Sauerwurm sind zwei Generationen eines Schädlings, der in zwei Arten, dem Einbindigen und dem Bekreuzten Traubenwickler, auftritt. 1. Generation: Heuwurm während der Blüte, 2. Generation: Sauerwurm vor der Traubenreife, gelegentlich 3. Generation: Süßwurm in der Reife.
- Symptome: Räupchen verspinnen mehrere Blüten zum Gespinst. Bei der zweiten Generation werden die Eier einzeln an grüne Beeren abgelegt und die Räupchen bohren sich in die Beere. Räupchen 10 bis 12 mm groß.
- Schadensschwelle: 10 Räupchen/100 Gescheine bzw. 5 Räupchen/100 Trauben.
- Bekämpfung: Richtet sich nach der Mehltaubekämpfung. Mit Insektiziden,

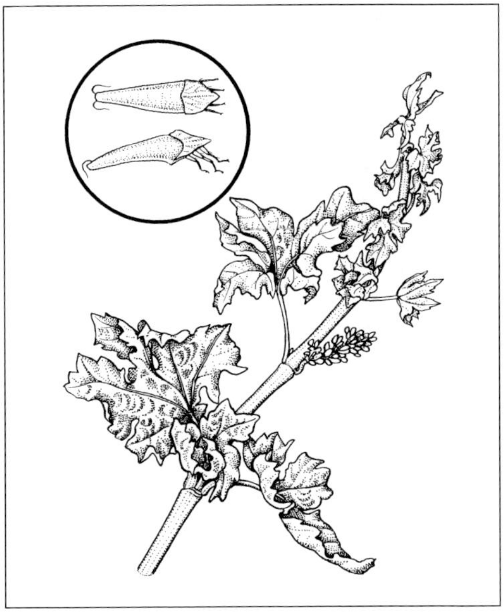

Befall durch Kräuselmilben.

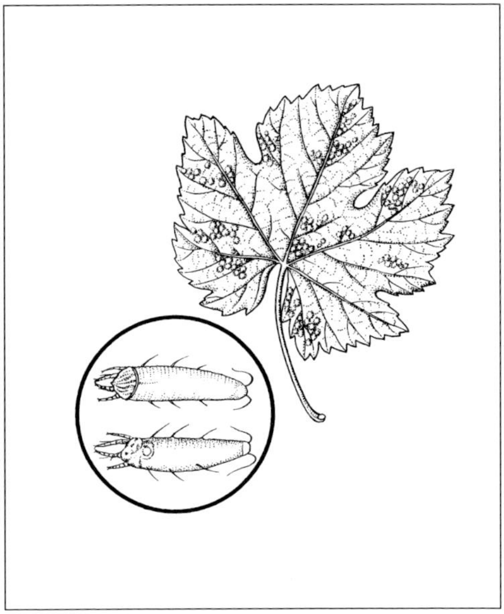

Befall durch Rebenpockenmilben.

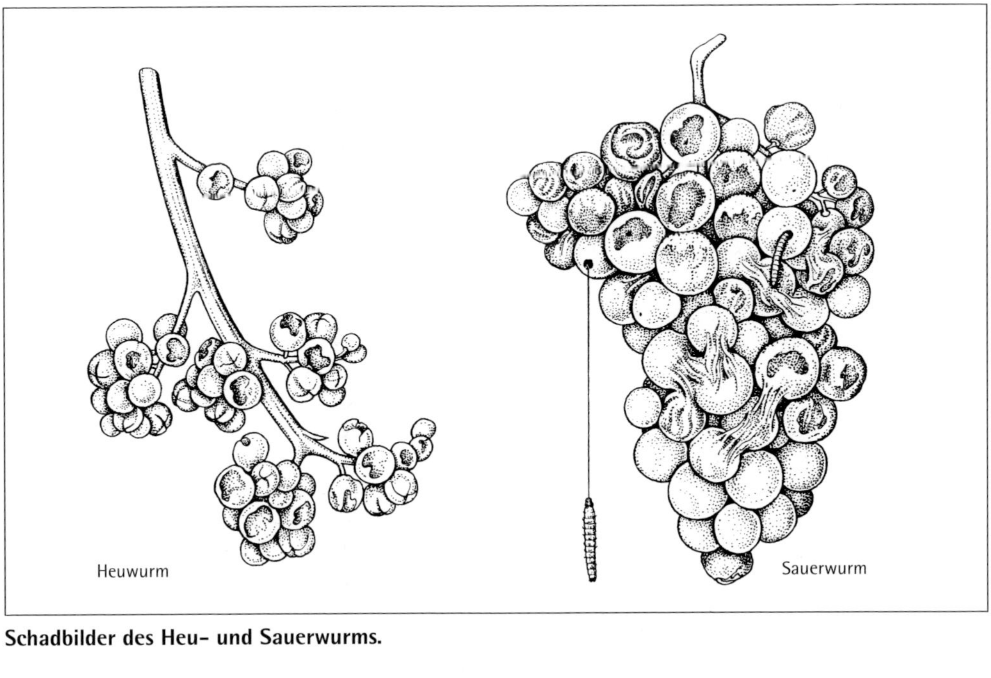

Schadbilder des Heu- und Sauerwurms.

besser mit Pheromonen (siehe „Biologische Bekämpfung“).

Gelegenheitsschädlinge

Als Gelegenheitsschädling soll an dieser Stelle die Reblaus genannt werden, da sie durch die Pfropfreben ihren Schrecken verloren hat. Aber – und das sei auch nicht verschwiegen – es gibt verstärkt Anzeichen, dass die Reblaus im Pfropfrebenbau ihre Existenzmöglichkeit gefunden hat. Über das Warum ist sich die Wissenschaft nicht einig. Hauptschädlinge sind die Wurzelläuse mit ihrem komplizierten Lebensrhythmus. An alten Spalieren trifft man mitunter alte Hybriden, die blattoberseits erbsengroße, krugförmige Ausstülpungen mit einer Reuse als Öffnung haben, in denen die Blattrebläuse leben. Solche Stöcke müssen gerodet und den Landwirtschaftsämtern gemeldet werden.

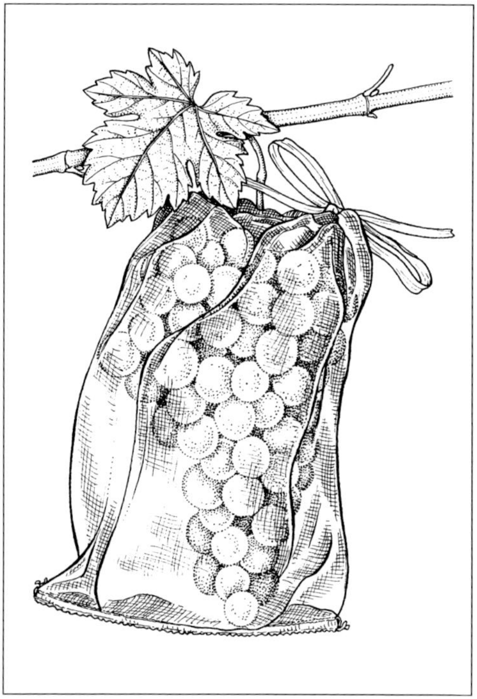

Wertvolle Trauben werden mit Gazebeuteln geschützt.

Gelegenheitsschädlinge sind außerdem Springwurm, Rebstichler, Rhombenspanner sowie die Kleine und Wollige Rebenschildlaus. Durch den Wegfall des regelmäßigen Insektizideinsatzes gegen den Traubenwickler sind diese Schädlinge wieder im Kommen. Besonders unangenehm ist der Rebstichler durch das Ausfressen der Augen mitunter ganzer Stöcke. Wegen des Puppenunterschlupfes wird er vom Winzer auch Zigarrenmacher genannt. Dickmaulrüssler, Drahtwürmer und andere Rüsslerarten können in Junganlagen erhebliche Schäden anrichten. Wühlmäuse werden sogar alten Stöcken gefährlich.

Vögel und Wespen

Die Vorliebe des Stars für Kirschen und Trauben ist sprichwörtlich. Amsel und Drossel sind ebensolche Traubendiebe, aber auch Sperling, Fasan und Rebhuhn laben sich an süßen Trauben. Der Star fällt meist von oben in Schwärmen ein; Amsel und Drossel als Bodenvögel fallen seitlich ein.

In den Weinbaugebieten sind in manchen Jahren riesige Schwärme der Nordstare zu beobachten, die in kurzer Zeit große Flächen leer fressen. Im Hausgarten sind es meist Einzeltiere und Amseln. Vogelscheuchen bleiben fast nutzlos. Die akustische Abwehr mit Knallgeräten verbietet sich in Wohngebieten. Die phonoakustische Abwehr mit dem Angstschrei des Stars ist umweltfreundlich aber teuer und in Wohngebieten umstritten. Dem

Bastler sei der Bau eines Windrades mit Klapperton geraten. Der entstehende Lärm ist jedoch in Wohngebieten ebenfalls fragwürdig. Außerdem ist eine gewisse Gewöhnung bei den Staren festzustellen.

Vogelschutznetze mit einer Maschenweite von 20 bis 40 mm sind die beste Schutzmöglichkeit. Wenn sie sorgfältig wieder aufgenommen werden, halten sie viele Jahre. Die leichteren Netze mit 3 g/m^2 halten etwa drei Jahre, die schweren mit 20 g/m^2 fünf Jahre und länger. Da die Seiten gegen Amseln ebenfalls abgehangen werden müssen, verfängt sich leider manches Kleingetier (Igel) in den Netzen. Deshalb sollten sie täglich kontrolliert werden!

An Spalieren, und besonders bei frühen Sorten, richten Wespen große Schäden an. Bienen können Beeren nicht aufbeißen. Sie sind, ebenso wie Fliegen, Sekundärschädlinge. Die Wespenabwehr ist schwierig. Im Frühjahr sind die Königinnen zu fangen. Da Wespen bis 5 km anfliegen, erreicht man nur diejenigen am Standort. Das Aufhängen von Flaschen mit einer Köderflüssigkeit verspricht einigen Erfolg. Der Autor erreichte mit einem Gemisch von etwas Wein und Bier unter Zusatz von Essig und Zucker gute Ergebnisse. Besonders wertvolle und attraktive Tafeltrauben schützt man mit einem lichten, großen Gazebeutel.

Frostschutz

Gegen Winterfrost ist der Erwerbswinzer nahezu machtlos. Nur durch geeignete Sortenwahl kann indirekt Einfluss genommen werden. Das aus dem Obstbau bekannte Kalken von Stämmen kann der Hobby-Winzer sowohl im Hausgarten als auch an Spalier und Pergola anwenden. Das Kalken verhindert im Nachwinter das

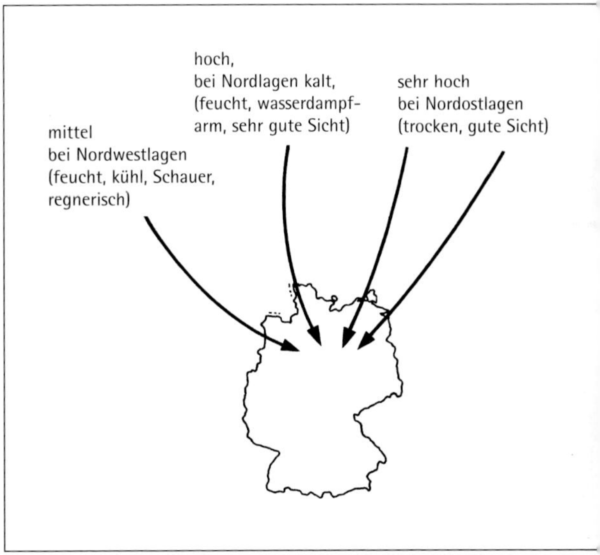

Luftmassen bei polarem Kaltlufteinbruch.

südseitige Auftauen, sodass es nicht zu Frostplatten kommt.

Aktivere Maßnahmen sind gegen Spätfröste möglich. Gegen Frühfröste im Herbst werden selten Maßnahmen ergriffen.

Strahlungsfröste entstehen bei kühler, trockener Luft (Fernsicht!) mit nächtlichem wolkenlosen Himmel. Die bodennahe Schicht ist dabei am kältesten. Sie fließt an die tiefsten Stellen (Täler, Mulden).

Hohe Stämme sind daher zur Vorbeugung wichtig. Fester Boden verringert die Frostgefahr, weil die Wärmestrahlung durch gelockerten Boden nicht unterbrochen wird. Jeder Begrünungsbestand erhöht die Frostgefahr. Vor Spätfrösten ist deshalb zu mulchen! Zur Vorbeugung größerer Ausfälle hat sich der Mehranschnitt einer „Frostrute" bewährt, die nicht gebogen und bei Nichtgebrauch nach dem

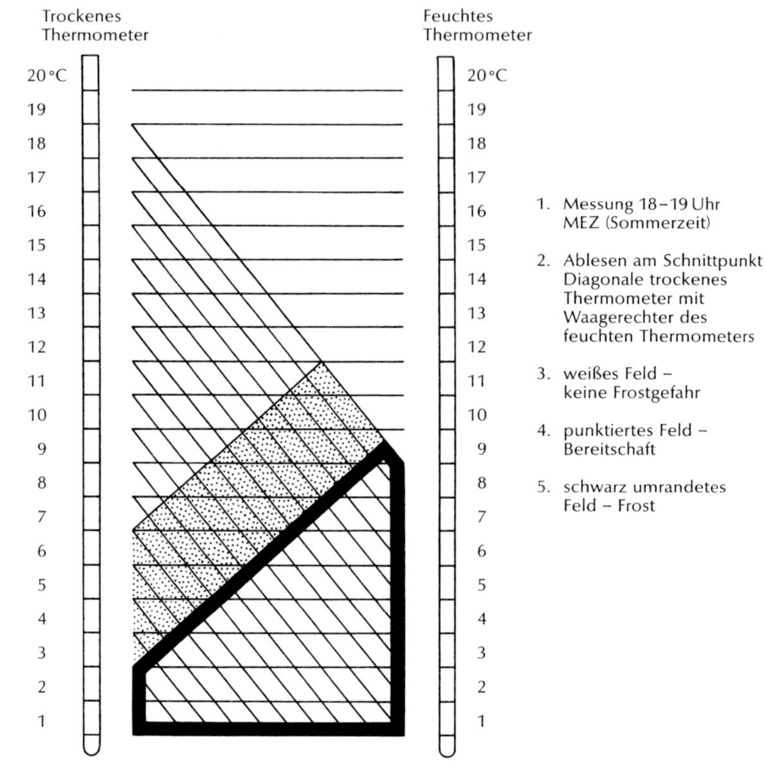

Frostwarnthermometer (nach Marek 1953).

20. Mai weggeschnitten wird. Ansonsten kann sie bei Bedarf nachgebogen werden.

In der gefährdeten Zeit sollte man sich ständig beim Wetterbericht informieren. Der örtliche Wetterdienst kann die regionalen Verhältnisse besser abschätzen. Trotzdem weichen in Grenzfällen die konkreten Bedingungen erheblich ab. Deshalb ist es ratsam, sich mit einem einfachen System (feuchtes und trockenes Thermometer) selbst zu behelfen. Mit dieser Maßnahme kann mit großer Sicherheit die am Ort drohende Spätfrostgefahr erkannt werden.

Diese „Thermometerprobe" verläuft folgendermaßen: Es wird die Taupunktdifferenz zwischen 18 und 19 Uhr (Sommerzeit) bestimmt, indem ein trockenes Thermometer mit einem feuchten verglichen wird. (Ein Thermometer wird dazu mit einem feuchten Wattebausch umwickelt.) Nach 20 Minuten liest man ab und vergleicht die Werte mit nebenstehender Graphik.

Zur aktiven Frostabwehr stehen folgende Möglichkeiten zur Verfügung:

- **Räuchern** ist die einfachste Methode. Es wirkt bis –3 °C bei Windstille und in der Ebene. Gegen das Abbrennen Rauch erzeugender, feuchter Materialien, wie Reisig, Laub, Sägespäne oder gar Reifen und Teer, gibt es berechtigte Einwände. Am Hang versagt das Räuchern vollständig.
- **Frostschutzberegnung** beruht auf dem physikalischen Prinzip, dass beim Gefrieren des Wassers Wärme frei wird (335 kJ/l). Die Niederschlagsdichte muss dabei mindestens 2 mm/h betragen. Die Frostschutzberegnung ist schwierig durchzuführen. Sie muss einsetzen, wenn die Temperatur unter 0 °C absinkt und muss so lange beibehalten werden, bis das Eis abgetaut ist. Häufig kommt es zu Eisbruch. Es können Fröste bis –8 °C abgewehrt werden. Die Bodenbelastung ist allerdings hoch. Für Hangflächen mit Schwarzbrache ist sie ungeeignet. Der technische Aufwand ist hoch. Deshalb kann sie dem Hobby-Winzer nicht empfohlen werden.
- **Beheizung** kommt in mehreren Varianten zum Einsatz. Sie ist allerdings teuer und zeitaufwendig. Die Beheizung beginnt bei 0 °C, wirkt bis –5 °C und je Quadratmeter müssen 837 kJ erzeugt werden. Heute werden Ölbrenner mit zentraler Ölzufuhr verwendet. Für Einzelobjekte sei an die alte Methode mit Briketthäufchen und Kohlenanzünder erinnert.
- **Maßnahmen an Spalier und Pergola**. Wandspalier und Pergola am Haus profitieren von der Abstrahlung vom Haus, sodass Frost erst eintritt, wenn im Garten oder Weinberg schon –2 °C herrschen. Wenn erforderlich, hilft das Abhängen mit Decken oder Strohmatten. Um die Abstrahlung des Hauses zu verhindern, hängt man lange vor Frosteintritt ab. Pergolen können nur von unten beheizt werden.

Reife, Lese und Verwertung

Zwischen der Blüte, Mitte Juni bis Anfang Juli, dem Reifebeginn, Mitte bis Ende August, und der Vollreife, Mitte September bis Ende Oktober, vergehen sorten- und witterungsbedingt 60 bis 80 bzw. 100 bis 120 Tage. Diese Zeiten sind ziemlich konstant. Deshalb gelangen in Mitteleuropa in ungünstigen Jahren spät reifende Sorten wie 'Weißer Riesling' nicht zur Vollreife. Nachfolgend werden deshalb die physiologischen Prozesse der Reife und die sie beeinflussenden Faktoren dargestellt.

Die Edelfäule bringt dem Winzer hohe Mostgewichte, die durch natürliche Vollreife nicht erreichbar sind. Für den Hobby-Winzer und -Küfer willkommen, ist sie bei Tafeltrauben qualitätsmindernd. Das Kapitel beschreibt die Lese für die Tafel und die Lese zur Verwertung zu Wein. Ein Abschnitt ist der Lagerung von Tafeltrauben gewidmet, denn Vorzeigetrauben sind für den Hobby-Winzer eine besondere Freude. Zugleich will er es den professionellen Winzern gleichtun, den Selbstgekelterten seinen Gästen voller Stolz kredenzen und selbst einen Schoppen genießen.

Um Wein wein- und sortentypisch zu keltern, auszubauen, zu behandeln und schließlich zu füllen, bedarf es speziellen Wissens und einiger Hilfsmittel. Dieses Kapitel will Grundlagen vermitteln. Gleichzeitig lässt der Autor seine Erfahrungen in der Hobby-Kellerei einfließen. Sauberkeit und Hygiene von der Lese an, beim Pressen, im Keller und bei den Gefäßen sichert saubere, reintönige Weine. Nicht umsonst gilt die Redensart: „Küfer und Brauer sind Waschweiber".

Die Lagerung der Weine und eine kurze Anleitung zum Probieren und Beurteilen von Weinen beschließen das Kapitel. Der Anhang gibt eine blumige Auswahl aus der Weinsprache wider.

Das Blatt als chemische Fabrik der Rebe

Auf der Photosynthese aller Blattgrün enthaltender Pflanzenteile beruht letztlich alles Leben auf der Erde. Das Blattgrün (Chlorophyll) synthetisiert aus Kohlendioxid (CO_2) und Wasser (H_2O) unter der katalytischen Wirkung des Lichtes Kohlenhydrate.

Diesen komplizierten Prozess kann man vereinfacht so darstellen:

$$(1)\ 12\ H_2O \xrightarrow{\text{Licht}} 12\ H_2 + 6\ O_2$$

Lichtreaktion, Energieumwandlung

$$(2)\ 6\ CO_2 + 12\ H_2 \longrightarrow C_6H_{12}O_6 + 6\ H_2O$$

Dunkelreaktion, Substanzumwandlung.

Unter Wirkung des Lichtes wird Wasser in Wasserstoff und Sauerstoff zerlegt und bei Vorhandensein von Kohlendioxid zu Kohlenhydraten zusammengesetzt. Dabei wird Energie frei. Dieser Prozess ist bei allen Pflanzen gleich. Aus den Zuckern werden durch mannigfaches Auf- und Umbauen und Zerlegungen alle in der Traube und letztlich auch im Wein (dabei unter Mitwirkung der Hefen) vorhandenen organischen farb-, geschmacks- und geruchsbildende Substanzen, wie Anthocyane, Säuren, Ester und viele andere, gebildet.

Mit Fug und Recht spricht man deshalb von der chemischen Fabrik Blatt. Es ist darum auch leicht einzusehen, welche fundamentale Bedeutung der Schaffung und Erhaltung der optimalen Blattmasse der Rebe zukommt.

Reife und Reifebestimmung

Den Reifebeginn erkennt der Winzer am Hellwerden der Trauben, am Lautern. Je nach Sorte beginnen sich die Beerenschalen zu färben. Am Beginn der Reife hat die Beere um 25 bis 30 Grad Oechsle und einen Säuregehalt um 30 bis 40 g/l. Die Grad Oechsle steigen und die Gesamtsäure fällt mit fortschreitender Reife je nach Sorte auf 60 bis 90 Grad Oechsle bzw. 5 bis 10 g/l Gesamtsäure. Die Säure gibt man häufig auch in Promille an. 1 Promille entspricht 1 g/l und man schreibt ‰.

Der Zuckergehalt erhöht sich an sonnenreichen Tagen sortenabhängig um 0,5 bis 1,5 Grad Oechsle bis zur sortentypischen Vollreife, die allerdings bei spät reifenden Sorten in Mitteleuropa nicht immer erreicht wird. Der erreichbare Zuckergehalt ist ferner vom Blatt-Trauben-Verhältnis abhängig. 20 Blätter/Traube werden als optimal angesehen.

Die Beeren an einer Traube reifen ungleichmäßig. Besonnte Beeren reifen früher und intensiver. Deshalb lohnt die Entblätterung. Die Beeren bestehen aus der Beerenhaut mit einer feinen Wachsschicht, dem Duft. Das saftreiche Beerenfleisch verdichtet sich zu den Kernen. Dieser Teil heißt Butzen. Er ist die Ursache, dass sich manche Sorten (z.B. 'Grüner Silvaner') schlecht pressen lassen.

Das Beerenfleisch ist hell – auch bei den meisten blauen Sorten.

Während der Reife verändern sich die Inhaltsstoffe. An der Geschmacksbildung der Beere und des Weines sind alle Inhaltsstoffe beteiligt. Ihre Anteile sind jedoch verschieden. Wasser, Zucker, Säuren und Geschmacksstoffe bilden den größten An-

Phasen der Beerenentwicklung

Phasen	Beerenentwicklung
Phase 1	– nicht befruchtete Blüten fallen ab
Phase 2	– in kurzer Zeit werden die Beeren schrotkorngroß – Dauer sortenabhängig 3 bis 6 Wochen
Phase 3	– Volumen und Gewicht der Beeren nehmen nicht zu – Embryo im Kern erreicht Endgröße – Dauer ist abhängig von Reifezeit: 4 Tage bis 3 Wochen – Umstellung des Stoffwechsels
Phase 4	– Reife – rasche Gewichts- und Volumenzunahme durch Zellvergrößerung – Beeren werden weich, hell – sie lautern – Farbänderung von Grün zu Gelb, Rot oder Blau – Zuckereinlagerung ist sorten-, temperatur- und lichtabhängig – späte Sorten werden in Mitteleuropa selten vollreif

Inhaltsstoffe der Beere (nach Amerine und Cruess 1960, aus Currle et al. 1983)

Inhaltsstoffe	Gehalt
Wasser	70 bis 85 %
Zucker	15 bis 25 %
Glukose	8 bis 13 %
Fruktose	7 bis 12 %
Organische Säuren	0,3 bis 1,5 %
Weinsäure	0,2 bis 1,0 %
Äpfelsäure	0,1 bis 0,8 %
Pektine	ca. 1,0 %
Stickstoffhaltige Substanzen	ca. 0,2 %
Gerbstoffe	0,01 bis 0,10 %
Mineralstoffe	0,30 bis 0,50 %
Kalium	0,15 bis 0,25 %
Natrium u.a.	ca. 0,02 %
Aromastoffe (Alkohole, Ester, Aldehyde, Terpene, Amine u.a.)	etwa 60 sind bekannt

Zusammensetzung von Wein (nach Jakob 1991)

Weininhaltsstoffe	Schwankungsbreite (g/l)	Durchschnittlicher QbA-Wein (g/l)
1. Alkohol	44 bis 110	80
2. Reduzierende Zucker	0 bis 100	20
3. Gesamtalkohol	70 bis 120	90
4. Titrierbare Gesamtsäure	4 bis 9	6,5
5. Glycerin	5 bis 10	6,0
6. Mineralstoffe	2 bis 4	2,5
7. Stickstoffverbindungen	1 bis 3	2,0
8. Farbstoffe/Gerbstoffe	0 bis 3	0,2 (Weißwein) 1,5 (Rotwein)
Weitere Substanzen	?	?
Zuckerfreier Extrakt (3. bis 8.)	17 bis 60	25 (Weißwein) 28 (Rotwein)

Reife Trauben „vom Fuchs geleckt".

teil. Beim Wein spielen Gerbstoffe eine große Rolle.

Zur praktischen **Reifebestimmung** genügt die Messung der Oechslegrade. Wenn aus den Trauben Wein gewonnen werden soll, ist noch eine Bestimmung der Gesamtsäure notwendig. Jede Sorte besitzt ihre Aroma- und Vollreife. Die Aromareife liegt etwa zwei Wochen vor der Vollreife. Am ausgeprägtesten ist das bei den Muskatsorten. Häufig verliert sich das Muskataroma zur Vollreife. Die sortentypische Zuckerleistung kann nach der Vollreife nicht mehr photosynthetisch überschritten werden.

Bestimmung des Mostgewichtes mittels Oechslewaage

Die praktischste Methode ist die Messung mit der Senkspindel nach Ferdinand Oechsle (1774 bis 1854). Der Pforzheimer

Bei höheren Temperaturen treten vermehrt Essigfliegen auf, wodurch die Gefahr besteht, dass der Most essigstichig wird. Die Räume, in denen Maische gelagert und gepresst wird, müssen deshalb möglichst kühl sein.

Die beginnende Gärung erkennt man am Anheben des Tresterhutes. Dann ist es höchste Zeit zum Pressen.

Trauben werden gemaischt, bei neutralen Sorten wird sofort gepresst. Bukettsorten lässt man einige Stunden ziehen.

Pressen (Keltern)

Der bei Winzern und Küfern in Süd- und Westdeutschland übliche Begriff „Keltern" verweist auf die ursprüngliche Art der Mostgewinnung. Das Wort stammt vom lateinischen „calx" – Ferse, Fuß – ab.

Für das Auspressen von Kleinstmengen sind Handpressbeutel aus haltbarem Kunststoffgewebe handelsüblich. Der Most wird wringend vom Trester getrennt.

Für größere Mengen muss eine Presse erworben werden. Es gibt Korbpressen in verschiedenen Größen. Sie sollten der zu pressenden Menge angepasst sein. Die Erfahrung lehrt, die Presse so zu wählen, dass eine Einzelmenge, die auf einmal zu verarbeiten ist, in zwei oder drei Schritten verarbeitet werden kann. Das ermöglicht, auch kleinere Mengen in einer Teilfüllung zu verarbeiten. Dabei muss berücksichtigt werden, dass ohne Pressdruck beim Befüllen des Korbes etwa 60 % als Vorlauf ablaufen. Angeboten werden für den Winzer Korb- und Hydropressen. Korbpressen arbeiten mit einem Eichenstabkorb und einem ratschenartigen Fallkeil-Spindelvortrieb. Sie benötigen einen Presssack aus Kunststoffgewebe und müssen auf den Fußboden geschraubt werden. Hydropressen werden an die Hauswasserleitung angeschlossen und die Pressung erfolgt mittels Gummibalg und Wasserdruck.

Der Vorlauf wird sofort in bereitstehende Glasballons oder in Plastikfässer gefüllt. Vorlaufmost ist der beste Most.

Nach dem Ablauf des Vorlaufs, wozu man sich Zeit nehmen sollte, faltet man den Presssack zusammen und legt die beiden Hälften des runden Presspfostens auf. Je nach Füllung werden die Pfühle kreuzweise aufgelegt und schließlich wird das Hebelwerk auf die Spindel gedreht. Durch vorsichtiges Anziehen werden die Pfühle nicht verschoben und der Anteil der Trubstoffe wird verringert.

Wenn trotz hohen Kraftaufwandes fast kein Most mehr abläuft, muss die Presse geöffnet werden. Das geschieht, indem man das Hebelwerk löst, die Pfühle entfernt und den Presssack samt Trester in eine Wanne entleert. Der Trester wird gelockert. Diesen Vorgang nennt der Küfer „scheitern".

Es sollte maximal zweimal aufgescheitert werden, weil sonst die Weine zu gerbstoffbetont werden. Der Trester gehört auf den Kompost.

Um möglichst wenige Essigfliegen anzuziehen, muss das Presshaus (Kelterhaus) so kühl als möglich sein. Die Mostgefäße

Mostausbeute von 140 kg Trauben (nach Jakob 1991)

Mostart	Mostausbeute in l
Vorlauf	60
Pressmost	25
1. Scheitermost	10
2. Scheitermost	4
3. Scheitermost	1

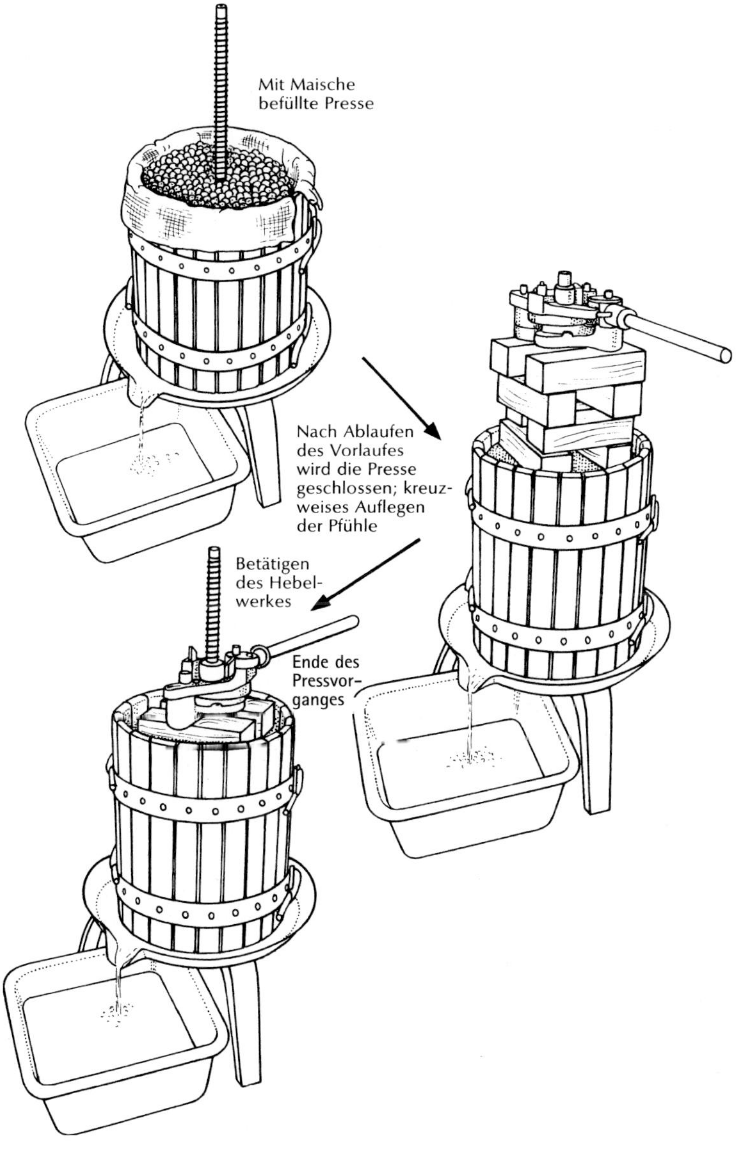

Von der Maische bis zum Most – das Pressen.

Pressen der Trauben.
Unten: Frisch gekelterter, abgesessener Most. So bleibt der Trub im Ballon.

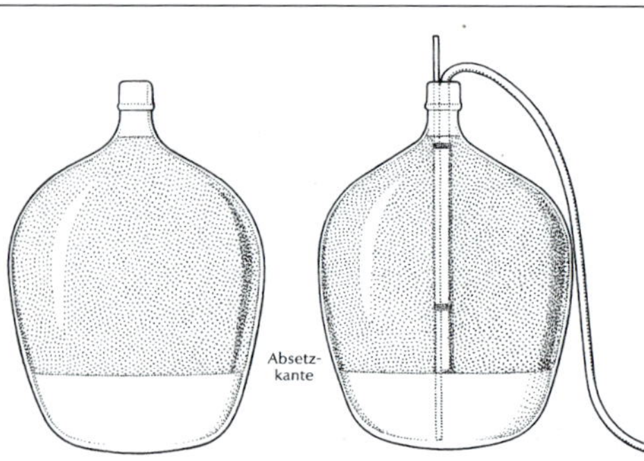

sind zu verschließen. Das gilt auch für den Raum zum Absitzen. Je kühler, desto besser setzen sich die Moste ab.

Mostbehandlung

Entschleimen

Der gepresste Most besitzt noch viele Verunreinigungen (Butzen, Kerne, anhaftende Erde). Um diese zu entfernen, gibt es für den Hobby-Küfer nur die Möglichkeit des

Absitzens (Selbstreinigung). Absitzen oder Entschleimen sind zwei Begriffe für einen Vorgang. In kühler Umgebung lässt man den Most 12 bis 24 Stunden ruhen. Danach wird der teilgeklärte Most abgehebert. Das geschieht, indem der Heberschlauch knapp über der Absetzkante an einem Stab festgebunden und der Most vorsichtig angesaugt wird.

Der Trub (10 bis 20 %) wird gesammelt und zu einem Hausweincuvée vergoren. Abseihen durch Leinensäcke ist möglich, aber zeitaufwendig. Deshalb ist es günstig, die Trubmenge auf mehrere Säcke zu verteilen. Der durch Luft oxidierte, fast blank abtropfende Most wird bei der Gärung durch die Hefen reduziert und schadet deshalb der Farbe wenig. Der übrig bleibende Schleim gehört auf den Kompost. Hohe Lesetemperaturen können mitunter dazu führen, dass das Absitzen misslingt, weil der Most schon zu gären beginnt.

Bentonitschönung

Nach dem Entschleimen ist die Bentonitschönung ein wichtiger Abschnitt der Weißweinbereitung. Mit Bentonit wird das Eiweiß aus dem Most entfernt.

Bentonite sind Drei-Schicht-Tonmineralien mit der Fähigkeit, Eiweißkolloide dauerhaft in ihre Schichtstruktur einzubauen und nicht wieder abzugeben. Außerdem werden Aminosäuren und Gerbstoffe gebunden. Die Bentonitbehandlung erleichtert die spätere Klärung.

Pauschal werden 200 g/hl Most angewendet. Der Bentonit wird mit der fünffachen Wassermenge vorgequollen. Dazu wird das Granulat gerührt, bis es zerfallen ist. Wenn sich der Bentonit nach zwei bis drei Stunden abgesetzt hat, wird das Wasser vorsichtig abgegossen. Der vorgequollene Bentonit wird mit etwas Most verrührt und in die Gesamtmenge eingerührt. Damit ist die Schönung beendet.

Der sich absetzende Bentonit wird mit vergoren. Aufgrund der einfachen Durchführung eignet sich diese Schönung besonders für den Hausweinbereiter.

Da bei der Gärung geringe Mengen Eiweiß gebildet werden, besitzt auch der fertige Wein geringe Mengen Eiweiß. Die Bentonitschönung des Weines sollte vermieden werden, da sie den Wein strapaziert. Die dann notwendige genaue Bestimmung der erforderlichen Menge an Bentonit ist dem Hausweinbereiter nicht möglich.

Anreicherung

In Mitteleuropa erreichen die Trauben selten den maximal möglichen Zuckergehalt, deshalb wird der Most „angereichert". Die Anreicherung, auch Verbesserung genannt, ist hinsichtlich der Höchstmengen gesetzlich geregelt. In Frankreich wird die Anreicherung nach dem Minister J.A. Chaptal Chaptalisierung genannt. Zum Verständnis und um sie fachgerecht ausführen zu können, sind einige theoretische Überlegungen nötig.

Das Mostgewicht in Grad Oechsle gibt nicht nur den Zuckergehalt an, sondern auch den Gehalt der anderen Inhaltsstoffe, wie organische Säuren, Mineralstoffe, Gerbstoffe. Zucker stellt allerdings den Hauptteil. Aus 100 g Zucker entstehen durchschnittlich 47 g Alkohol und 4 g andere Produkte, vornehmlich Glycerin. Letzteres ist für die Vollmundigkeit des Weines verantwortlich. Üblich ist die Angabe des Alkoholgehaltes in Volumenprozent (Vol.-%). Aus der durchschnittlichen Dichte von Wasser und Alkohol ergibt sich, dass g/l und Vol.-% nicht übereinstimmen.

Für den Hobby-Küfer ist es als Betriebskontrolle ausreichend, das Ausgangsmostgewicht und das Endmostgewicht nach der Anreicherung zu bestimmen.

Moste, die unter 80 Grad Oechsle liegen, müssen verbessert werden, denn zu niedrige Alkoholgehalte machen den Wein krankheitsanfällig. Mostgewichte, die mehr als 100 Grad Oechsle betragen, bringen alkoholbetonte Weine, die unharmonisch wirken können. Da der Trend zu leichteren Weinen geht, liegt die Obergrenze bei 80 bis 90 Grad Oechsle. Bei Mosten, die 80 Grad Oechsle und mehr aus dem Weinberg bringen, unterbleibt jede Anreicherung. Höher verbesserte Moste bleiben gern stecken, sie bleiben restsüß und gären meist nach. Durchgegorene trockene Weine sind nicht nur bekömmlicher, sie sind auch haltbarer und daher vom Hobby-Küfer leichter zu handhaben.

Bei Anwendung der Anreicherungstabelle muss beachtet werden, dass diese nicht die exakten Verhältnisse wiedergibt,

Ungefähre Beziehungen zwischen Mostgewicht, Zuckergehalt und Alkohol

Mostgewicht (in Grad Oechsle)	Zuckergehalt (in g/l) Spalte 1 × 2,1	Alkoholausbeute (+/– 3, in g/l) Spalte 2 × 0,47	Alkoholausbeute (in Vol.-%) Spalte 3 × 0,127
1	2	3	4
44	92	43	5,5
45	95	44	5,6
50	105	49	6,2
55	116	54	6,7
60	126	59	7,3
65	137	64	8,1
70	147	69	8,7
75	158	74	9,4
80	169	80	10,1
85	179	84	10,6
90	187	88	11,1
95	197	93	11,8
100	208	98	12,4
105	221	104	13,2
110	231	109	13,8
115	241	114	14,4
120	252	118	15,0

Anreicherungstabelle (gerundete Zahlen)	
Verbesserung um Grad Oechsle	**Zuckerzusatz g/l**
5	11
10	21
15	32
20	42
25	53
30	63
35	74
40	84
45	95
50	105

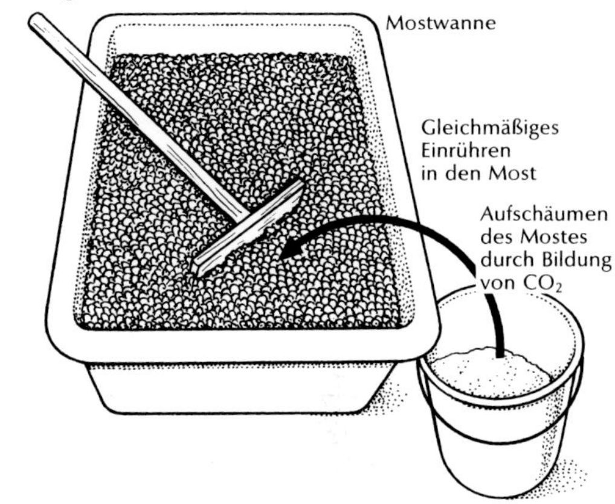

Entsäuern des Mostes.

denn durch den Zuckerzusatz kommt es zu einer Volumenvergrößerung, die bei einer Gegenkontrolle niedrigere als die berechneten Werte ergibt. Je höher der Zuckerzusatz, desto höher ist auch die Abweichung. Die Volumenvergrößerung beträgt 5 bis 7 %. Es wird deshalb geraten, das Mostgewicht um diese Prozentzahl höher als gewünscht einzustellen.

Entsäuerung

Die Entsäuerung ist für die nördlichen Anbaugebiete gesetzlich zugelassen. In ungünstigen Jahren wären die Weine ohne Entsäuerung unharmonisch. In normalen Jahren wird die Säure am Stock abgebaut, sodass die Moste meist um oder unter 10 g/l Gesamtsäure besitzen. Beim Weinausbau werden in der Regel nochmals 2 bis 4 g/l Säure in Form von Kaliumtartrat (= Kalisalz der Weinsäure = Weinstein) ausgeschieden. Trinkfähige, harmonische Weine besitzen 5 bis 8 g/l Gesamtsäure.

Der Entsäuerung sind, wie auch der Anreicherung, Grenzen gesetzt, denn die Gesamtsäure besteht in etwa je zu 50 % aus Wein- und Äpfelsäure. Der Hobby-Küfer kann nur die „wertvollere" Weinsäure vermindern. In unreifen Jahrgängen kann es geschehen, dass der Weinsäureanteil nur bei 20 % liegt, sodass der Entsäuerung objektiv Grenzen gesetzt sind.

Mit chemisch reinem Kalk lässt sich nur die Weinsäure vermindern. Zur Verminderung der Weinsäure um 1 g/l werden theoretisch 0,67 g/l (in der Praxis 0,7 g) kohlensaurer Kalk benötigt.

Die benötigte Kalkmenge wird in etwas Most aufgeschlämmt und unter Rühren portionsweise in die Gesamtmenge eingerührt. Durch die Kohlendioxidbildung schäumt der Most, sodass die Entsäuerung in einer offenen Wanne durchzuführen ist.

Entsäuerungsmöglichkeiten

Jahrgang	Gesamtsäure	Weinsäure	Äpfelsäure	Entsäuerungsmöglichkeit
reifer Jahrgang	8 g/l	6 g/l	2 g/l	nicht nötig
Durchschnittsjahrgang	11 g/l	4 g/l	7 g/l	3 g/l
unreifer Jahrgang	15 g/l	5 g/l	10 g/l	4 g/l

Bemerkung: Die Tabelle berücksichtigt nicht die Säureabnahme beim Weinausbau durch Weinsteinausfall. Die tatsächliche Säureabnahme ergibt sich dann aus: Entsäuerung plus Weinsteinausfall!

Mit dem Auflösen und Einrühren ist die Entsäuerung abgeschlossen. Das kann man leicht erkennen, denn die Kohlendioxidbildung hört auf. Die sich bildenden Kalziumtartratkristalle verbleiben während der Gärung im Most und werden mit der Hefe später abgestochen. Die Entsäuerung wird nach dem Entschleimen durchgeführt.

Wird mehr Kalk zugeführt als Weinsäure zur Verfügung steht, bleibt der Kalk in gelöster Form im Wein enthalten und der Wein schmeckt bitter. Es sei außerdem darauf hingewiesen, dass es die so genannte Doppelsalzentsäuerung ermöglicht, auch Teile der Äpfelsäure zu entfernen. Für diese Entsäuerung benötigt man einen Filter, sie ist jedoch relativ schwierig durchzuführen.

Die Entsäuerung führt zur pH-Erhöhung, sodass die Weine krankheitsanfälliger werden.

Beim Wein sollte deshalb nur eine Feinentsäuerung um max. 1 bis 2 g/l erfolgen.

Moste bis 15 g/l Gesamtsäure können auf 8 bis 10 g/l entsäuert werden.

Behandlung kranker Moste

Kommt es trotz aller Vorsorge, infolge von Wetterkapriolen oder durch eine Infektion während der Sommermonate zu Lesegut, das den gewünschten Qualitätsanforderungen nicht gerecht wird, gibt es noch einige Hilfsmittel, den gewonnenen Most trotzdem zu verwerten.

Die hauptsächlich zu behandelnden Schäden an Trauben sind:

- geringer Spätbefall durch Echten Mehltau zu Reifebeginn ohne Samenbruch,
- Bodentrauben infolge Stiellähme oder Stielfäule in feuchten Jahren,
- Frosttrauben infolge eines ungewöhnlich zeitigen Frühfrostes, wenn die Trauben noch nicht vollreif sind,
- Hageltrauben und von Insekten (Essigfliegen!) befallene Trauben,
- Rauchschäden (Industrieabgase, mögliche Brände in der Nachbarschaft u.a.).

Würden solche Moste ohne Behandlung vergoren, wären bitter oder nach Rauch schmeckende Weine das Ergebnis. Deshalb müssen sie noch im Moststadium mit Aktivkohle behandelt werden, von der zwei Formen zur Verfügung stehen: Geschmacks- und Farbkohle (der Name kennzeichnet auch die Hauptwirkungen). Farbkohle wird fast ausschließlich bei hochfarbenen Weinen angewendet. Da die Gärung Missfarben reduziert, ist eine Mostbehandlung eigentlich nur bei Geschmacksfehlern mit Geschmackskohle nötig. Da Kohle ein Breitbandmittel ist, entzieht sie dem Most allerdings auch einige erwünschte Geschmackskomponenten. Sie darf deshalb nur bei deutlichen Fehlern angewendet werden, die durch die regenerative Gärung nicht behoben werden.

Zur Anwendung kommen bei

- schwachem Fehler 50 g Geschmackskohle/hl,
- mittlerem Fehler 75 g Geschmackskohle/hl,
- starkem Fehler 100 g Geschmackskohle/hl.

Die meist granulierte Kohle wird in Most angeteigt und unter Rühren dem übrigen Most zugesetzt. Nachdem die Kohle sich abgesetzt hat, wird der Most abgezogen. Es soll möglichst wenig Kohle mitvergoren werden, weil die Gärung die negativen gebundenen Stoffe wieder auslaugen würde.

Gärung

Die biochemische Gärung gehört zum uralten Wissen der Menschheit. Doch erst mit der Entwicklung der Chemie zur Wissenschaft wurde der biochemische Prozess als Mitwirkung der Hefen erkannt.

Chemie der Gärung

Die Hefen „zerlegen" den Zucker unter Freiwerden von Wärme in Ethylalkohol und Kohlendioxid nach der chemischen Gleichung

$$C_6H_{12}O_6 \xrightarrow{\text{Hefe}} 2\ C_2H_5OH + 2\ CO_2 + \text{Wärme}$$

Glucose, Fructose	Ethylalkohol	Kohlendioxid	
180	92	88	Molekulargewicht

Es entstehen aus 100 g Zucker 51,1 g Alkohol und 49,9 g Kohlendioxid. Diese Menge Kohlendioxid entspricht 24,4 l Gas.

In Wirklichkeit entstehen jedoch nur rund 47 g Alkohol und als Nebenprodukte noch einige geschmacksbildende Verbindungen, wie Glycerin (2,4 bis 3,5 g) und weitere höhere Alkohole, Acetaldehyd und andere Stoffe. Die Menge der Nebenprodukte ist von den Gärbedingungen abhängig. Die beim Zuckerabbau entstehende Wärme heizt den Most auf.

Da das entstehende Kohlendioxid schwerer als Luft ist, sich im Keller unten anreichert und allmählich die Luft verdrängt, können schwere Unfälle entstehen.

Während der Gärung sollte deshalb bei Arbeiten im Keller eine brennende Kerze auf dem Fußboden stehen. Gegebenenfalls lüften!

Gärräume

Zu beneiden ist der Hobby-Küfer, der in seinem Grundstück einen alten Weinkeller sein eigen nennt. Er bietet optimale Voraussetzungen für Gärung, Ausbau und Lagerung: hohe Luftfeuchtigkeit, konstante Temperaturen um 12 bis15 °C, Dunkelheit und Belüftbarkeit.

Wasseranschluss und -abfluss sind wünschenswert, aber nicht Bedingung. Es kann natürlich auch jeder andere Raum, der diese Forderungen erfüllt, benutzt werden. Gegebenfalls machen moderne Isolierstoffe den Raum „weintauglich".

Gefäße für den Hobbykeller

Das klassische Weingefäß ist in Mitteleuropa das Eichenfass. Die Nachteile der Eichenfässer – Schwund und schwieriges Gesundhalten – besitzen Glasballons, Plastikfässer und Edelstahltanks nicht. Dafür ist die Zerbrechlichkeit der Glasballons besonders zu beachten. Sie können jedoch in

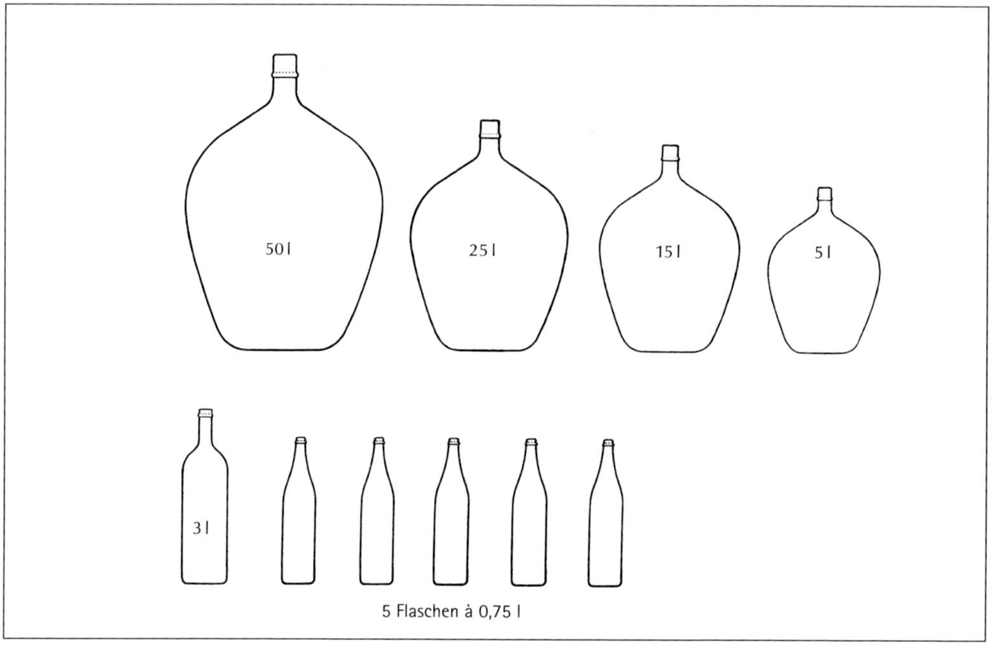

Grundausstattung für 100 kg Keltertrauben.

Stapelbehältern geschützt aufbewahrt und Platz sparend übereinander gestellt werden. Ihre Reinigung und die Gesunderhaltung sind problemlos.

Ein weiterer großer Vorteil, besonders für den Hobby-Küfer, ist die Möglichkeit, das Werden des Weines und die Absatzgrenze des Hefegelägers zum Abstich beobachten zu können.

Für die Maischegärung zum Rotwein stehen Weithalskunststofffässer zur Verfügung, die es auch als Enghalsausführung in allen Größen gibt. Sie sind leicht, stoßfest und problemlos zu reinigen. Die angebotenen Edelstahltanks besitzen dieselben Vorteile, sie sind jedoch leider teuer.

Alle Gefäße müssen vor und nach Gebrauch gründlich gereinigt werden. Stielbürsten, Waschlauge und viel sauberes Spülwasser genügen. Weinstein löst sich mit heißem Wasser und bei Bearbeitung mit der Stielbürste.

Die Gesamtlagerkapazität hängt von der Gesamternte, der Ausbauzeit und davon ab, ob der Hobby-Küfer den Wein auf Flaschen füllen will oder offene Weine bevorzugt. Als Anhaltspunkt gilt, dass 100 kg Trauben 70 l Most ergeben. Während der Gärung wird im Gärgefäß Steigraum benötigt. Man rechnet dafür etwa 1/4 des Gesamtvolumens und das bedeutet, es sind Gärgefäße mit 100 l Inhalt bereitzustellen. Während des Lagerungs- und Ausbauprozesses verringert sich die Weinmenge im Vergleich zum eingesetzten Most ständig. Ursache dafür ist, dass nach der Gärung spundvoll gehalten werden muss, die Hefemenge nicht genau feststeht und diese

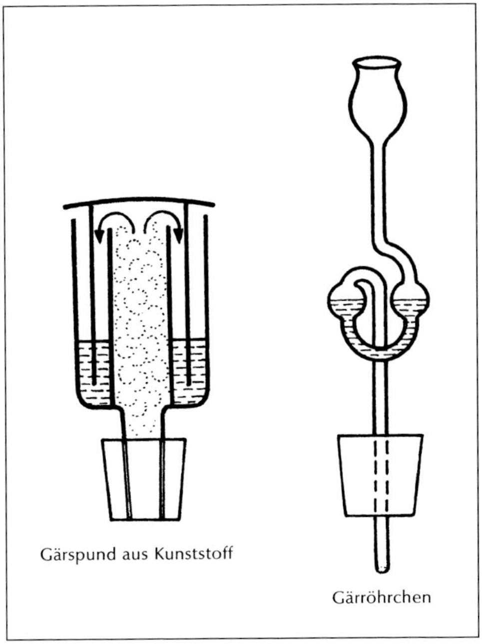

Gärverschlüsse.

auch gelagert werden muss. Nach dem Abstich fällt ebenfalls eine gewisse Trubmenge an.

Für den Hobby-Küfer ist das Problem einigermaßen schwierig zu lösen. Am vorteilhaftesten sind so genannte Immervolltanks, die einen Schwimmdeckel besitzen. Sie werden entweder mit lebensmittelechter Vaseline oder mit aufpumpbaren Dichtungen abgedichtet. Wer die Kosten scheut, muss seine Lagerkapazität splitten.

Das gesamte Verfahren soll an einem Beispiel verdeutlicht werden: Wir nehmen 100 kg Trauben, die 70 l Most ergeben, an.

Zur Gärung werden zwei 50-l-Gefäße benötigt. Um den durchgegorenen Wein samt Hefe spundvoll zu halten, muss er auf ein 50-l- und ein 20-l-Gefäß umgefüllt werden. Nach dem ersten Abstich verbleiben noch 65 l Wein und 5 l des Hefe-Wein-Gemisches. Es werden also das 50-l-Gefäß und ein 15-l-Gefäß benötigt, für die Hefe außerdem noch ein 5-l-Gefäß. Ein hohes, schlankes Gefäß bewährt sich am besten, da später der Restwein von der sedimentierten Hefe am leichtesten zu trennen ist. Da dieses Beispiel so nur rechnerisch aufgeht, sind immer noch so genannte „Resteflaschen“ bereitzuhalten, die an das größere Gefäß beigestellt und später zum Spundvollhalten genutzt werden. Geringe Mengendifferenzen lassen sich auch mit im Laborbedarf erhältlichen Glaskugeln auffüllen.

Die Resthefe gehört auf den Kompost.

Anwendung der Reinzuchthefen

Verschiedene Gattungen Hefen fermentieren den Zucker zu Alkohol. Aber nur die Gattung *Sacharomyces* besitzt die vom Küfer gewünschten Eigenschaften der hohen Zuckertoleranz und Kaltgärung. Die Mikroflora auf den Trauben garantiert, dass Spontangärungen reibungslos gelingen; es dauert jedoch relativ lange, bis die stürmische Gärung einsetzt. Sicherer sind Reinzuchthefen. Für den Küfer gibt es heute eine Vielzahl von Heferassen für ganz bestimmte Zwecke. Dem Hobby-Küfer seien solche mit hoher Zuckertoleranz empfohlen. Dabei muss er nicht zwischen Weiß- und Rotweinhefen unterscheiden.

Allgemein hat sich beim Hobby-Winzer die Verwendung granulierter Trockenhefe durchgesetzt. Sie kann in für den Hobby-Küfer handlichen 100-g-Flaschen käuflich erworben werden und ist einfach zu handhaben. Die empfohlene Menge wird in wenig, etwa 30 °C warmem Wasser unter Zusatz von etwas Zucker eine Stunde lang renaturiert und anschließend in den Most eingerührt.

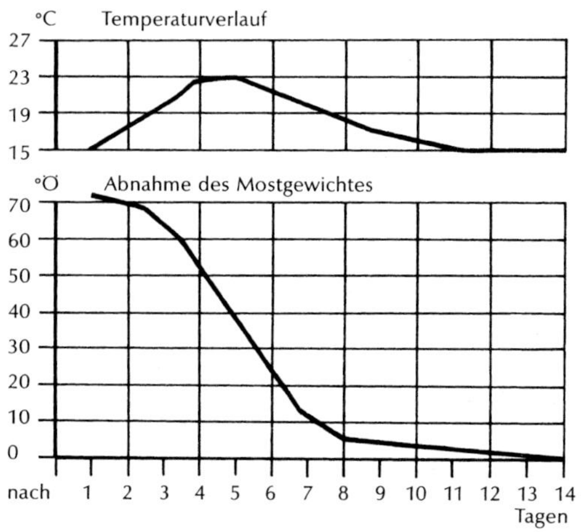

Gärverlauf des Mostes.

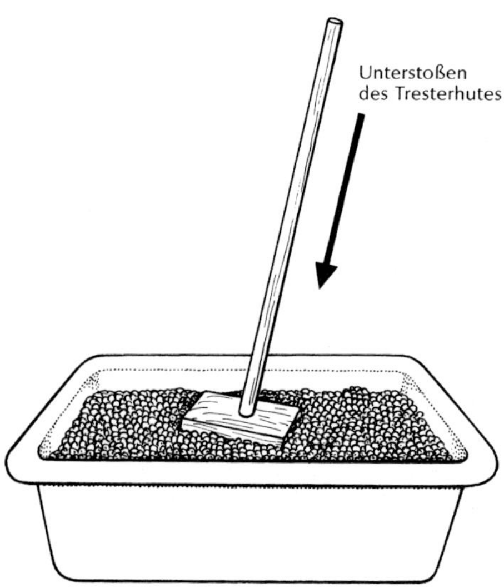

Der Beginn der Gärung ist am Aufsteigen des Tresterhutes zu erkennen.

Gärführung

Start, Verlauf und Dauer der Gärung hängen entscheidend von der Temperatur ab. Da langsam gärende Moste fruchtigere Weine hervorbringen, sind Kaltgärhefen selektioniert worden, die auch dem Hobby-Küfer zu empfehlen sind.

Eine zu stürmische Gärung ist ebenso wenig gewünscht, wie eine zu langsame Gärung. Die Starttemperatur des Mostes soll 20 bis 25 °C betragen und beibehalten werden können. Moste über 100 Grad Oechsle gären von Natur aus etwas langsamer.

Der Most benötigt Steigraum, deshalb werden die Gefäße nur zu 2/3 bis 4/5 gefüllt. Jedes Gärgefäß wird mit einem Gärverschluss versehen, dies kann notfalls auch ein Wattebausch sein. Die Gärverschlüsse werden mit Wasser gefüllt, um das Eindringen von Essigfliegen und Luft zu verhindern.

Bei faulem und edelfaulem Lesegut wirkt der Zusatz von Hefenährsalzen zum Most in Form von Tabletten gärfördernd. Bei kalten Mosten, die nicht „anspringen“, geht die Vorklärung weiter, was wiederum gärhemmend wirkt, sodass die Gärung nur durch Erwärmung und den Zusatz von gesunden Abstichhefen vorangetrieben werden kann.

Optimale Gärtemperaturen liegen bei 20 bis 25 °C.

Gärkontrolle

Der Grad der Vergärung kann mit der Senkspindel, der Mostwaage, bestimmt werden. Man entnimmt die benötigte Menge Most, schüttelt das Kohlendioxid aus und misst die Restoechsle. Da die Beziehung 1 Grad Oechsle = 1 g/l Alkohol gilt, gewinnt man zugleich einen Überblick über den Alkoholgehalt. Durchgegorene Moste zeigen 0 bis 3 Grad Oechsle an.

Gärverfahren

Die Gärverfahren für Weiß- und Rotweinbereitung unterscheiden sich deutlich.

Weißwein: Wichtig bei der Weißweinbereitung ist, dass die Maische sofort gekeltert wird, um Gerbstoffe, die die Farbe und den Geschmack negativ beeinflussen, am Übertritt in den Most zu hindern. Nur bei einigen Bukettsorten, wie 'Roter Traminer', 'Müller-Thurgau', 'Muskateller', lohnt eine mehrstündige Maischestandzeit. Je nach Betriebsphilosophie werden aber auch solche Sorten ohne Standzeit gepresst.

Rotwein: Der Farbstoff befindet sich in den Beerenhäuten. Ihre Extraktion gelingt nur durch die Vergärung auf der Maische unter Gegenwart des entstehenden Alkohols. Die Trauben werden dazu gemaischt und intensiv gerührt, um eine Durchschnittsmostprobe entnehmen zu können. Nach der Oechslebestimmung wird gegebenenfalls auf die Maische angereichert (Achtung: Die Maische enthält etwa 70 % Most. Auf diese Menge ist anzureichern!), Hefe zugesetzt und alles in einer Wanne vergoren. Diese ist allerdings so abzudecken, dass Essigfliegen der Zutritt verwehrt wird. Die bessere Lösung ist die Verwendung von Weithalsfässern und eines Gäraufsatzes. Die Beschickung und Entleerung ist zwar umständlicher, der Most ist aber geschützter.

Der entstehende Tresterhut muss mehrmals täglich untergestoßen werden, um die Farbausbeute zu verbessern. Nach der Gärung bleibt die Maische noch sieben bis zehn Tage stehen. Das fördert die weitere Extraktion der Farbe und der beim Rotwein geschmacksbildenden Tannine. Auf diese Weise erhält man farbintensive Rotweine mit einem mediterranen Touch.

Roséwein, Rotling: Der Gesetzgeber unterscheidet zwischen Roséwein und Rotling.

Roséweine, auch Weißherbst genannt, entstehen aus sofort gepressten blauen Trauben. Beim Maischen gelangt nur wenig Farbstoff in den Most. Je nach Standzeit sind die Weine blassrosa bis hellrot. Achtung: Die Maische zu Roséwein darf nicht angären.

Ein Rotling, auch Schillerwein genannt, entsteht, wenn es durch Vermischen von weißen und blauen Trauben oder deren Maischen bei sofortiger Kelterung zu blassrosa bis hellroten Weinen kommt. In Sachsen wird der Rotling „Schieler" genannt.

Ausbau des Weines

Hat die Hefe den Zucker vergoren, stirbt sie allmählich ab und sinkt zu Boden. Damit verliert die Hefe allmählich ihre reduzierende Wirkung auf den Jungwein. In diesem Stadium beginnen die Ausbaumaßnahmen: Auffüllen, Aufrühren der Hefe, Abstechen und Schwefeln.

Pressen der Rotweinmaische

Die vergorene Rotweinmaische wird, wie bereits beschrieben, gepresst. Sie lässt sich wesentlich besser als Weißweinmaische pressen. Die Gefäße werden spundvoll befüllt.

Beifüllen, Auffüllen

Um den Einfluss des Luftsauerstoffs zu minimieren, muss das Gärgefäß spätestens zum Ende der Gärung spundvoll aufgefüllt werden.

Man kann jedoch auch schon in die abgehende Gärung auffüllen. Dabei wird der gesamte Steigraum bis in den Hals des Gärballons (bei Plastikfässern bis an die Fassdeckelgrenze) mit einem gleichwertigen Jungwein aufgefüllt. Die Volumenverringerung durch Abkühlung erfordert unter Umständen ein zweites Auffüllen.

Aufrühren der Hefe

Die Franzosen rühren die Hefe nach dem Absitzen, wenn sie gesund ist (nicht nach faulen Eiern riecht), noch einmal auf und lassen den Jungwein auf der Hefe liegen. Sie nennen das Verfahren „Sur Lie" („Über der Hefe"). Die Weine werden durch die Abgabe hefeeigener Stoffe runder und gehaltvoller. Die Selbstklärung dauert natürlich länger. Der Schwefelbedarf wird durch die reduzierende Wirkung der Hefe vermindert, weil der Jungwein in dieser Zeit keine Schwefelung benötigt. Voraussetzung ist, dass kräftig entschleimt wurde.

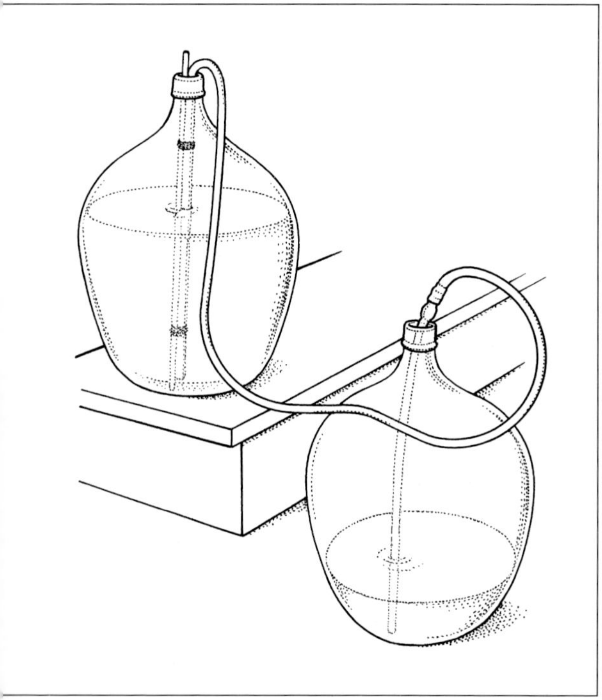

Abstechen des Weines.

Abstich, Ablassen

Die absterbende Hefe, Verunreinigungen und Weinsteinkristalle sedimentieren allmählich. Säurereiche Jahrgänge klären sich mitunter auf diesem Weg vollständig, sodass kein Filter mehr benötigt wird. Tote Hefe kann dem Jungwein jedoch einen Geruch nach faulen Eiern verleihen, weshalb meist früh abgestochen wird. Dazu nimmt man sogar in Kauf, dass die Hefe noch nicht vollständig sedimentiert ist. Unter Umständen muss dann ein zweiter Abstich durchgeführt werden.

Man unterscheidet den Abstich unter Luft und ohne Luft. Bei Weißweinen wird grundsätzlich ohne Luft abgestochen, indem der Schlauch auf dem Grund des Gefäßes über der Hefe hängt. Nur kranke, böckserne Weine werden unter Luft abgestochen. Rotweine vertragen durch ihre Tannine eine moderate Luftzufuhr, sodass der Hobby-Küfer Rotweine beim Abstich von oben in das Gefäß laufen lässt. Beim Rotwein führt das zu einer Farbvertiefung, weil die Farbstoff-Tannin-Komplexe größer werden.

Beim Abstich hebert man den Jungwein mit dem Schlauch in tiefer stehende saubere Gefäße. Der Schlauch wird so an einem bis auf den Gefäßgrund reichenden Stab befestigt, dass sein Ende an die Grenze von Hefe zu Wein gelangt.

Das Hefedepot, auch Geläger genannt, macht 2 bis 5 % der Gesamtmasse aus.

Die fehlende Menge wird mit gleichwertigem Wein ergänzt. Gesunde Hefe sammelt man, lässt sie sedimentieren und verwendet den Wein weiter.

Der Hobby-Küfer kommt mit zwei, maximal drei Abstichen aus. Die Zeitabstände sind eine Ermessensfrage. Der Rhythmus ist in der Regel: November – Januar – selten März. Die Klärungsphase kann durch einen groben Filter beschleunigt werden.

Zur Klärung wird zwei-, selten dreimal abgestochen.

Schwefelung

Die Schwefelung ist die wichtigste gesunderhaltende Maßnahme. Sie wird bei Weißwein grundsätzlich nach der Gärung und nach dem ersten Abstich durchgeführt. Beim Rotwein schützen die Gerbstoffe (Tannine) den Wein vor Oxidation. Der farbgebende Anthocyan-Tannin-Komplex wird bei Anwesenheit von Schwefel sogar an seiner molekularen Vergrößerung gehindert. Der Hobby-Küfer kann das leicht prüfen, indem er Kaliumdisulfittabletten in wenig Rotwein auflöst. Er beobachtet, dass sich der Rotwein durch den Schwefel entfärbt! Deshalb sollen Rotweine erst geschwefelt werden, wenn der Farbbildungsprozess abgeschlossen ist. Die Praxis rechnet damit etwa im Februar.

Moste werden ungeschwefelt vergoren. Hier wirkt die Hefe reduzierend.

Beim Schwefeln, das mit Kaliumdisulfit durchgeführt wird, ist nur das freie, nicht das gebundene Schwefeldioxid (SO_2) wirksam. Für den Hobby-Küfer sind Kaliumdisulfittabletten am handlichsten. Dabei ist zu beachten, dass Kaliumdisulfit entsprechend der Formel K_2SO_5 nur 57 %, in der Praxis rechnet man mit 50 %, Schwefeldioxid enthält.Weiterhin muss beachtet werden, dass erst ein Teil des Schwefeldioxides an Weininhaltsstoffe gebunden wird (30 bis 60 mg/l), bevor freies Schwefeldioxid auftritt. Nur dieser wirkt reduzierend!

Die Kaliumdisulfittabletten werden zunächst in einer Teilmenge des Weines vollständig (wichtig!) gelöst und gründlich in die Gesamtmenge eingerührt. Das zunächst freie SO_2 wird nach und nach abgebunden. Erst wenn die Bindungspartner gesättigt sind, bleibt freies SO_2 übrig.

Gesetzlich sind 50 mg/l freies Schwefeldioxid erlaubt. Der Hobby-Winzer kommt meist mit der Hälfte aus. Nach dem ersten Abstich sind 50 mg/l Kaliumdisulfit ausreichend; ein bis zwei Tage vor (!) der Füllung gibt man noch einmal dieselbe Gabe.

Für den Hobby-Küfer genügt zur Kontrolle das zur Messung der Gesamtsäure verwendete Acidometer. Dafür ist eine Speziallösung mit nur begrenzter Haltbarkeit nötig. Die Aufbewahrung im Kühlschrank verhindert rascheres Unbrauchbarwerden. Solange die Titrierlösung nach Schüttlung noch entfärbt wird, ist noch freies SO_2 vorhanden. Eine leichte instabile Blaufärbung zeigt freies SO_2 an. Die Kontrolle führt man ein bis zwei Tage nach der Schwefelung durch.

Andere Weinbehandlungsverfahren

Mit den genannten Most- und Weinbehandlungsverfahren wird der Hobby-Küfer in der Regel blanke, genussreife und äußerlich ansprechende Weine erzielen. Weine aus trockenen und säurearmen Jahrgängen klären allerdings häufig schlecht. Auch Weine aus faulem oder edelfaulem Lesegut besitzen diese Eigenschaft.
Zur Behebung gibt es folgende Verfahren:

1. Bentonit-Gelatineschönung
In hartnäckigen Fällen kann eine Kombination von Bentonit und Gelatine bewirken, dass die Eiweißkolloide, die einen opaliszierenden Schleier verursachen, von entgegengesetzt geladenen Schönungspartnern eingeschlossen werden und sich gemeinsam absetzen. Der Nachteil besteht in der Notwendigkeit einer sehr genauen Dosierung. Hier helfen nur Vorversuche.

Die reine Gelatineschönung wird auch bei einem Zuviel an Gerbstoffen eingesetzt. Gleiches gilt für Aktivkohle, die auch bei hochfarbenen Weinen eingesetzt werden kann. Nach Sedimentation des Trubes wird abgestochen.

- Hartnäckige Eiweißtrübungen können mit der Bentonit-Gelatineschönung ausgeschieden werden.

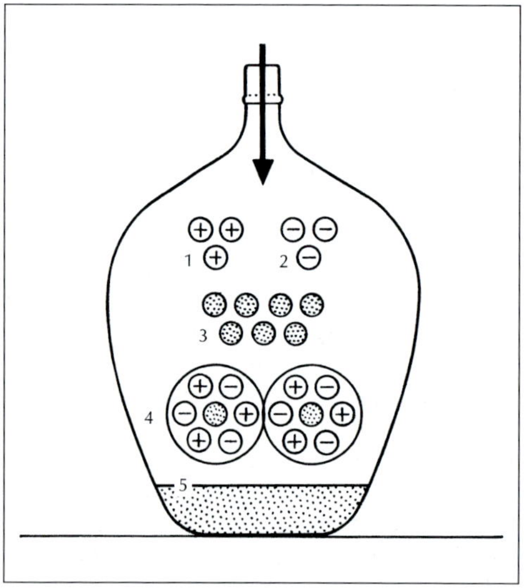

Trubvergrößerung bei Kombination verschiedener Schönungspräparate mit entgegengesetzter Ladung.
1 Gelatine (+), 2 Bentonit (-), 3 Trubteilchen, 4 Trub- und Schönungsmittel, 5 Trubdepot.

2. Kühlung
Durch die Kühlung scheidet der Wein Weinstein aus. Die Säure wird also verringert. Zu diesem Zweck kann beispielsweise im Winter die kalte Laube dienen. Durch den Alkoholgehalt verträgt Wein kurzfristig bis –5 °C. Günstiger sind allerdings Temperaturen um 0 °C. Der Kühlungsprozess kann 14 Tage dauern. Nach der sichtbaren Ausscheidung räumt man ihn wieder ein und sticht sofort ab.

- Temperaturen um 0 °C bringt Weinstein zur Ausscheidung.

3. Erwärmung
Die häufigsten Weinkrankheiten sind Kahm und Essigstich. Kahm ist eine unerwünschte Hefe. Sie bildet auf alkoholarmen Weinen weiße Decken und die Weine schmecken speckig. (Ausreichender Alkoholgehalt schützt vor Kahm!) Der Essigstich wird durch Essigsäurebakterien verursacht. Vorhandener Essig, der nicht entfernt werden kann, schmeckt kratzig. Es können nur die vorhandenen Bakterien abgetötet werden. Dasselbe gilt für die Kahmhefen. Kurzzeitige Erwärmung auf 60 °C kann helfen, Bakterien oder Kahmhefen abzutöten. Doch Vorsicht: Alkohol verdampft bei 78 °C und höhere Temperaturen vernichten Geruchs- und Geschmacksstoffe! Außerdem besteht die Gefahr der Karamelisierung des Restzuckers!

- Kahmhefen und Essigsäurebakterien können durch vorsichtige Erwärmung auf 60 °C abgetötet werden.

Abfüllen und Konfektionieren

Es dauert meist nur ein halbes bis ein dreiviertel Jahr, bis ein Wein abgefüllt werden kann. Das heißt, der Hobby-Küfer kann seine Weine im nächsten Frühjahr anbieten.

Seinen Tagesbedarf kann der Hobby-Küfer mit offenem Wein abdecken. Dazu benötigt er einen Schlauch oder einen Weinheber und eine Karaffe. Um den Lufteinfluss zu vermindern, muss der Restwein nach und nach in kleinere Gefäße umgefüllt werden.

Weine füllfertig machen

Etwa vier Wochen vor dem Auffüllen muss das freie SO_2 auf 50 mg/l eingestellt werden.

Blanke Weine benötigen keine Filtration. Für den Hobby-Küfer genügt es, wenn die Weine „bauernblank“ sind. Das heißt, sie besitzen einen kaum sichtbaren Schleier und sind nicht glanzhell.

Für den fortgeschrittenen Hobby-Winzer stellt die Industrie mit Handbetrieb arbeitende Filter bereit, die den Wein mittels Luftdruck durch den Filter pressen. Je nach Klarheit werden runde, asbestfreie Filterschichten mit einem Durchmesser von 22 cm in den Qualitäten grob, fein und EK (bedeutet Entkeimung) eingesetzt. Für den Hobby-Küfer, der größere Mengen Wein bearbeitet, stehen 20 cm Schichtenfilter mit elektrischem Pumpenantrieb zur Verfügung. Sie lohnen sich jedoch erst bei Mengen um 50 bis 100 l pro Filtereinheit. Faltenfilter genügen nur bei kleinsten Mengen. Der Sauerstoffeinfluss wirkt obendrein negativ.

Der Wein wird in ein bereitstehendes, keimarmes Gefäß filtriert.

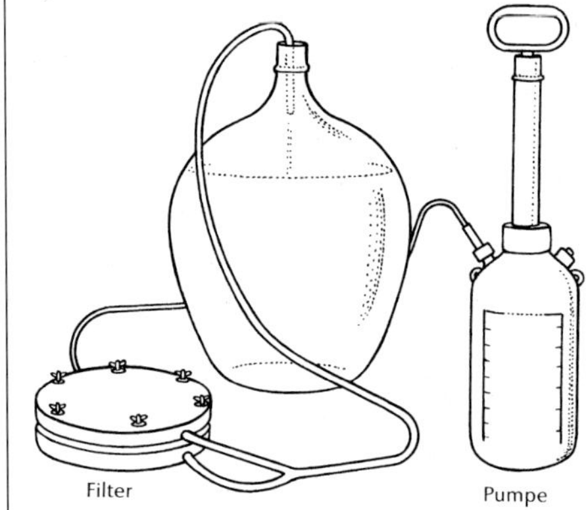

Filter mit Handpumpe.

Flaschen, Korken, Etiketten, Kapseln

Die Füllung des Weines auf Flaschen ist das Ergebnis der industriellen Revolution im 19. Jahrhundert, wobei die Weinflaschenformen so vielfältig wie die Weine sind. Allerdings haben sich gebietstypische Formen herausgebildet. Das markanteste Beispiel ist wohl der Bocksbeutel in Franken. Da braunes Glas das UV-Licht am besten absorbiert, sollten gute Weine in braune Flaschen abgefüllt werden. Die gebräuchlichste Größe sind 0,75-l-Flaschen.

Tafel- und Landweine sowie einfache Qualitätsweine werden häufig auf 1-l-Flaschen gefüllt. In südlichen Ländern sind sogar 2- bis 5-l-Flaschen üblich.

Zu unseren Seh- und Trinkgewohnheiten gehört es, dass Weinflaschen traditionell mit Korken verschlossen werden. Dabei ist längst bewiesen, dass Weine mit Kronkorken oder Anrollverschlüssen den mit Naturkorken verschlossenen überlegen sind.

Für Kronkorken und Anrollverschlüsse müssen die Mündungen besonders gestaltet sein. Kronkorken sind im Fachhandel und in Gartencentern erhältlich. Naturkorken sind im Fachhandel relativ teuer und ihre Qualität befriedigt häufig nicht. Ihre Mindestlänge sollte 25 mm betragen. Für Anrollverschlüsse wäre der apparative Aufwand für den Hobby-Winzer zu hoch.

Zum Verschließen gibt es Hand- und Standgeräte für beide Korkenarten.

Die Flaschen werden vor dem Befüllen in warmem Wasser, dem Haushaltspülmittel zugesetzt ist, gespült, wenn nötig mit Flaschenbürsten von festhaftendem Schmutz gereinigt und zum Schluss in angesäuertem, schwefeligem Wasser gespült. Man lässt sie gut abtropfen. Für den Hobby-Küfer kommen zumeist gebrauchte Flaschen zur Anwendung. Wer die Flaschen sofort nach dem Verzehr des Weines spült, spart lästiges Bürsten vor dem erneuten Verwenden.

In feuchten Kellern ist es besser, die Flaschen unetikettiert einzulagern und diese nur mit einem Hänger zu versehen, der die nötigen Daten beinhaltet. Sie können dann bei Bedarf etikettiert werden.

Das Etikett ist die Visitenkarte des Weines und des Hobby-Küfers. Welchen Hobby-Küfer schmeichelt es nicht, wenn neben der inneren auch die äußere Qualität gelobt wird. Da er nicht an die gesetzlich vorgeschriebenen Angaben gebunden ist, sind der Phantasie keine Grenzen gesetzt.

Als Etikettierhilfsmittel hat sich ein Leimbrett bewährt. Die Etiketten werden mit Leim bestrichen und mit den Enden aufgedrückt, sodass es zur Streifenbeleimung kommt. Mit einem dichten Schaumgummi wird das Etikett nach dem geraden Aufsetzen fest angerollt.

Will man eine Weinflasche verschenken, so sieht die Flasche mit Etikett und Kapsel „angezogen“ aus. Kapseln werden aus Aluminiumfolie, Zinnfolie, Gelatine und PVC-Schrumpffolie gefertigt. Zu letzterer benötigt man ein elektrisch beheizbares Handschrumpfgerät. Notfalls gelingt die

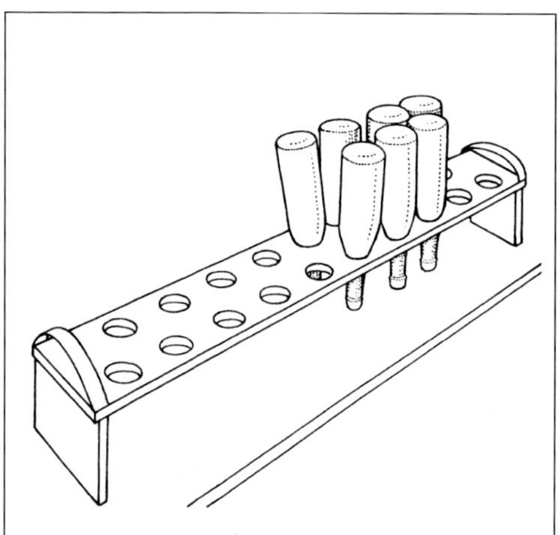

Abtropftisch.

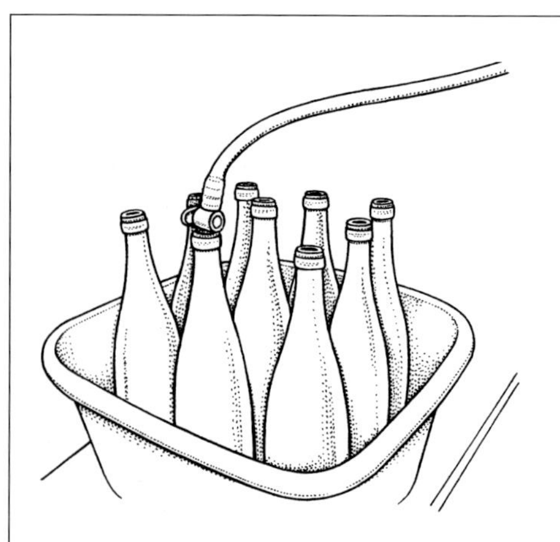

Füllen mit Füllhilfe.

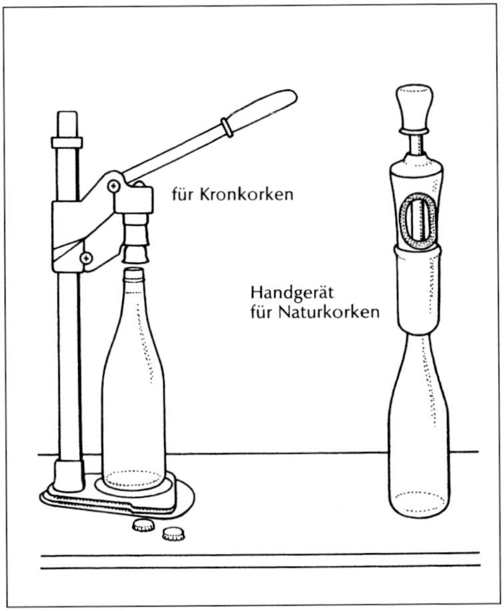

Verschließen der Flaschen.

Schrumpfung mit einem starken Fön. Gelatinekapseln werden in heißem Wasser eingeweicht und aufgestülpt. Beim Trocknen schmiegen sie sich an den Flaschenhals. Aluminiumkapseln müssen mit einer Stahlringspirale angerollt werden.

Vom Verfasser erprobt und attraktiv, allerdings zeitaufwendig ist die Kapselung mit Siegellack, dem man beim Schmelzen etwas Bienenwachs zugibt, was ihn geschmeidiger macht. Ganz Pfiffige lassen sich ein Siegel fertigen. So können sie ihren Wein mit einem „Zertifikat" versehen.

Füllung

Alle mit dem Wein in Berührung kommenden Geräte werden mit heißem Wasser vor- und mit angesäuertem schwefeligem Wasser (Zusatz von Zitronensäure oder Milchsäure sowie ein bis zwei Kaliumdisulfittabletten) nachgespült. Dadurch werden Geräte und Flaschen keimarm. Die Füllung erfolgt aus einem hochgestellten Ballon oder Fass im natürlichen Gefälle mittels eines Schlauches mit Schlauchklemme (besser mit einem Absperrhähnchen), der so in die Flasche eingeführt wird, dass die Füllung vom Flaschenboden aus erfolgt. Eine Abfüllhilfe mit Pistole erleichtert die Füllung. Der Weinspiegel sollte sich 20 bis 30 mm unter dem Korkspiegel befinden, so können Temperaturschwankungen problemlos ausgeglichen werden.

Die Flaschen werden anschließend verschlossen, trockengerieben, gegebenenfalls etikettiert und gekapselt.

Lagerung

Auf die Scherzfrage, wie ein guter Weinkeller aussähe, antwortet eine Weinnase: „Dunkel, kühl und verschlossen." Darin liegt ein gut Teil Wahrheit.

Während Flaschen mit Naturkorken immer liegend gelagert werden müssen, weil Naturkork austrocknet und die Weine rasch oxidieren, können die anderen Verschlüsse stehend gelagert werden. Temperaturen um 10 °C sind am besten geeignet. Sorten und Jahrgänge werden getrennt gelagert. Die Lagersysteme können nach Geschmack und Geldbeutel eingerichtet werden.

Unmittelbar nach der Füllung sind die Weine „flaschenkrank". Diese Eigenschaft verschwindet jedoch nach einigen Wochen. Der Wein macht in der Flasche eine Reifeentwicklung durch, die von Sorte, Ausbauart, Jahrgang und Qualitätsstufe abhängt. Die Natur dieser biochemischen Prozesse ist noch weitgehend unbekannt. Niedrige Temperaturen verlangsamen den Prozess. Naturkork fördert die Reifung und Alterung, Kronkork hemmt sie.

Offizielles Glas für Weinverkostung.

Muskatige und blumige Weine verlieren während der Lagerung zunehmend ihr Bukett. Säurereiche und edelsüße Weine altern langsamer. Alte Weine sind meist firn, sie besitzen einen Karbolgeschmack und werden hochfarben. Das junge Grüngelb bis Gelb geht in goldene bis braune Töne über.

Von der Weinprobe

Jeder erfahrene Hobby-Winzer und -Küfer möchte seine Weine in Gesellschaft Gleichgesinnter, mit Freunden und in der Familie trinken oder verkosten.

Dazu hat sich in der Tradition aus praktischen Erwägungen ein Ritus herausgebildet, dem sich der Hobby-Winzer und -Küfer ebenfalls unterwerfen sollte, weil er dem Wein am besten gerecht wird.

COS – Colore, Odore, Sapore – Farbe, Geruch, Geschmack –, das wussten schon die alten Lateiner! Die Neuzeit hat Nitore – Klarheit – hinzugefügt.

Wie beurteilt man Wein? In der Reihenfolge der Lateiner! Zunächst wird die Farbe beurteilt, danach das Aussehen, schließlich der Geruch und der Geschmack. Geruch und Geschmack sind nicht zu trennen, weil Nase und Zunge in ihren Sinneseindrücken nicht zu trennen sind.

Durch Schwenken werden die Geruchsstoffe frei. Die zarten Noten erkennt man im Ruhezustand. Die durch Schwenken vergrößerte Oberfläche gibt die ausgeprägten, eindringlichen Noten frei. Beim Erriechen wird das Glas schräg gehalten. Am oberen Glasrand treten die leichten, am unteren Rand die schweren Düfte auf.

Beim Probieren wird der Probeschluck durch Schlürfen im Mund allseitig auf der Zunge verteilt. Das erfordert viel Übung!

Gläser müssen farblos und ohne Schliff sein. Tulpenförmige, also leicht nach oben schließende Gläser halten beim Schwenken die freigeschwenkten Düfte besser zusammen. Die Gläser werden nur zu einem Fünftel bis zu einem Viertel gefüllt. Das hat nichts mit Geiz zu tun, sondern das Schwenken erfordert dies.

Zum Neutralisieren der Zunge zwischen den Proben stehen Brötchen oder Weißbrot bereit. Vorteilhaft sind auch geschmacksneutrale Käsewürfel oder Apfelstücke. Mineralwasser darf nicht fehlen.

In fröhlicher Runde geht es weniger vorschriftsmäßig zu. Dort geht es um Geselligkeit. Je rustikaler, desto gemütlicher! Es wird Salzgebäck und deftiger, nach Hausfrauenart eingelegter Harzer Käse – Handkäs mit Musik! – mit viel Butter und frischem Brot gereicht. Allerdings ist Rauchen verpönt, denn es macht Nase und Zunge für die Feinheiten des Weines unempfänglich. Scharfe Speisen wirken ähnlich!

Gut gelüftete, nicht zu warme, helle Räume sind erforderlich. Bei der Kellerprobe ist das natürlich anders. Als Faustre-

Technik des Weinprobierens.

gel gilt: Die Trinktemperatur soll dem gemessenen Alkoholgehalt entsprechen. Rotweine müssen 18 bis 20 °C haben. Besser 1 bis 2 °C mehr als umgekehrt. Dabei gilt: weiß vor rot, trocken vor süß, Wein vor Sekt!

Die Flaschen müssen ein bis zwei Stunden vor dem Genuss geöffnet und mit einem sauberen Tuch abgedeckt werden. Die Verbindung des Sauerstoffs mit den geruchs- und geschmacksbildenden Inhaltsstoffen lässt Nase und Zunge die Feinheiten besser riechen und schmecken. Sehr große Rotweine müssen sogar mehrere Stunden vorher geöffnet werden.

Weinfachlich ist es deshalb ein Fehler, wenn der Sommelier im Restaurant einen Spitzenwein am Tisch öffnet. Ein Pärchen will schließlich nicht Stunden warten!

Die Wein(an)sprache ist eine Sondersprache, die vorhandene Worte in ihrem Sinngehalt abwandelt, gar neue Bedeutungen unterlegt und somit nur dem Weinkenner verständlich ist. Das Schönste an dieser Sprache liegt darin, dass man sie nur beim Wein erlernen kann. Sie ist eine blumige Sprache.

In Seminaren der Weinbauverbände kann sich der Hobby-Winzer und -Küfer in diesem heiteren und angenehmen Metier weiterbilden.

Die Weinsprache

Eine kleine Auswahl aus dieser blumigen Sprache:

Abgang Der Wein wirkt auf der Zunge und besonders auf dem Gaumen nachhaltig

Adlig Vornehmer, eleganter und untadeliger Wein

Aromatisch Je nach Sorte nach bestimmten Früchten riechend oder schmeckend

Artig Ein sauberer, sortentypischer, aber unauffälliger Wein

Aufdringlich Weine mit lautem Bukett

Ausdruckslos Zu kalter oder kleiner Wein ist ausdruckslos

Bauernhell Unfiltrierter Wein mit einem leichten Schleier

Bauernwein Wenig gepflegter Wein; aber auch für deftigen, derben Wein verwendet

Bitter Bei Rotwein geschätzt, bei Weißwein fehlerhaft

Bittermandel Bei Rotwein geschätzt, bei Weißwein fehlerhaft

Blank Klarer, glanzheller, trubstofffreier Wein

Blind Leicht trüber Wein

Blume Duft des Weines

Blumig Geruch nach Blüten

Böckser Fehlerhafter, schwefliger, nach faulen Eiern riechender und schmeckender Wein

Brandig Wein mit einseitig hervortretendem Alkohol

Breit Schwerer Wein ohne Feinheiten

Brotig Nach frischer Brotrinde riechend und schmeckend, tokajertypisch

Deftig Derber, aber angenehmer Wein

Delikat Säure und Bukett in angenehmer Harmonie

Dezent Zurückhaltendes, aber typisches Bukett

Dick Wein mit viel Stoff (Extrakt); aber auch bei viel Restsüße verwendet

Duftig Wein mit angenehmen Bukett, Steigerung von dezent
Dünn Körper- und alkoholarmer Wein
Durchsoffen Fasswein, ursprünglich hochwertig, durch Probieren und Auffüllen untypisch
Eckig Unharmonischer Wein, dem man Zukunft zubilligt
Edel Hochwertiger Wein; aber auch edelsüß für Mostsüße in Auslesen
Edelfirn Heute wenig geschätztes Stadium der Altersfirne
Elegant Harmonischer, unaufdringlicher Wein
Extraktreich Stoffiger, körperreicher Wein
Fehlerhaft Nicht dem Sortencharakter entsprechender Wein
Fein Überdurchschnittlicher, eleganter Wein
Firn Heute nicht mehr geschätzte Altersnote, die angenehm oder unangenehm ist
Flach Typischer, aber nicht anhaltender Wein
Frisch Junger Wein, meist mit schmeckbarem CO_2 und angenehmer Säure
Fruchtig Sortentypischer „Fruchtgeschmack"
Füllig Wein mit viel Körper
Gärig In Gärung befindlicher Wein mit Hefeton, Restsüße und schmeckbarem CO_2
Gefällig Wein mittlerer Qualität
Geschliffen Deutliche, aber angenehme Säure
Glanzhell Klarer, trubstofffreier Wein
Glatt Steht für harmonisch, weniger als elegant
Grasig Wein mit unreifer, daher unangenehmer Säure
Grün Neben der Farbe auch für unfertigen, herben Wein
Halbtrocken Wein mit Zuckergehalt, der noch nicht süß empfunden wird
Harmonisch Keiner der wesentlichen Bestandteile dominiert
Hart Wein mit hoher Säure bei fehlendem Körper
Herb Wein mit schmeckbarem Gerbstoffgehalt bei Rotwein, wird fälschlicherweise für trockenen Weißwein verwendet
Herzhaft Kräftiger, derber, harmonischer Wein mit frischer Säure
Hochfarben Altgoldener Wein, infolge Oxidation durch Alter oder Schwefelmangel, Fehler
Jung Unfertiger, nicht füllfähiger Wein
Kernig Körperreicher, kräftiger, nerviger, säurebetonter Wein
Kirchenfenster Wein mit viel Extrakt, zieht Schlieren am Glas
Klar Blanker, aber nicht immer glanzheller Wein
Körperreich, -arm Wein mit viel oder wenig Extrakt, aber harmonisch
Krank Fehlerhafte biologische Veränderungen
Kratzig Wein mit hoher flüchtiger Säure und/oder zu viel freier schwefliger Säure, Fehler
Kurz Wein ohne Abgang, der am Gaumen nicht nachwirkt
Lebendig Junger, frischer Wein mit fruchtiger Säure und schmeckbarem CO_2
Lieblich Wein von angenehmer Art und deutlicher Restsüße
Luftgeschmack Wein, der zu lange im Anbruch gestanden hat, erinnert an Firne, schmeckt fad, schal
Markig Kräftiger, säurebetonter, nicht unangenehmer Wein
Mild Säurearmer und harmonischer Wein
Mostig Nach Most schmeckender restsüßer Wein infolge Süßreservezusatz
Muffig Fehlerhafter Wein, der nach Keller schmeckt und riecht
Muskatig Nach Muskat schmeckender Wein, typisch für einige Sorten
Nase Fachliche Umschreibung für den Geruch

Natur Früher verwendeter Begriff für nicht angereicherte Weine
Nervig Weine mit kräftiger, angenehmer Säure, die aber körperreich sind
Nobel Wie edel zu verwenden
Ölig Dickflüssiger, durch hohen Glyceringehalt schwerer Wein
Oxidativ Wie Luftgeschmack anzuwenden
Pappig Wein mit viel Restsüße und wenig Säure
Perlend Wein mit sichtbarer CO_2-Entbindung
Pikant Wein mit angenehmer, feinfruchtiger Säure
Plump Wein mit hohem Extraktgehalt, wenig Säure, meist mit aufdringlichem Bukett
Prickelnd Steigerung von perlend, gering moussierend
Rassig Wein mit ausgeprägter Duft- und Geschmacksnote, bei eleganter Säure
Reduktiv Gegensatz zu oxidativ, Wein unter Luftabschluss ausgebaut
Reif Wein auf dem Höhepunkt der Entwicklung
Reintönig Typischer Geruch und Geschmack
Rund Harmonischer Wein, mit der Tendenz zu voll
Saftig Reife, mundausfüllende, anregende Säure und Art
Samtig Bei Rotwein mit harmonischer, durch Alkohol und Extrakt abgerundeter Gerbstoffnote
Sauber Ähnlich reintönig zu verwenden
Spitz Kurzer Wein kleiner Jahrgänge mit harter Säure
Spritzig Frischer Wein mit der Tendenz zu elegant
Stechend Nach SO_2 riechender Wein
Stichig Wein mit zu hoher Essigsäure, Fehler
Stoffig Im Sinne von extraktreich zu verwenden
Stumpf Alter, toter, nichtssagender Wein, aber auch durch Überschweflung verursacht
Süffig Eleganter, nicht zu schwerer, zum Trinken anregender Wein
Süß Wein mit deutlich schmeckbarem Zuckergehalt; edelsüß, wenn von Auslesen
Trocken Wein ohne schmeckbaren Zuckergehalt
Typisch Wein in Erwartung des Verkosters nach Jahrgang, Herkunft, Sorte und Qualitätsstufe; Gegenteil untypisch
Unharmonisch Wein mit einem oder mehreren störend hervortretenden Eigenschaften
Unreif Wein sich noch entwickelnd, gewinnt noch an Güte
Voll Wein, der den Mund ausfüllt, auch im Sinne von schwer und körperreich
Vollreif Höhepunkt der Weinentwicklung bei großen Weinen
Vornehm Wein großer Art mit ausgeprägtem typischem Charakter
Warm Durch reichlich Alkohol bedingter Geschmackseindruck bei Rotwein
Weich Säurearmer Wein mit wenig Rasse
Weinig Ähnlich harmonisch zu verwenden, der Wein ist rund, saftig und hat Finesse
Wuchtig Schwerer, alkohol- und körperreicher Wein
Würzig Nicht zu verwechseln mit muskatig, 'Traminer' sind würzig, Sorteneigenart
Zart Wein mit diskretem, aber deutlichem Geruch und Geschmack
Zurück Wein, von dem man eigentlich erwartet, reifer, entwickelter zu sein

Verzeichnisse

Literaturverzeichnis

ALLEWELDT, G.: Die Geschichte der Resistenzzüchtung von Reben in Deutschland – eine Erinnerung an B. HUSFELD. Geilweilerhof aktuell **28** (2), 24–30, 2000.

ALLEWELDT, G. und EIBACH, R.: Die Rebsorte 'Phoenix'. Dtsch. Weinmagazin **18**, 12, 1993.

ALT, D.: Düngung im Garten. AID*), Nr. 1180, 1992.

AMBROSI, H.: Weltatlas der Weine. Fachverlag Dr. Fraund GmbH, Mainz, o. J.

AMBROSI, H., DETTWEILER, E., RÜHL, E., SCHMID, J. und SCHUMANN, F.: Farbatlas der Rebsorten. Verlag Eugen Ulmer, Stuttgart, 1994.

Anonym: Für den ländlichen Raum – Flurbereinigung. Herausgegeben vom Ministerium für Landwirtschaft, Weinbau u. Forsten des Bundeslandes Rheinland-Pfalz, Mainz, 1991.

Anonym: Für den ländlichen Raum – Landeskulturverwaltung. Herausgegeben vom Ministerium für Landwirtschaft, Weinbau u. Forsten des Bundeslandes Rheinland-Pfalz, Mainz, 1987.

Anonym: Gesetz zur Reform des Weinrechts. Verlag Meininger GmbH, Neustadt a. d. Weinstraße, 1994.

ARAUNER, P.: Kitzinger Weinbuch. Selbstverlag der Firma Arauner GmbH & Co, Kitzingen, o. J.

BASLER, P. und PFENNINGER, H.: Standortbestimmung bezüglich der pilzwiderstandsfähigen Rebsorten in der Deutschschweiz. Schweiz. Zeitschrift f. Obst- u. Weinbau **136** (20), 493–496, 2000.

BICKELMANN, U.: Qualitätsnormen für Obst. AID*), Nr. 1250, 1993.

BLAU, A. und NICKENIG, R.: Das Weinrecht 1996. AID*), Nr. 1116, 1996.

BOURQUIN, H.D.: Vorsicht Reblaus. Dtsch. Weinbau **18**, 34/35, 1994.

Bundessortenamt (Hrsg.): Beschreibende Sortenliste. Verlag A. Strothe, Frankfurt/Main, 1992.

CSEPREGI, P. und ZILAI, J.: Szölöfajtaink. Mezögazdasagi Kiado, Budapest, 1973.

CSIZMAZIA, J.: NERO – eine ungarische interspezifische Tafeltrauben-Neuzüchtung. In: Dtsch. Weinbaujahrbuch 1994. Waldkircher Verlagsgesellschaft, Waldkirch, S. 63.

CURRLE, O., BAUER, O., HOFÄCKER, W., SCHUMANN, F. und FRISCH, W.: Biologie der Rebe. Verlag Meininger, Neustadt a. d. Weinstraße, 1983.

GUSSEK, H.D.: BI-Lexikon – Der Wein. Bibliographisches Institut Leipzig, Leipzig, 1990.

HAJDU, E.: Die Züchtung von resistenten Weinsorten in Ungarn. In: Dtsch. Weinbaujahrbuch 1994, Waldkircher Verlagsgesellschaft, Waldkirch, S. 55.

HEYER, E.: Witterung und Klima. Teubner Verlagsgesellschaft, Leipzig, 5. Aufl., 1979.

HILLEBRAND, W.: Rebschutz-Taschenbuch, Fachverlag Dr. Fraund GmbH, Mainz, 6. unveränderte Aufl., 1982.

HILLEBRAND, W. und SCHULZE, G.: Weinbau-Taschenbuch. Fachverlag Dr. Fraund GmbH, Mainz, 8. unveränderte Aufl., 1990.

HILLEBRAND, W., LOTT, H. und PFAFF, F.: Taschenbuch der Rebsorten. Fachverlag

Dr. Fraund GmbH, Mainz, 9. unveränderte Aufl., 1990.

HUGLIN (1958): In: CURRLE, O., BAUER, O., HOFÄCKER, W., SCHUMANN, F. und FRISCH, W.: Biologie der Rebe. Meininger Verlag, Neustadt a. d. Weinstraße, 1983.

JAKOB, L.: Kellerwirtschaft. Fachverlag Dr. Fraund GmbH, Mainz, 5. Aufl., 1991.

JENEMANN, H.R.: Zur Geschichte der Dichtebestimmung von Flüssigkeiten. In: Schriften zur Weingeschichte. Hrsg. Gesellschaft f. d. Geschichte des Weines, Wiesbaden, Nr. 98, 1990.

KASERER, H.: Top-Weinqualitäten von Roesler, Rathay und Seifert. Der Winzer, Klosterneuburg, **56** (4) 14–16, 2000.

KEHRES, B.: Kompost im Garten. AID*), Nr. 1104, 1992.

KIEFER, W.: Weinbau – umweltschonend, qualitätsorientiert. AID*), Nr. 1119, 1992.

KÖCHEL, C. und M.: Die schönsten Kübelpflanzen. BLV Verlagsgesellschaft München, 1990.

LINSENMAIER, O.: Der Trollinger und seine Weine. In: Schriften zur Weingeschichte, Hrsg. Gesellschaft f. d. Geschichte des Weines, Wiesbaden, Nr. 89, 1989.

MAREK (1953): In: MIESSNER, E.: Der Gartenbau. Bd. 1, Deutscher Bauernverlag, 1953.

MAUL, D.: Vom Kammertbau zur Drahtanlage. In: ADAMS, K. und SCHUMANN, F.: Rheinpfalz – Weinpfalz. Holzische Verlagsgesellschaft GmbH, Neustadt a. d. Weinstraße, 1979.

MESCH, H.: Wühlmaus und Maulwurf im Garten. Landwirtschaftsverlag Berlin, 5. überarbeitete Aufl., 1989.

MÜLLER, H.J.: Ökologie, Gustav Fischer Verlag, Jena, 1. Aufl., 1984.

POSSNER, G., ULRICH, G., BORRMANN, I., EPERJESI, I., GORFF, H., GROSSMANN, G., HEINRICH, K., LEITERITZ, R., LIPPERT, H.-J.: Weinbau. Landwirtschaftsverlag Berlin, 1991.

PREUSCHEN, G.: Der ökologische Weinbau. Alternative Konzepte 32, Verlag C.F. Müller, Karlsruhe, 1979.

REGNER, F.: Erkenntnisse über unsere Rebsorten mittels genetischer Analyse. In: Dtsch. Weinbaujahrbuch 1999, Waldkircher Verlagsgesellschaft, Waldkirch, S. 83–88.

REGNER, F.: Genetische Analyse von Rebsorten. In: Dtsch. Weinbaujahrbuch 2000, Waldkircher Verlagsgesellschaft, Waldkirch, S. 125–132.

SCHÖFFLING, H., SCHLEMMER, H. und REIS, H.: Ökologie und Rebenzüchtung unter besonderer Berücksichtigung der J. Zimmermann'schen Resistenzforschung in Freiburg. In: Dtsch. Weinbaujahrbuch 1994, Waldkircher Verlagsgesellschaft, Waldkirch, S. 41–53.

SCHUMANN, F.: Wildrebe – Rebsorte – Pfropfrebe. In: ADAMS, K. und SCHUMANN, F.: Rheinpfalz – Weinpfalz. Holzische Verlagsgesellschaft, Neustadt a. d. Weinstraße, 1979, S. 101–119.

SCHUSTER, M.: Der Weinkenner – Eine praktische Wein- und Degustationskunde. Hallwag Verlag, Bern und Stuttgart, 1990.

SPAAR, D. und KLEINHEMPEL, H.: Bekämpfung von Viruskrankheiten der Kulturpflanzen. Landwirtschaftsverlag Berlin, 1. Aufl., 1985.

Staatliche Versuchs- und Lehranstalt (Hrsg.): Persönl. Mitteilungen, Weinsberg, 1999.

THOMA, K.H.: Liste der im Sortenregister aufgeführten und für Deutschland nach dem Saatgutverkehrsgesetz zugelassenen Ertragsrebsorten und Unterlagsrebsorten. Stand 1. April 2000. In: Dtsch. Weinbaujahrbuch 2001, Waldkircher

Verlagsgesellschaft, Waldkirch, S. 326–330.
TROGUS, H. und WIEDEMANN, J.: Praktische Erfahrungen bei der Rotweinbereitung mit der Sorte 'Regent'. In: Der Badische Winzer **27** (8), 27–30, 2000.
ULRICH, G.: Hobby-Winzer. Neumann Verlag GmbH, Radebeul, 1. Aufl., 1995.
ULRICH, G.: Tafeltrauben für den Hausgarten. Verlag Eugen Ulmer, Stuttgart, 1994.
VOGT, E. und GÖTZ, B.: Weinbau. Verlag Eugen Ulmer, Stuttgart, 6. Aufl., 1979.
WALTER, B. und RESCH, H.-N.: Düngung und Bodenbewirtschaftung im Weinbau. AID*), Nr. 1228, 1990.
WEISENSEE, B.: Mit dem Wein auf du und du. Echter Verlag, Würzburg, 1984.
ZABEL, E., NEITZEL, H. und ZIEBELL, E.: Bodenfruchtbarkeit. Verlag Volk und Wissen, Berlin, 2. Aufl., 1985.

AID*) – Auswertungs- und Informationsdienst für Ernährung, Landwirtschaft und Forsten e.V., Bonn

Bezugsquellen

Alte Sorten
Institut für Rebenzüchtung Geilweilerhof
76833 Siebeldingen
Tel. 06345/41–0, Fax 06345/919050

Obst- und Beerenobstsorten
Firma Häberli
Obst- und Beerenzentrum GmbH, Deutschland,
Postfach 166
Freiheitstr. 61
78201 Singen (Hohentwiel)
Tel. 07731/68739

Pilztolerante und Vinifera-Sorten
Rebschule Volker Freytag
Theodor-Heuss-Str. 78
66435 Neustadt/Weinstraße
Ortsteil Lachen-Speyerdorf/Pfalz
Tel. 06327/2143

Rebschule Michael Kimmig
Grünstadter Str. 4
67127 Obersülzen/Pfalz
Tel. 06359/919130

Rebschule Hans Schmidt
Marktbreiter Str. 30
97342 Obernbreit
Tel. 09332/3452, Fax 09332/3986
www.rebschule-schmidt.de
E-mail: info@rebschule-schmidt.de

Rebschule Steinmann
Ochsenfurter Str.
97286 Sommerhausen/Franken
Tel. 09333/225
www.reben.de

Rebschule Jörg Wolf
Alter Dürkheimer Weg 7
67098 Bad Dürkheim
Ortsteil Ungstein/Pfalz
Tel. 06322/63237

Hilfsmaterial
Örtliche Verkaufsstellen der BayWa AG

Pflanzenschutzmittelverzeichnis, Teil 3 Weinbau
Hrsg.: Biolog. Bundesanstalt für Land- u. Forstwirtschaft
38104 Braunschweig, Messeweg 11/12
Tel. 0531/299-5, Fax 0531/2993002

Anschriften der örtlichen Bodenuntersuchungslabors sind bei den Landwirtschaftsämtern zu erfragen.

Kellereibedarf
Örtliche Verkaufsstellen für Kellereibedarf, mitunter auch Drogerien

Albert Pfäffle GmbH
Gymnasiumstraße 73
74072 Heilbronn
Tel. 07131/84589 und 85630,
Fax 07131/82294
E-mail: info@pfaeffle-heilbronn.de

H. Rink GmbH
88279 Amtzell
Tel. 07520/6145, Fax 07520/6614
E-mail: info@rink-gmbh.de
Internet: www.rink-gmbh.de

Hefereinzucht Schlag GmbH
Langertstraße 92
73431 Aalen
Tel. 07361/32945, Fax 07361/31086

VIERKA-Friedrich Sauer Weinhefezuchtanstalt GmbH & Co.
Postfach 13 28
97628 Bad Königshofen
Tel. 09761/91880, Fax 09761/918844
E-mail: mail@vierka.de
Internet: www. vierka.de

G. Wein
Meimsheimer Straße 10
74357 Bönnigheim
Tel. 07143/8856-0, Fax 07143/25249
E-mail: info@gwein.de
Internet: www.gwein.de

Kellereibedarf Knopf GmbH
Gurkgasse 16
A-1140 Wien
Tel. 01/9826240, Fax 01/9828208
E-mail. information@knopf.at
Internet: www.knopf.at

Bildquellen

Fotos
Bildarchiv Thomas, Dresden: Seite 26, 82, 136
Buchter-Weisbrodt, H., Rödersheim: Seite 46
Dipner, H., Muttenz (Schweiz): Seite 83 (oben links)
Foto-Neher, Heppenheim: Seite 2
Götz, G., Weinsberg: Seite 49, 52
IFA-Bilderteam, München: Titelfoto (unten)
Kuch, E., Hohebach: Seite 6, 51, 95
Presseteam Kämper, Treburg: Titelfoto (oben)
Reinhard, H., Heiligkreuzsteinach: Seite 14, 79, 83 (unten links und rechts), 129
Rühle, G., Meißen: Seite 48, 83 (oben rechts), 113
Schumann, F., Neustadt: Seite 15, 45 (beide)
Ulrich, G., Seußlitz: Seite 78 (beide), 94

Zeichnungen
Die Zeichnungen fertigte Ernst Halwaß, Nossen, nach Vorlagen des Autors.

Register

Bücher rund um Wein und Traube.

Dieses Buch stellt in übersichtlicher Form die 330 wichtigsten Rebsorten der 60 größten rebanbauenden Länder der Erde vor. Herkunft, Verbreitung, Merkmale, Eigenschaften, der Charakter des Weines – auch im Verschnitt mit anderen Sorten – und die Eigenschaften der Tafeltrauben werden aufgeführt. Ganz wesentlich sind für den Weinliebhaber auch die Synonyme. Denn wenig bekannt ist, daß beispielsweise Gutedel, Chasselas und Fendant identisch sind.
Farbatlas Rebsorten. 330 Sorten und ihre Weine. H. Ambrosi, E. H. Rühl, E. Münch-Dettweiler, J. Schmid, F. Schumann. 2. Aufl. 1998. 320 Seiten, 289 Farbfotos, 8 Zeichn., 1 Karte. ISBN 3-8001-5719-5.

Dieses Buch zeigt auf, wie Weinfehler erkannt, vermieden und erfolgreich behoben werden können.
Weinfehler – erkennen, vermeiden, beheben. R. Eder. 2000. 192 Seiten, zahlreiche Farbfotos. ISBN 3-8001-3535-3.

Eine umfassende Darstellung der Technologie der Obst- und Fruchtweinbereitung im häuslichen wie im industriellen Maßstab. Wesentliche Aussagen werden in Tabellen- und Diagrammform dargestellt. Der Schwerpunkt liegt auf den praktischen Verfahrensschritten wie Fruchtentsaftung, Vergärung, Klärung, Trubaufbereitung, Abfüllung, Pasteurisation und dergleichen mehr.
Fruchtweine – Produktion in Haushalt und Gewerbe. E. Kolb, G. Demuth, U. Schurig, K. Sennewald. 8. Aufl. 1999. 220 Seiten, 50 Abb., 45 Tab. ISBN 3-8001-5544-3.

Mit Hilfe dieses bewährten Ratgebers können Sie aus den wohlschmeckenden Gewächsen des Gartens und des Feldes gute Liköre selber machen. Die 36 Rezepte sind Anleitung und Anregung zugleich.
Likörbereitung. Wissenswertes über Alkohol und alkoholische Getränke mit Rezeptbeispielen für die häusliche Zubereitung. H. George. 9. Aufl. 1996. 119 Seiten, 20 Farbf., 59 Zeichn. ISBN 3-8001-6605-4.